Foundations of the Extra Lesson

오드리 맥앨런의 도움수업 이해

오드리 맥앨런의 도움수업 이해
욥 에켄붐 지음 \ 하주현 옮김

1판 1쇄 발행 2021년 6월 15일

펴낸곳 사)발도르프 청소년 네트워크 도서출판 푸른씨앗
책임 편집 유영란 편집 백미경, 최수진, 김기원 번역기획 하주현
디자인 유영란, 김미애 마케팅 남승희 총무 이미순
등록번호 제 25100-2004-000002호
등록일자 2004.11.26.(변경 신고일자 2011.9.1.)
주소 경기도 의왕시 청계로 189-6 전화 031-421-1726
페이스북 greenseedbook 카카오톡 @도서출판푸른씨앗
전자우편 greenseed@hotmail.co.kr

greenseed.kr www.greenseed.kr

값 25,000 원
ISBN 979-11-86202-32-6(03370)

Foundations of the Extra Lesson

오드리 맥앨런의 도움수업이해

욥 에켄붐 지음
하주현 옮김

일러두기

1. 본문에서 인용하는 도서 중 루돌프 슈타이너의 저서는 갈색으로 표기했습니다. '참고 도서'에서 원서 제목과 전집 목록 번호(GA)를 비롯한 다른 정보를 확인하시기 바랍니다.
2. 본문에서 『도움수업』을 참고한 내용은 원서 『The Extra Lesson』의 해당 쪽 수를 의미합니다.
3. 도움수업에 관련한 문의는 welg.korea@gmail.com으로 하시면 됩니다.

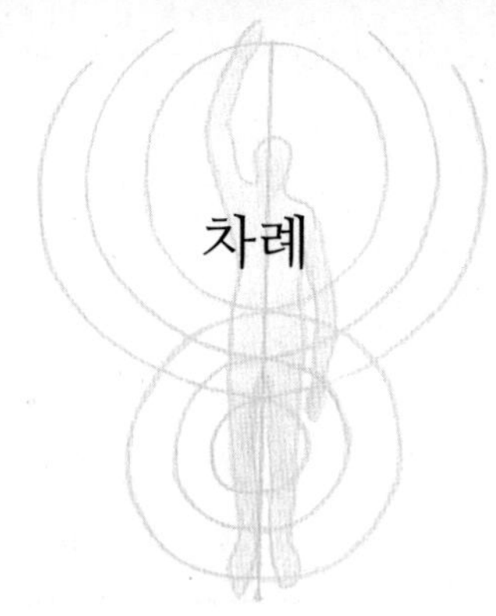

차례

고마운 분들

수백 번이 넘는 나의 질문에 끈기 있게 답을 해 주신 오드리 맥앨런

여러 번 나를 초대해 함께 차를 마시고 색채와 회화에 대해 조언해 주신 리안 콜로 데르부아

생각과 경험, 지식을 나누어 준 모니카 엘리스, 메리 조 오레스티, 레이첼 로스, 인건 슈나이더, 우타 슈톨츠, 에른스트 베스터마이어, 메리 E. 윌비

나에게 도움수업 학습 지원 교사가 되어 보라고 처음 제안하고, 그 후로 지금까지 이 일을 하도록 격려해 준 아내 에리카

어린 시절 내게 도움수업 연습과 인간 움직임 발달의 여러 단계 간의 상관관계를 알려 주신 한나

원고를 알아볼 수 있는 영어와 제대로 된 책으로 만들며 한결같이 지원해 준 클로드 줄리안과 주디 블래츠포드

꼼꼼히 원고를 읽고, 교정과 첨삭을 해 준 인건 슈나이더

그리고 루돌프 슈타이너, 다니엘 판 베멜렌, 카타리나 아이스레벤의 그림을 싣도록 허락해 준 괴테아눔 출판사와 발터 켈러 출판사에게 감사를 전합니다.

지금 여러분이 들고 계신 책은 『Foundations of The Extra Lesson』의 한국어 판입니다. 처음 이 책이 세상에 나온 것은 2007년이었습니다. 이제 한국의 동료 교사들도 읽을 수 있게 되었다니 정말 기쁩니다. 이 책에는 오드리 맥앨런이 세계 발도르프 교육운동에 준 선물인 도움수업의 근간을 이해하고자 노력한 저의 연구 결과가 담겨 있습니다.

처음 오드리 맥앨런을 만난 것은 1983년 여름이었습니다. 당시 저는 네덜란드 로테르담에 있는 발도르프학교 담임교사였습니다. 그 자리에서 오드리는 학습 장애에 대한 본인의 통찰과 함께 직접 개발한 활동들을 소개했습니다. 교실로 돌아와 아이들과 몇 가지 활동을 시도해 보긴 했지만, 몇 년 뒤 학습 지원 교사로 일하기 시작한 뒤에야 도움수업 활동 전체를 제대로 들여다보게 되었습니다.

저는 오드리 맥앨런에게 다시 연락했고, 그것은 우리가 수십 년 동안 함께 연구하고 협력하는 깊은 인연의 시작이었습니다. 처음에는 편지로, 나중에는 팩스로(이메일과 인터넷은 아직 세상에 없던 시절이었습니다), 그리고 몇 번은 영국을 직접 방문해서 무수한 질문을 퍼부었고, 오드리는 엄청난 인내심으로 그 모든 질문에 성의껏 답변을 해 주셨습니다. 가끔 '아이고, 이를 어째, 그 연습을 어떻게 만들었는지는 생각이 안 나네.' 하실 때도 있었고, 제 또래의 젊은 발도르프 교사들은 (더 이상) 발도르프 교육의 토대인 인지학의 기본 개념을 잘 알지 못한다는 말을 듣고 놀라기도 하셨습니다.

그런 반응을 보고 오드리 선생님의 영감의 원천인 인지학을 깊이 연구해야겠다고 마음을 먹었습니다. 도움수업 개념이 인지학에 깊이 뿌리를 두고 있음이 분명해 보였기 때문입니다. 인지학을 공부하고 그 속에서 도움수업의 활동 원리와 개념들을 발견할 때마다 시대를 앞서간 오드리 맥앨런의 연구에, 그리고 루돌프 슈타이너가 인지학을 통해 세상에 전해준 혜안과 가르침에 경탄과 존경심이 깊어져 갔습니다.

세월이 흐르면서 도움수업을 알고 싶어 하는 발도르프 교사들을 위한 교사 양성 과정이 전 세계 곳곳에 생겨났습니다. 호주와 미국을 시작으로 지금은 네덜란드, 독일, 브라질, 헝가리, 스페인, 인도, 일본에서 과정이 진행되고 있습니다. (2021년 현재 한국에서도 도움수업 교사 양성 과정이 시작되었습니다) 모두가 힘을 모으면, 오늘날 아이들에게 꼭 필요한 도움을 줄 수 있도록 발도르프 교육 고유의 통찰과 현대 과학 연구 결과를 통합시킬 수 있을 것입니다. 인지학과 발도르프 교육은 그 작업에 더 많은 기여를 할 수 있습니다. 우리는 아이의 우주적, 정신적 기원(이는 사실 인간과 세계의 정신적 기원이기도 합니다)을 함께 고려하기 때문입니다.

이 책을 통해 오드리 맥앨런의 '도움수업' 활동을 낳은 영감의 원천을 찾아 나선 탐색의 결과를 독자와 함께 나누고자 합니다. 그 혜안을 박제화하려는 것이 아니라, 우리 시대 아이들 그리고 미래 아이들이 교사에게 던지는 질문에 대한 해답을 찾기 위한 토대와 수단을 제공하기 위해서입니다.

저는 도움수업 개념이, 배움의 과정이 일어나기 위해 꼭 필요한 조건이 무엇인지, 그리고 아직 배울 준비가 안 된 아이들이 그 조건을 획득할 수 있도록 우리가 어떻게 아이를 도울 수 있는지를 가르쳐 준다고 확신합니다.

이 책이 교육을 행하는 모든 측면에 있어 인간과 우주의 정신적 기원을 진지하게 고민해 보게 만드는 동력이 되기를 간절히 소망합니다.

2021. 02. 욥 에켄붐

책을 내며

이 책을 집필한 이유는 오드리 맥앨런Audrey McAllen[01]의 도움수업Extra Lesson을 공부하는 이들에게 그 바탕인 인지학 개념을 소개하고 출처를 밝히는데 있습니다.

1960년대 영국 글로스터에 위치한 윈스톤 발도르프학교 의사 노버트 글라스Norbert Glas는 오드리 맥앨런에게 학습에 어려움을 겪는 학생들을 의뢰했습니다. 의학이나 체질 측면에서는 학습 장애의 원인을 찾아낼 수 없었기 때문입니다. 오드리가 맡아 수업을 한 뒤 아이들 상태가 눈에 띄게 호전되었고, 나중에 동료 교사인 엘제 괴트겐Else Göttgens과 애너리 막스Annerie Marx는 그녀에게 새로 만든 연습들을 책으로 묶어 출간할 것을 권했습니다. 그렇게 해서 나온 초판본에는 도움수업 연습의 배경에 대한 설명이 거의 없습니다. 오드리 맥앨런은 그 책을 읽을 동료 발도르프 교사들이 본인처럼 충분한 인지학 배경 지식을 갖고 있거나 접근할 수 있다고 생각했기 때문입니다.

오드리 맥앨런이 『도움수업The Extra Lesson』으로 묶어 펴낸 연습들은 어느 한 교사가 가르치는 학생에게 도움이 필요할 때 즉각적으로 쉽

---

01 Audrey McAllen(1920~2010)_ 학습 장애를 가진 어린이들을 돕는 일에 평생을 바친 영국의 발도르프 학교 교사. 인간 발달의 정신적 측면에 관한 루돌프 슈타이너의 가르침과 수많은 아이를 관찰하고 함께 수업한 경험을 바탕으로 도움수업을 연구했다.

게 만들어 낼 수 있는 것이 아닙니다. 오드리는 루돌프 슈타이너의 인지학에 깊이 뿌리박은 원형적 개념, 개인의 차원을 완전히 초월하는 원형을 우리에게 전달해 주었습니다. 그 활동들은 인간 신체에 깃든 정신의 힘을 일깨우며, 아이 움직임이 지구의 보편적 움직임에 통합되도록 돕습니다.

필자는 오드리 맥앨런이 제안한 도움수업에 인류의 아주 먼 미래를 위한 씨앗이 담겨 있다고 믿습니다. 현재 우리는 아직 그 가치와 중요성을 어렴풋이 짐작할 뿐입니다. 혹시라도 유실되지 않도록 잘 보존하고 가꾸는 것이 우리의 몫입니다. 연습을 경험해 보면 그 효과를 직접 확인할 수 있을 것입니다. 그와 함께 근본 개념들을 찬찬히 공부해 나가다 보면 그 연습들이 '왜' 효과가 있는지를 이해하는 눈이 점점 자라날 것입니다.

이 책을 통해 수많은 강의와 대화 속에서 오드리 맥앨런이 전해 준 귀한 자료를 독자들에게 전할 수 있어 영광입니다. 선생님이 살아 계신 동안 수백 통의 전화와 팩스로 묻고 들은 내용, 물려받은 무수한 자료와 공책에서 정말 중요한 내용만 추려 내려고 최선을 다했습니다. 물론 20년 이상 발도르프학교에서 학습 지원 교사와 담임교사로 일하면서 도움수업 연습들을 수업에 활용하고 연구한 경험도 함께 녹아 있습니다.

이 귀중한 자산이 한층 깊어질 수 있도록, 이 책을 읽는 모든 분이 도움수업 개념과 루돌프 슈타이너[02]의 인지학적 정신과학을 연구하고 발전시키는 일에 동참해 주시기를 소망합니다.

---

02 Rudolf Steiner(1861~1925)_ 오스트리아 빈 공과대학에서 물리와 화학을 공부했지만 실은 철학과 문학에 심취해서 후일 독일 로스톡 대학교에서 철학 박사 학위를 받았다.
이후 정신세계와 영혼 세계를 물체 세계와 똑같은 정도로 중시하는 인지학을 창시하고, 제1차 세계대전을 기점으로 추종자들의 요구에 따라 철학적, 인지학적 정신과학에서 실생활에 적용할 수 있는 학문 분야를 개척하기 시작했다. 인지학을 근거로 하는 실용 학문에는 발도르프 교육학, 생명 역동 농법, 인지학적 의학과 약학, 사회과학 등 인간 생활의 모든 분야가 포함된다.

오드리 맥앨런이 처음 발도르프 교사 교육을 받던 1940년대 초반에는 루돌프 슈타이너가 슈투트가르트에서 첫 번째 발도르프학교를 준비하면서 교사들을 대상으로 한 연속 강의인 『교육학의 기초가 되는 인간에 대한 보편적인 앎』이 아직 영어로 번역되지 않았다. 당시 '인간에 대한 이해'라는 제목으로 인간의 신체, 영혼, 정신을 인지학 관점에서 살펴보는 강의를 맡아 진행한 사람은 엘리 윌케Elly Wilke였다. 오드리는 21살이었다. 윌케 선생님은 대신 『인지학-심리학-정신학』이라는 제목으로 출간된 루돌프 슈타이너의 연속 강의를 교재 삼아 수업을 이끌었다. 1909년에 4회로 이루어진 강의를 통해 슈타이너는 정신적 힘의 흐름이 어떻게 움직이면서 인간 감각과 물질육체를 형성하는지를 말한다. 몇 십 년 뒤 오드리 맥앨런은 학습에 어려움을 겪는 아이들을 맡아 달라는 요청을 받았을 때 그 강의에서 영감을 얻어 도움수업을 연구하고 심화시켰다.

도움수업 연습의 근간이 되는 개념들을 이해하기 위해서는 먼저 원천으로 거슬러 올라가 해당 강의를 읽고 거듭해서 깊이 숙고해야 한다. 그런 다음, 그 내용을 '잊어버려야' 한다. 적어도 슈타이너는 『인간에 대한 앎에서 나오는 교육과 수업』에서 그렇게 조언했다. 인지학을 공부하고 반복해서 명상한 다음 내용을 잊어버리는 것이다. 이 과정을 반복하다 보면 우리 앞에 있는 아이들과 무엇을 해야 할지에 대한 직관이, 무의식 영역에 속하는 의지의 힘에서 솟아난다. 감각 지각이 예리해지고 관찰의 눈이 올바른 방향을 향하면서 아이에게 진정 필요한 것이 무엇인지 알아보고 그에 맞는 새로운 활동을 만들어 낼 수 있게 된다. 슈타이너는 깨어 있는 낮 의식, 꿈꾸는 의식, 잠자는 의식을 의식적으로 훈련하는 방법도 이야기했다. 깨어 있는 낮 의식 상태에서 필요한 내용을 공부한 뒤, 습득한 내용을 반복해서 명상하다 보면 느낌 영역에 속하는 꿈 의식과 연결된다. 그러면 잠자는 의식(무의식)인 영혼의 의지 활동 속에서 새로운 직관과 적절한 사고가 솟아난다. (『교육학의 기초가 되는 인간에 대한 보편적인 앎』 6강)

도움수업으로 아이를 만나는 학습 지원 교사들은 살아 있는 직관을 만나는 이 과정을 진지하게 체화해서 인지학과 발도르프 교육, 루돌프 슈타이너, 그리고 도움수업의 열매가 미래로 나아가도록 힘써야 한다. 필자는 오드리 맥앨런이 시작한 활동의 근본 원리를 이해하고자 노력한 그간의 연구 결과를 독자들과 공유하고자 이 책을 출간하지만, 미약한 첫걸음에 지나지 않음을 잘 알고 있다. 부디 이 책으로 용기와 영감을 얻은 동료들의 관심과 도움으로 도움수업 개념이 계속 발전해 나가기를 소망한다.

오드리 맥앨런이 『도움수업』에 수록한 일련의 연습에는 인지학에 대한 깊은 이해와 발도르프 교사로서의 오랜 경험이 녹아 있다. 이 책을 읽는 독자들은 이미 루돌프 슈타이너의 인지학 기본 개념을 알고 도움수업 활동들을 연습하고 경험했다는 전제 아래 일반적인 설명은 생략했음을 밝힌다. 다음은 이 책을 공부하는데 도움이 되는 몇 가지 기본 개념들이다.

인간의 4구성체

정신과학은 인간과 세계의 눈에 보이지 않는 초감각적 측면을 주시하면서도 자연 과학의 성과를 외면하지 않는다.

> "인간의 첫 번째 구성체는 '물질육체'다. 우리 눈에 보이는 것이 바로 이 부분이다. 인간과 세계에서 눈에 보이는 부분은 광물 요소로 이루어져 있으며, 물리 법칙의 지배를 받고, 생명이 없다. 인간 육체의 물질적 요소는 생명이 떠난 시체다. 물질육체를 구성한 질료는 본래 영역인 광물계로 돌아간다.
>
> 두 번째 구성 원리로 인간 신체와 동물, 식물은 생명을 얻는다. 이 부분을 루돌프 슈타이너는 생명육체 혹은 '에테르체'라고 부른다. 생명체는 생명과 성장, 재생산을 담당한다.
>
> 의식은 영혼 속에 자리하며, 사고, 느낌, 의지의 세 가지 활동을 한다. 정신과학에서는 이 구성체를 별(astro-)을 의미하는 '아스트랄체'라고 부른다. 아스트랄체에 고통, 기쁨, 감각 지각, 느낌, 충동이 담긴다. 인간 외에 동물도 아스트랄 요소를 지닌다.
>
> 네 번째 구성체가 인간 고유의 영역이다. 인간 내면의 신성한 요소인 '자아'가 바로 그 구성체다. 자아는 여러 번 육화를 거치면서 성장한다. 자아는 인간의 다른 구성체 속에서 활동하며 낮은 본성을 정화한다."

『정신과학의 관점에서 본 아동 교육』에 수록된 초기 저술물에서 루돌프 슈타이너의 교육관을 압축된 형태로 만날 수 있다. 짧지만 중요한 이 글은 독일 슈투트가르트에서 첫 번째 발도르프학교가 문을 열기 10년도 전인 1907년에 출간되었다.

인간의 3중성

인간 영혼의 사고, 느낌, 의지 활동의 특성은 인간 신체 구조에서 표현된다.

> "신경계와 두뇌는 영혼의 사고 활동을 위한 신체적 토대다. 이 영역에서 인간은 의식을 갖고 깨어 있다.
> 사랑, 미움, 욕망, 반감 같은 느낌 활동은 호흡과 심장 박동이라는 리듬 체계를 중심으로 일어난다. 내면에서 일어나는 모든 감정은 리듬 체계에 즉각 반영된다.
> 움직이고 행동하고 실행하기 위해서는(의지 활동) 사지와 신진대사 체계가 필요하다."

인간 의지의 원천, 혹은 중심은 두뇌가 아니다. 두뇌는 의지 충동의 '개념'을 의식 차원으로 떠오르게 할 뿐이다. 인간 의지는 신진대사 체계의 깊은 무의식 영역, 운동 체계의 근육 속에 있다. 온기는 영혼 속 뜨거운 '열정'과 물질육체 내부에서 생성되는 '열'을 이어 주는 다리가 되어 육체와 영혼을 연결한다. 루돌프 슈타이너는 의지 충동을 전달하는 것이 운동 신경이 아님을 여러 강의에서 강조했다. 운동 신경의 역할은 움직임의 지각이다.

영혼의 3중성은 세계 여러 나라의 종교에서도 쉽게 찾아볼 수 있다. 힌두교에서는 브라마, 시바, 비슈누를, 이집트에서는 오시리스, 이시스, 호루스를 숭배했다. 기독교는 성부, 성자, 성령이 삼위일체를 이룬다고 말한다.

영혼의 3중성이 가장 아름답게 표현된 형태 중에 바로크 협주곡(비발디, 바흐)과 고전주의 소나타(하이든, 모차르트, 베토벤)가 있다. 초기 형태 협주곡과 소나타에서는 1악장이 도입부, 전개부, 재현부의 3중적 구조로 구성된다. '도입부'에서는 두 개의 주제가 제시되고, '전개부'에서는 두 주제가 대화를 나누듯 이어진다. 세 번째 '재현부'에서는 도입부 주제가 다시 나온다. 등장 순서는 동일하지만 두 번째 주제가 멜로디로 바뀐다. 이런 악장 구조는 사고의 진행 과정과 유사하다. 내적 토론 속에서 여러 다른 관점을 거치다가 하나의 결론에 이른다. 2악장은 느린 단조로 듣는 이의 감성을 자극한다. 3악장은 대개 론도나 지그처럼 템포 빠른 춤곡이다. 이는 의지 요소다. 소나타 형식 속에 정신과학이 우리에게 알려 주는 인간 본성이 감추어져 있는 것이다.

세계와 인간 진화

『윤곽으로 본 신비학』에서 루돌프 슈타이너는 정신과학의 관점에서 세계 진화를 이야기한다. 인간은 까마득한 세월을 거쳐 여러 정신 존재의 도움으로 자아를 발달시켜왔다. 최종 단계에 이르면 모든 개인이 세계와 인간의 진화 과정에서 자기 역할을 온전히 책임지는 존재가 될 것이다. 신성한 고차 존재들이 자애롭게 자녀를 교육하고 보호하는 부모처럼 이 과정을 인도한다.

강물에 댐을 쌓는 비버처럼 예정된 흐름을 바꾸고 막으면서 인간 발달을 저해하는 정신 존재들도 있다. 이들이 인간 영혼에 침입해서 낮은 자아의 씨앗을 심었다. 이로 인해 인간은 미성숙한 단계에서 독립성을 얻었으며, 이기심과 욕망도 함께 갖게 되었다. 인간 발달에 끼어든 이 요소를 『구약 성경』 창세기 3장에서는 낙원에 들어온 뱀(루시퍼라고도 부른다)으로 묘사한다.

생명육체의 무의식 영역에서 활동하는 또 다른 정신 존재들도 있다. 그들은 생명력을 위축시켜 황폐하게 만든다. 가뭄으로 물이 마르면 사막이 되듯, 인간 영혼 속에 생명력이 부족하면 물질주의가 팽배해진다. 페르시아 이름인 아리만으로 알려진 이 존재들에 관해서는 후반부에 다시 거론할 것이다.

아동 발달

도움수업 교사는 현대 과학의 연구 성과도 계속 공부하고 익혀야 한다. 생후 첫 7년의 발달, 신경학 연구와 움직임 발달, 영유아기 운동 발달, 중심선 통합과 우세성 발달은 특히 중요한 주제들이다. 도움수업 교사는 과학자들이 이 분야에서 쌓은 연구 성과와 통찰을 전적으로 존중하며 귀 기울여야 한다. 동시에 인지학을 공부하는 사람으로서 도움수업 교사는 이처럼 겉으로 드러난 사실, 감각 현상 이면에 숨겨진 정신 법칙을 공부해야한다. 그럴 때만 신체와 영혼, 정신을 모두 고려하며 온전한 존재로 아이를 도울 수 있기 때문이다.

1장

인간 발달

『인간과 인류의 정신적 인도: 인류 발달에 관한 정신과학적 연구 결과』 1장에서 루돌프 슈타이너는 생후 첫 3년 동안 아이의 신체를 형성하는 정신적 힘을 이야기한다. 인간의 고차적 정신 구성체는 신체 형성 과제를 맡아 일한다. 이 구성체들은 정신세계와 밀접하게 연결되어 있다. 생후 첫 해에는 걷기를 배우는 데 필요한 신체 체계가 주로 발달하고, 그것을 집중적으로 훈련한다. 아이가 두 발로 서고 균형을 유지하며, 공간 속에서 자기 움직임을 지각할 수 있는 능력을 갖는 것은 감각 체계 덕분이다. 그 중에서도 중심은 고유운동감각과 균형감각이다. 생후 두 번째 해에는 언어 기관 및 관련 체계가 주로 발달하고, 아이는 말하기 시작한다. 생후 세 번째 해에는 두뇌가 분화하며 정교해진다. 이와 함께 아이의 사고 능력이 눈에 띄게 성장한다.

그 무렵 아이가 '나'라고 말하는 순간이 온다. 드디어 아이의 개별성이 신체 체계와 내적 연결점을 찾은 것이다. 가장 초기 형태 기억력이 처음으로 발현되면서 아이는 자신이 자아를 가진 존재임을 의식한다. 이때의 개별성은 혈액과 연결된 개인적 저차 자아로, 그때부터 삶에서 주된 영향력을 발휘한다. 생후 첫 3년 동안 중심 역할을 한 높은 차원의 정신적 힘, 고차 자아라고도 부를 수 있는 그 힘은 이제 무대 뒤로 물러난다. 하지만 그 뒤에도 계속해서 인간 영혼의 무의식 영역에 존재하는 신체 감각 속에서 활동한다.

낮은 자아는 루시퍼의 힘으로 인해 왜곡되었음을 기억하자. 부처는 "윤회(육화)의 수레바퀴는 이기심에서 비롯된다."고 가르쳤다. 어린 아이를 자세히 관찰해 본 사람은 놀며 세상을 탐색하는 어린 아이의 눈에 깃든 순수함을 기억할 것이다. 하지만 아이가 '나'라고 말하기 시작한 다음부터 그 눈빛이 변한다. 아이는 주변 어른, 또래 친구들과의 행동 경계를 탐색하고 시험하기 시작한다. 이런 변화는 낮은 자아가 들어오는 순간, 발달의 새로운 단계로 올라가는 순간부터 일어난다.

루돌프 슈타이너는 성인으로서 정신을 향한 내면의 길을 걸으며 고차적 정신 능력을 발달시키고 싶은 사람은 생후 첫 3년간 물질육체를 형성하다가 지금은 무대 뒤로 물러난 그 힘을 다시 일깨워야 한다고 했다. 그러면서 "너희가 다시 어린 아이처럼 되지 않으면 결코 천국에 들어갈 수 없다"(마태 복음 18장 3절)는 성경 말씀을 인용한다. 요가나 태극권 같은 고대 동양의 정신 수련은 본래 고차의 정신적 깨달음을 위해 신체 감각을 단련하던 수행이었을 것이다.

칼 쾨니히[03]는 슈타이너의 『인간과 인류의 정신적 인도: 인류 발달에 관한 정신과학적 연구 결과』를 토대로 『첫 3년Die ersten drei Jahre des kindes』을 썼다. 이 책에서 쾨니히는 영유아기에 일어나는 몇 가지 주요 발달 과정을 자세히 묘사한다. 뒷부분에는 신체 감각(하위감각)이 어떻게 상위감각으로 변형되는지에 관한 연구도 실려 있다. 도움수업 교사와 유치원 교사, 담임과정 교사들이 꼭 읽어 볼 만한 귀중한 자료다.

고차 자아는 인간의 정신 구성체인 정신자아, 생명정신, 정신인간

03 Karl König(1902~1966)_ 오스트리아의 소아과 의사이며 교육가. 장애인 공동체인 캠프힐 창시자

으로 구성된다. 정신적 기관인 16장 꽃잎을 가진 연꽃(후두 근처 차크라)의 활동은 신경계를 형성하고 완성한다. 12장 꽃잎의 연꽃(심장 근처 차크라)은 후두와 같은 언어 기관 근육을 포함한 전체 근육 체계를 형성하고 완성한다. 2장 꽃잎의 연꽃(두 눈 사이 눈썹 근처 차크라)은 사고의 도구인 두뇌의 양쪽 반구를 형성한다.(『인지학-심리학-정신학』 1부 참고)

도움수업 활동은 아이가 감각 발달, 공간 인식, 신체 지도 등 생후 첫 7년간의 주요 발달 과제를 재경험하도록 도와준다. 물질육체의 구조와 직립 자세 덕에 인간은 3차원 공간에서 방향을 찾는 능력(공간 정위)과 3차원 공간을 인식할 수 있는 능력을 갖는다. 직립 자세에서 인간은 두 눈의 초점을 하나로 모아 왼쪽과 오른쪽 감각 기관에서 오는 정보를 통합한다. 이는 생물계를 통틀어 인간만 할 수 있는 일이다. 말이나 개 같은 포유동물은 눈이 머리 양옆에 있다. 고양이와 올빼미처럼 눈이 얼굴 앞쪽에 위치한 동물들 역시 인간처럼 두 눈의 시선을 한 점에 모으지 못한다. 한 점에 시선을 모을 때 3차원적 시야가 생기며, 그와 함께 자의식이 발달한다.

지구 진화 이면에서 활동하는 신성한 고차 존재들에게는 인간이 되어갈 모습에 대한 청사진과 계획이 있었다. 물질육체는 인간 자아가 육화할 그릇으로 마련되었다. 옛 토성기, 옛 태양기, 옛 달기라고 부르는 진화 단계를 거치는 동안 고차 존재들은 물질육체, 에테르체, 아스트랄체를 차근차근 준비했고, 그 신체 조직을 인간에게 선사했다. 신체의 건축적 청사진에는 흉곽의 12개 갈비뼈, 33개의 척추뼈, 12쌍의 뇌신경, 근육으로 이루어진 골격의 직립 자세도 포함된다. 고차 존재들은 자신의 상상, 영감, 직관으로 이런 신체 구조를 준비했다. 골격과 두뇌는 상상의 상, 근육(근육 톤muscle tone)은 영감적 음악, 신경 감각 체계는 직관적 의지의 힘에서 나왔다. 루돌프 슈타이너는 『윤곽으로 본 신비학』에서 우주 진화의 각 발달 단계와 고차 존재들의 활동을 자세히 서술한다.

루돌프 슈타이너는 『감각 세계와 정신세계』 5강에서 루시퍼의 침입으로 인한 실낙원 사건 이후로 뼈, 신경, 근육의 청사진에 어떻게 물질이 들어가고 어두워졌는지를 설명한다. 진화 과정에 루시퍼의 영향이 들어온 결과 고차 존재들의 정신적 상상, 영감, 직관에 물질이 들어찬다. 동시에 인간은 신진대사 체계와 내분비 체계, 신진대사 과정에 관련한 장기들 그리고 내적 영혼 활동과 외부 세계를 연결하는 감각 활동을 갖게 되었다. 이 모두가 루시퍼의 개입으로 일어난 일이다. 성경에서는 이 과정을 다음의 문장으로 묘사한다. “그래서 하느님께서는 그를 에덴동산에서 내쫓으시고 땅에서 나왔으므로 땅을 갈아 농사를 짓게 하셨다.”(창세기 3장 23절) 인간이 그때까지 살던 ‘에덴동산의 문’은 인간의 감각 기관으로 볼 수 있다. 우리는 감각 지각을 통해 외부 세계 속에서 산다. 자기 내부를 볼 수는 없다. 감각으로 지각할 수 있는 세계는 ‘선과 악을 알게 하는 나무 열매’를 먹은 결과이며, 루시퍼가 우리에게 가져다준 것이다. 낮 의식을 깨우는 밝은 햇빛은 감각 세계 이면에서 활동하는 정신 존재들의 실재를 우리에게서 감춘다. 하지만 그로 인해 인간은 자의식과 개인성을 발달시킬 수 있게 되었다. 정신 존재들에게서 독립하여 자유를 갖게 된 것이다.(하느님께서 말씀하시기를 “보라 인간이 우리 중 하나와 같이 되었다” 창세기 3장 22절) 인류는 이 모든 것에 대가를 치러야만 했다. 그 값

이 바로 질병, 고통, 죽음이다.

> 너는, 흙에서 난 몸이니 흙으로 돌아가기까지 이마에 땀을 흘려야 낟알을 얻어먹으리라. 너는 먼지이니 먼지로 돌아가리라. (창세기 3장 19절)

이 주제에서 유대–그리스도교 전통은 불교와 일치한다. 부처로 깨달음을 얻기 전 보살이던 싯다르타 왕자는 고통의 원인을 깨닫는다. 고통(질병, 노화, 죽음)의 원인은 탄생이고, 탄생은 감각 인상에 대한 욕망에서 비롯되었음을 알아본 것이다. 감각 세계는 불행과 죄, 파괴, 죽음의 주인, 욕망의 지배자인 마라가 창조했다. 마라는 앞서 언급했던 루시퍼적 힘을 이르는 불교식 이름이다. 그리스 신화 속 프로메테우스 이야기도 비슷한 원형적 상이다. 정념의 상징인 독수리가 매일 날아와서 간을 쪼아 먹기 때문에 프로메테우스는 엄청난 고통을 겪는다. 이는 낙원에서 추락한 인간이 자유를 얻은 대가로 치러야 하는 고통이다.

신비 수행의 두 지류

인류 문화사에서 신비 수행의 두 흐름을 찾을 수 있다. 한 갈래는 고대 인도, 이집트, 남유럽을 중심으로 발달했다. 유대교와 그리스도교 문화가 이 문화·역사적 요소를 갖고 있다. 여기에 속한 입문자들은 내면의 영혼 세계를 갈고닦아 정신세계를 관조하는 눈을 열었다. 신비 성지에 입문한 학생은 먼저 영혼의 무의식에 존재하는 힘을 직면할 수 있는 힘을 키운다. 탐욕, 이기심, 질투를 직시하고, 그런 경향성을 정복하는 법을 배운다. 깨달음을 향한 부처의 팔정도 수행과 성 프란치스코 이야기를 떠올려 보라. 이는 동쪽과 남쪽에서 오는 문화의 흐름이었다.

두 번째 문화적 흐름은 주로 고대 페르시아에서 발달하다가 나중에 유럽의 북쪽과 서쪽인 켈트와 독일 신비학으로 이어진다. 여기서는 물질적 감각 세계를 창조하고, 그 뒤에도 계속 이어지는 힘에 집중했다. 이 지류의 입문자들은 태양, 바람, 천둥, 번개 같은 감각 세계 이면에 존재하는 정신적 힘을 직접 관조할 용기를 키우는 훈련을 했다. 9세기 무렵 유럽 대륙으로 간 켈트족 선교사들이 여기에 속한 사람들이었다. 공식적인 로마 가톨릭 교회는 이들의 영향을 폄하했지만, 아서 왕과 원탁의 기사, 중세 음유 시인, 카타리파, 성전 기사단, 장미십자회의 비밀 활동 속에서 계속 이어져 왔다.

그림 형제의 동화에 등장하는 숫자를 이용해 이 두 가지 내적, 외적 깨달음의 길을 구별할 수도 있다. 3중적 속성을 지닌 영혼은 개인의 내면 영역에 들어가 7중적 측면을 지닌 체질을 만난다. 또 다른 길은 12감각 기관을 통해 6이나 12라는 숫자가 가리키는 외부 세상으로 인도한다. 헤라클레스의 12가지 노역과 테세우스 이야기는 황도 12궁의 외적 측면과 연결된다. 「누가 복음」과 「마태 복음」에 기록된 성탄 이야기에서 보이는 차이 역시 이 관점에서 이해할 수 있다. 목동은 내적 신비의 길을, 세 왕은 외적 신비의 길을 상징한다. 인류의 원형적 자아가 탄생하면서 이 두 흐름은 하나로 합쳐진다.

구조적 물질육체와 체질적 물질육체

오드리 맥앨런은 루돌프 슈타이너의 정신적 통찰에 따라 구조적 물질육체(신경, 골격, 근육)와 체질적 물질육체(신진대사 체계와 그에 속한 장기 및 신진대사 과정 그리고 감각 지각 활동)를 구별하는 법을 가르쳐 주었다. 구조적 물질육체는 객관적 요소다. 지상을 사는 모든 인간의 신체 구조는 동일하다. 이처럼 객관적이고 원형적인 구조가 없다면 외과 수술은 불가능했을 것이다. 하지만 체질적 요소는 지극히 개인적이다. 사람마다 자기만의 DNA가 있다. 장기 이식은 까다롭기 이를 데 없다. 신진대사, 질병, 기질, 체질 유형은 주관적, 개별적이다.

루돌프 슈타이너는 소멸하는 것은 체질적 물질육체뿐이라고 말했다. 신경, 근육, 골격의 구조적 물질육체는 영원불변한 가치를 지닌다. 그것은 신들의 상상, 영감, 직관이기 때문이다. 하지만 지금은 물질로 채워진 상태다. 죽음 이후에 물질은 사라지지만 살아생전 사고, 느낌, 행위의 특질은 그대로 남아서 상상, 영감, 직관으로 정신적인 빛을 발하게 된다.

정신 질환에 관한 강의 『운명의 형성과 죽음 이후의 삶』에서 루돌프 슈타이너는 체질적 측면을 상세히 다룬다. 자아는 혈액 속에서 활동하며 태양 신경총(복강 신경총)과 관련한 신경절 체계를 통해 신체로 들어온다. 바로 이곳이 신경계와 신진대사 기관이 연결되는 부분이다. 태양 신경총과 신진대사 과정의 연결을 통해 자아는 신체 하부 영역에 자리 잡는다. 인간 자아의 이 측면은 사악한 루시퍼적 힘에 영향을 받아 병들었다. 루시퍼의 힘이 인간에게 자아의 씨앗을 너무 일찍 선사했기 때문에 자아는 아스트랄체 속으로 너무 깊이 끌려들어가 동시에 자의식과 자유를 갖게 되었다. 그 대가로 저차 자아에는 비열함, 교활함, 거짓, 이기심과 같은 악이 깃들게 되었다.

체질적 측면의 아스트랄체는 척수 신경과 이어져 있고, 이를 통해 리듬 체계와 연결된다. 저차의 아스트랄체에는 루시퍼적 요소와 함께 피

상성, 비논리성, 광적인 태도, 심한 우울증, 건강 염려증 등으로 드러나는 아리만적 요소도 있다. 오드리 맥앨런은 이와 관련한 물질육체의 모든 부분을 체질적 육체라고 통칭했다. 여기에 운명, 질병과 관련한 개별 카르마가 담겨 있다. 따라서 체질적 요소는 의학 영역에 속한다. 질병은 언제나 개인적 운명인 카르마와 상관있기 때문이다.

건강한 상태에서 낮은 자아와 아스트랄 조직은 물질육체와 에테르체 속 신진대사 기관 및 그 과정 속에 자리 잡는다. 그러면 루시퍼적, 아리만적인 모든 요소는 무의식 영역에 머무르면서 그곳에서 질병과 성격 문제를 일으킨다. 그런데 이 힘이 신체적 과제에서 너무 빨리 풀려나면 즉, 죽기 전에 분리되면 영혼적 문제, 심하면 정신병이 생길 수 있다. 인지학에 기초한 정신 병리학에서는 루돌프 슈타이너의 이 말을 한층 자세히 풀어 '조증, 우울증, 히스테리, 강박, 정신병은 간, 담낭, 허파, 신장, 심장 활동과 연결'된다고 말한다.

반면 구조적 물질육체에는 고차 존재들이 처음 인간을 창조할 때 계획한 순수한 고차 자아와 아스트랄 힘이 담겨 있다. 루돌프 슈타이너는 『신비학의 근본 토대』 12강에서 이렇게 말한다.

> "척수는 두뇌와 더불어 자아 기관입니다. 그 주위에는 아스트랄체, 에테르체, 물질육체라는 세 겹의 보호막이 둘러싸고 있습니다. 자아를 위한 기관(척수와 두뇌)이 준비되고 자아가 자기를 위해 마련한 침대에 몸을 누이면, 척수와 두뇌는 자아를 위해 일하는 기관이 됩니다. 이로써 4중적 인간은 하나로 통합됩니다. 피타고라스 사각형은 바로 이 사실을 가리킵니다.

1. 척수와 두뇌는 자아를 위한 기관이다.

2. 따뜻한 혈액과 심장은 아스트랄체를 위한 기관이다.

3. 태양 신경총은 에테르체를 위한 기관이다.

4. 물질육체는 아주 정교한 물질적 기구다.

인간의 4구성체는 이렇게 구성됩니다. 물질육체, 에테르체, 아스트랄체는 외부에서 인간을 형성했습니다. 이것이 내부에서 활동하는 것, 즉 자아와 하나가 됩니다."

여기서 루돌프 슈타이너는 구조적 육체의 관점에서 인간 유기체를 설명한다. 다른 강의에서 말했던 혈액이 아니라 척수와 두뇌가 자아를 위한 그릇이라고 말한 것에 주목하자. 여기서 말하는 자아는 의식을 담는 고차 자아다. 슈타이너를 연구할 때는 강의마다 어떤 관점에서 그리고 어떤 청중을 대상으로 한 말인지 주의해서 봐야한다. 그러다 보면 여러 요소(여기서는 구조적 육체와 체질적 육체)가 서로 어떻게 연결되는지에 대한 느낌이 자란다.

구조적 육체는 황도 12궁의 형성력에서 창조된 인간 형상이다. 이 형성력은 고차 정신 존재들에게서 나왔으며, 인간 유기체의 뼈, 신경 체계, 근육, 감각 체계에 반영된다.

체질적 육체에서 진행되는 과정은 행성의 힘과 상관있다. 하지만 질병은 루시퍼가 아스트랄체에 미친 영향에서 생겨난다. 루시퍼의 영향은 그 사람의 에테르체에 반영된다. 구조적 물질육체와 체질적 물질육체의 관계를 「마태 복음」을 인용해서 성격화해 볼 수도 있다.

눈은 몸의 등불이다. 그러므로 네 눈이 성하면 온몸이 밝을 것이며, 네 눈이 성하지 못하면 온몸이 어두울 것이다. 그러니 만일 네 마음의 빛이, 빛이 아니라 어둠이라면 그 어둠이 얼마나 심하겠느냐? (마태 복음 6장 22절-23절)

생후 첫 7년 동안 아이들은 물질육체를 자기 것으로 만드는 과제에 몰두한다. 슈타이너는 『정신과학의 관점에서 본 아동 교육』에서 이를 설명한다. 구조적 물질육체 측면에서 중요한 것은 움직임 발달과 신경학적 발달의 객관적 단계들이다. 이 발달 단계는 객관적, 원형적 위계질서가 있으며, 전 인류에게 공통하다. 세상 모든 아이의 움직임 발달은 영유아 움직임 양식에서 시작해서 차츰 대칭성 운동, 편측성 발달, 우세 확립 같은 새로운 단계로 넘어간다. 이와 함께 신경계 구조와 두뇌 좌우 반구가 성장하며 점점 복잡해진다. 마지막 단계에 이르면 뇌량이 발달하면서 좌뇌와 우뇌를 연결한다. 이제 좌우반구는 각각 독립적으로, 그러면서도 함께 일할 수 있다. 생후 첫 7년의 발달을 크게 세 단계로 나눌 때 중요한 것은 중심선 장벽을 극복하고 통합하는 과정이다. 우세성 발달은 구조적 물질육체의 육화 과정 마지막 단계에 일어난다.

개인적 카르마를 안고 세상에 온 개별 자아는 체질적 물질육체의 발달 과정에서 자신을 드러낸다. 개별 자아는 자신에게 맞는 새로운 육체를 구축하는 동시에 출생 때 유전의 힘으로 물려받은 육체를 변형시켜야 한다. 새로운 개별 질료를 창조해야하는 것이다. 이 변형과 신진대사 과정에서 특히 중요한 역할을 수행하는 장기는 간이다. 개별 자아의 특성은 언어 발달 과정에서도 드러난다. 말을 배우는 과정에서 내는 소리는 아기마다 사뭇 다르다. 단어나 문장을 말하는 방식도 뚜렷한 차이가 있으며 개성과 기질이 묻어난다. 아이의 체질은 개별성에서 온 요소와 성격에서 온 요소, 약점과 강점의 표현이다.

2세 반에서 3세 어디쯤 아이가 처음 '나'라고 말하는 순간, 우리는 아이의 개별성이 물질육체의 구조적 측면을 자기 것으로 받아들였음을 알게 된다. 이때까지는 고차 자아가 아이의 발달을 인도했다. 이제부터는 저차의 개인적 자아가 전면에서 활동한다. 칼 쾨니히는 『첫 3년』에서 걷기, 말하기, 사고하기가 고차 자아의 지혜를 통해 발달하는 과정을 보여 준다. 정신 존재들의 인도 아래 정신세계에서 오는 힘이 아이 안에서 활동하면서 중력을 극복하고 후두의 형태를 빚고 두뇌를 세분화한다. 이런 과정을 거치면서 신체는 개별성이 사고와 느낌, 의지를 표현할 수 있는 도구로 성장한다.

개별 자아마다 나름의 재능과 능력faculty이 있다. 구조적 육체의 운동 능력과 신경 체계가 성장하면서 아이는 타고난 재능을 표현할 수 있는 기술skill을 얻는다. 0~7세 발달이 적절하게 진행, 완료되었을 때 드디어 물질육체의 두 측면, 구조적 육체와 체질적 육체가 맞물린다. 이제 둘은 조각품을 빚는 한 쌍의 거푸집처럼 서로의 반쪽이 된다. 구조적 물질육체와 체질적 물질육체를 연결하는 요소는 다름 아닌 온기, 사람의 체온인 37℃다. 온기는 옛 토성기라고 부르는 지구 진화 초기 단계의 기억이다. 혈액의 온기는 당시 존재했던 온기의 변형이다. 옛 토성기 동안 인간 물질육체의 첫 번째 씨앗이 생겨났고, 이를 토대로 감각이 성장했다. 모든 사람의 체온은 37℃로 동일하다. 그것은 원형적이며 따라서 구조적 측면과 연결되지만, 혈액 및 체질적 측면과도 상관있다.

건축가가 집의 평면도를 만들고, 그 한 장의 평면도로 한 지역에 집 스무 채를 지었다고 하자. 집의 겉모양은 같아도 어떤 사람들이 어떤 가구를 갖고 들어와서 꾸미는지에 따라 집집마다 각기 다른 개성이 생길 것이다. 이것이 바로 그릇과 내용물, 하드웨어와 소프트웨어, 물질육체의 구조적 측면과 체질적 측면의 차이다.

오드리 맥앨런은『아이들 그림 읽기Reading Children's Drawings』2장에서 어린 아이들의 그림에 구조적 측면의 발달과 체질적 측면에서 온 형성력의 작용이 둘 다 드러남을 사례와 함께 분명히 보여 준다. 36쪽에 수록한 도표는 오드리 맥앨런이 1988년 네덜란드에서 도움수업 교사들을 위한 강의에서 그린 것으로, 구조적 요소와 체질적 요소의 특징을 한눈에 볼 수 있다.

구조적 물질 육체	체질적 물질 육체
옛 토성기의 기억 - 온기(37℃)는 인간 신체의 두 측면을 연결한다.	
- 황도12궁에서 오는 힘 - 신경, 근육, 뼈 - 2중적 인간 - 머리-몸통 (신체 왼편이 대표)	- 행성에서 오는 힘 - 에테르체의 생명 활동, 감각 지각 - 3중적 인간 - 사고-감정-의지(신체 오른편이 대표)
0-2.5세	
- 배밀이, 기기, 서기 - 공간과 방향 인식(공간 정향) - 중력을 통한 자아 인식 - 수평 중심선 장벽 - 의지	- 아스트랄체와 에테르체 사이에서 말하기 발달
2.5-5세	
- 편측성 - 대칭성 혹은 수직 중심선 장벽 - 신체지도 (신체 인식)	- 창의적 자유 놀이, 놀이, 말하기와 함께 사회성 발달, 가슴 영역(리듬 체계)
5-7세	
- 우세성 - 그림 속 집과 정신-영혼과 물질-생명육체의 이중성 속에서 표현됨 - 기술skill 발달	- 사지 성장 - 실용적 공예 활동 필요 - 그림에서 사람을 영혼 삼중성(머리, 가슴, 신진 대사-사지 체계)의 상으로 표현 - 능력faculty 발달
(필자가 덧붙임)	
학교생활 가능 (움직임과 신경학적 발달 측면에서 학교생활이 가능한 기술 발달)	학습 가능 (에테르 힘이 학습에 쓰일 수 있을 정도로 장기와 영혼 성숙)

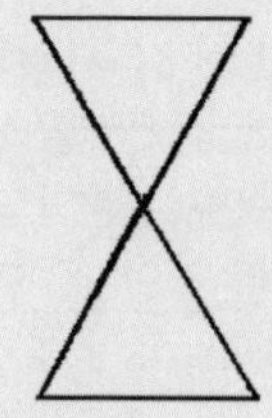

[그림1-1]

1. 여기 두 측면이 있다: 육화하는 인간 영혼(위쪽 삼각형)과 옛 토성기, 옛 태양기, 옛 달기에 성스러운 고차 존재들이 창조한 인간 유기체(아래쪽 삼각형)

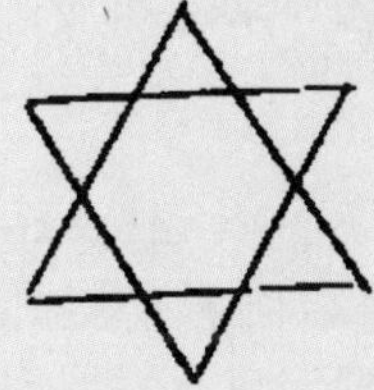

[그림1-2]

2. 두 요소가 상호 관통할 때 인간 영혼은 스스로를 의식한다.

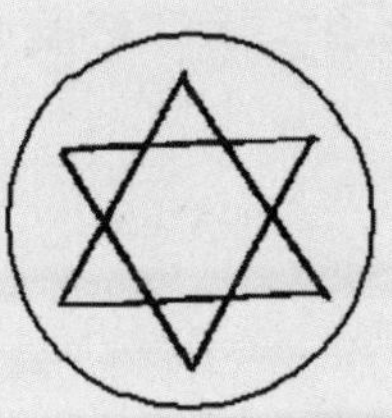

[그림1-3]

3. 자의식을 지니려면 인간 영혼은 인간 존재를 관통해야 한다. 이는 인간 영혼이 세상을 반영할 때만 가능하다.

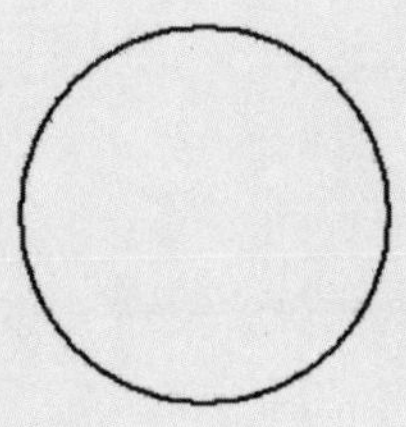

[그림1-4]

4. 세계 자체가 옛 토성기, 옛 달기, 옛 태양기의 산물이다.

5. 세상은 눈을 통해 인간 안에 비쳐든다. 인간 영혼은 사고를 통해 이 반영을 의식한다.

6. 인간 영혼이 세상을 반영할 수 있을 때 자아성을 부여받는다. 다시 말해, 자신이 정신을 지닌 다른 존재들 사이에 있는 하나의 정신 존재임을 인식할 수 있는 가능성을 갖는다. 하지만 이 과정에 방해 요소가 들어오면서 영혼이 단독으로 인간 존재를 관통하지 않게 된다. 루시퍼적 존재가 함께 들어온다. 인간은 오염되고, 더 이상 세계를 있는 그대로 반영하지 못한다.

7. 이를 치유하기 위해서는 세계 정신이 인간을 정화해야 한다. 먼저 안에서 밖으로, 즉 인간을 관통해서(세례 이후 그리스도의 공생활 3년), 다음에는 밖에서 안으로, 즉 세상을 관통해서(부활과 승천)

8. 인간 영혼이 스스로의 노력으로 세상을 반영하기 시작하면, 영혼은 자신의 자아성을 의식하게 된다, 세상의 참된 형상이 인간 안에도 존재하게 된다. 영혼이 인간 안에 새겨진 세계 형상을 따를 때 그것은 세계 형상을 반영하며 스스로를 인식한다. 인간 영혼이 제 마음대로 움직이면 침입한 힘(루시퍼적 힘)을 따르는 것이고, 그들의 먹이가 되어 망상적 자아 체험의 대가로 의지력을 잃고 그들의 욕망을 따르게 된다.

2장

감각적 흐름과 초감각적 흐름

앞서 도움수업의 원천이라고 소개한 『인지학-심리학-정신학』에서 루돌프 슈타이너는 인지학의 근본 토대로 여기는 내용을 이야기한다. 1, 2회 3회 강의 절반에서는 인간 감각의 토대를, 나머지 4회 강의에서는 인간 물질육체를 빚는 정신적 흐름current을 다룬다.

감각 기관

처음 두 강의에서 슈타이너는 인간의 초감각적 구성체들이 감각 기관에서 어떻게 활동하는지, 각 기관마다 활동 방식이 어떻게 다른지를 설명한다. 신체 상태를 지각하는 감각 기관은 인간 구성체 중 가장 높은 정신 존재와 연결된다. 사실 이 고차의 정신 구성체들은 현재 진화 단계 인류에게는 개별화되지 않았다. 아직 신성한 정신 존재들의 인도를 받는 상태인 것이다. 이는 신체 감각들이 인간 영혼의 무의식 영역에서 활동한다는 사실과도 일맥상통한다. 일상적 상황에서 우리는 신체 상태나 움직임, 공간 속 자세, 신체 위치 등을 인식하지 못한다. 무의식 영역에서 우리를 지탱해 주는 신체 감각이란 생명감각, 균형감각, 고유운동감각을 말한다.

생명감각은 신체를 입고 있는 상태에 관한 정보를 전달한다. 오늘 내 몸이 편안하게 잘 맞는가? 생명감각은 살아 있음의 느낌, 생명력에 대한 감각이다. 인간의 가장 높은 구성체인 정신인간(『인지학-심리학-정신학』에서는 '아트만'이라는 신지학 용어를 사용했다)은 에테르체를 관통해 에테르체 전체를 꽉 조이는 방식으로 조절한다. 정신인간의 활동으로 물질육체는 긴장 상태에 들어간다. 그 결과 젖은 스펀지를 꼭 짜면 물이 나오듯 아스트랄체는 물질육체와 에테르체 밖으로 밀려나간다. 아스트랄체는 영혼 생활과 긴밀하게 연결되어 있다. 생명감각을 통해 지각한 감각 자극은 아스트랄체에서 활력, 탈진, 고통 같은 느낌으로 표현된다. 이 정보는 보통 영혼의 무의식 영역에 머문다. 옷이나 신발이 편하게 맞을 때는 그 존재를 별로 의식하지 않는다. 신체 상태에 관한 정보 역시 문제가 있을 때만 의식 위로 떠오른다. 고통을 느낄 때 우리는 보통 긴장되고 웅크린 자세로 신체를 옥죈다.

고유운동감각에서는 인간의 두 번째로 높은 구성체인 생명정신(혹은 '부디')가 활동한다. 생명정신은 에테르체 안에서 균형을 만든다. 인간이 신체를 움직여 균형 상태가 깨지면 생명정신은 즉시 아스트랄체를 물질육체를 보완하는 방향으로 움직여 불균형을 회복한다. 이 역방향 흐름은 모든 움직임마다 일어난다. 고개를 까딱이거나 눈을 깜박이거나 다리를 움직이는 등 크고 작은 모든 동작마다 아스트랄체는 고유운동감각을 통해 반대 방향으로 움직인다. 이는 교사로서 움직임을 관찰하면서 (특히 움직임 활동으로 수업할 때) 무엇이 문제인지 이해하려할 때 꼭 알아야하는 중요한 법칙이다. 고유운동감각에서 오는 정보 역시 대부분 영혼의 무의식 영역에서 처리된다.

균형감각에서는 정신자아(혹은 마나스)가 활동한다. 정신자아는 에테르체를 관통해 확장시킨다. 덕분에 아스트랄체는 에테르체에서 풀려나 주변의 삼차원적 물체 세계와 연결될 수 있다. 내이에 위치한 세반고리관은 삼차원 공간 속으로 확장한 에테르체의 신체적 표현이다. 우리는 여기서 가장 고차적인 정신의 힘이 가장 물질적, 신체적 요소와 얼마나 깊이 연결되어 있는지를 볼 수 있다.

생후 첫 3년 동안 아이는 이 세 가지 신체 감각을 훈련하고 발달시킨다. 두 발로 서고 걷기를 배우는 과정에서 특히 중요한 역할을 하는 것은 균형감각(전정신경계)과 고유운동감각(자기수용감각)이다. 루돌프 슈타이너가 활동하던 20세기 초반에 이 두 감각은 아직 알려지지 않은 (적어도 많이 연구되지 않은) 상태였다. 루돌프 슈타이너가 인간의 감각 기관 연구에 있어 시대를 앞섰다고 해도 과장은 아닐 것이다.

『인지학-심리학-정신학』 후반부에서 청각, 언어감각, 사고감각을 이야기하면서 슈타이너는 말소리를 듣고 이해하기 위해서는 신체적 귀 이상의 것이 요구된다고 했다. 귀는 소리를 지각하게 해 준다. 언어를 지각하기 위해서는 다른 감각 기관, 즉 언어감각 기관이 필요하다. '버스'라는 단어는 단순히 B-U-S라는 세 음소의 조합이 아니다. '버스'를 듣는 즉시 우리는 단어의 의미를 지각한다. 언어감각보다 한 단계 더 높은 감각 기관도 있다. 타인의 사고, 개념을 지각하게 해 주는 감각이다. 다른 사람이 한 말을 글자 그대로 옮기지는 못해도 요점은 전달할 수 있는 경우가 있다. 청각 과정에 관여하는 이 감각들은 읽기와 쓰기를 가르칠 때 아이가 어느 부분에서 도움이 필요한지 알아보고 이해하는데 아주 중요하다.

루돌프 슈타이너는 인간 개별 자아가 아직 이 세 감각에서도 활동하지 않는다고 말한다. 그러면서 언어와 사고, 개념을 지각하는 복잡한 듣기 활동 속에서 천사, 대천사, 아르카이가 어떻게 활동하는지를 자세히 묘사한다. 천사들은 인간이 소리를 지각하도록 돕는다. 이들은 공기 요소 속에 산다. 세계 여러 언어와 연결된 민족정신인 대천사는 인간이 타인의 언어를 지각하도록 돕는다. 이들은 에테르체의 유동적 요소 속에 산다. 아르카이는 인간이 타인의 생각, 사고, 개념을 지각하도록 돕는다.

여기서도 루돌프 슈타이너의 통찰이 얼마나 정밀한가를 볼 수 있다. 언어 지각을 위한 감각 기관과 사고내용 지각을 위한 감각 기관이 별개로 존재한다는 것은 혁명적이면서도 무릎을 치게 하는 통찰이다. 덕분에 우리는 청각 장애인들이 어떻게 수화를 통해 단어와 개념을 지각하는지를 이해할 수 있다. 이들은 청각이 없어도 언어와 개념을 지각할 수 있다. 별로 오래지 않은 과거에 청각 장애 아이들에게 수화를 가르치지 말아야 한다는 주장이 득세한 적이 있었다. 이 정책은 청각 장애 아이들의 지적 발달을 크게 저해하는 결과를 낳았다. 교사들은 특히 듣기와 관계된 이 세 감각을 공부하고 깊이 이해해야 한다. 개별 자모와 소리 연결하기, 다른 사람 말소리 듣고 분석하고 받아 적기, 단어 읽고 분석하기, 나아가 책을 읽고 그 문장에 담긴 개념을 이해하기까지 읽기와 쓰기를 가르치는 과정에서 세 감각 모두 중요한 역할을 담당하기 때문이다.

지금까지 언급한 여섯 가지 감각 기관은 아직 인간 개별 자아나 개인적 힘이 뚫고 들어가지 못한다. 더 높은 정신 존재들의 인도를 받는 상태인 것이다. 반면 네 가지 중위 감각(후각, 미각, 시각, 온감각)은, 비록 감각 과정 자체는 무의식 영역에서 일어나지만, 개별 자아의 영혼 구성체들과 각각 연결되어 있다. 특히 후각, 미각, 시각은 우리가 직접 훈련하고 발달시킬 수 있다.

『인지학-심리학-정신학』에서 교사와 학습 도움 교사, 치료사들이 주목해야 할 또 다른 요소는 루돌프 슈타이너가 온감각의 작용을 설명한 부분이다. 방안 온도가 체온보다 높을 때 우리는 그 온기가 내부로 흘러들게 한다. 사우나 온도는 30~100℃ 사이, 터키식 목욕탕 온도는 45℃

안팎이다. 이 열기가 몸속으로 흘러들면 신체와 에테르체는 확장한다. 한편 아스트랄체는 몸속으로 들어오는 온기에 역행해서 바깥으로 흘러나간다. 신체에 닿는 사물이나 주변 공간 온도가 체온보다 낮을 때는 온기를 몸 밖으로 내보낸다. 아스트랄 흐름은 신체 속으로 흘러들고 신체와 에테르체는 수축한다.(소름, 닭살) 이런 현상은 추운 방에 있다가 따뜻한 방으로 갈 때와 반대 경우에도 관찰할 수 있다. 우리는 온기 흐름에 역행하는 아스트랄체의 움직임을 통해 온도 차이를 느낀다. 우리 내부의 체온계인 것이다. 온도에 대한 감각 인상은 온기가 움직일 때만 생긴다.

아이들과 치유 작업을 할 때는 방안 온도에 신경 써야한다. 평소보다 조금 더 따뜻한 게 좋다. 방이 충분히 따뜻해야 아이가 몸속으로 온기를 들여보내고 아스트랄 힘이 신체 밖으로 흘러나오게 할 수 있다. 그러면 아이의 긴장이 풀리고 에테르체가 확장하면서 물질육체를 지탱하고 습관적 행동 패턴을 유지하는 일에 지나치게 얽매어 있던 힘이 느슨해지기 시작한다. 영혼-정신이 신체를 관통할 수 있게 되면서 아이는 그동안 배어 있던 습관적 행동 패턴을 조금씩 내려놓는다.

위 강의에서 슈타이너는 촉각을 언급하면서도 특정 감각 기관과 연결해서 설명하지는 않는다. 대신 모든 감각 기관에 촉각적 성질이 있다고 말한다. 나중에 다른 강의에서는 촉각 기관을 상세히 설명하면서 아스트랄체가 신체 움직임에 역행한다는 점을 다시 지적한다. 무엇인가와 접촉할 때 피부는 안쪽으로 약간 밀려들어 가지만 아스트랄체가 그 공간을 채운다. 이를 통해 아스트랄체는 사물과의 접촉을 느낀다.

1916년 6월 20일 강의(『세계 존재와 자아성』)에서는 12가지 감각을 이야기하지만, 『인지학-심리학-정신학』에서는 자아감각을 따로 구분하지 않는 대신 11번째, 12번째, 13번째 감각과 연결한다. 각각 상상, 영감, 직관의 정신 감각으로, 그 기관을 2장의 꽃잎, 16장의 꽃잎, 12장의 꽃잎을 가진 연꽃 혹은 차크라라고도 부른다. 형안이 열리지 않은 사람의 경우에는 이들 감각의 활동이 영혼 생활을 향해 내부로 흘러든다고 했다. 세 정신 감각의 활동으로 외부 감각 인상은 영혼 내면에서 감각Empfindung, 느낌, 사고 형상으로 변형된다. 모든 감각 자극은 이 세 가지 아스트랄 감각 기관의 작용을 바탕으로 영혼 속에서 이런 내적 변형 과정을 거친다. 한층 더 섬세한 영혼 활동은 다른 연꽃 혹은 차크라에 의해 일어난다.

앞서 언급한 『인간과 인류의 정신적 인도: 인류 발달에 관한 정신과학적 연구 결과』에서 슈타이너는 이 정신 기관들이 어떻게 아이들(0~3세)에게 직립, 말하기, 사고하기를 위한 신체 체계를 형성해 가는지 설명한다. 하지만 아이가 '나'라고 말하기 시작하면 이 정신적 힘들은 무대 뒤로 물러나고 무의식 속에서 활동하기 시작한다. 정신적 깨달음의 길을 걷기로 마음먹은 사람은 인간 유기체의 무의식 영역으로 물러난 바로 이 힘을 이용하는 법을 배워야 한다. 슈타이너는 이것이 "진실로 내가 너희에게 이르노니 너희가 어린 아이처럼 되지 않으면 천국에 들어가지 못할 것이다."(마태 복음 18장 16절)라는 성경 문구의 진정한 의미라고 했다. 여기서 알 수 있는 것은 인간 신체 구조 전체가 물질육체 심연에서 활동하는 지극히 높은 정신적 힘들로 인해 형성되었다는 점이다.

이듬해인 1910년에는 베를린에서 영혼 내부에서 일어나는 과정에 집중한 강의를 연다. '심리학'이라는 제목의 이 연속 강의는 『인지학-심리학-정신학』의 2부로 출간되었다. 여기서 슈타이너는 정신과학에 기초한 심리학의 근본 요소를 이야기한다. 또한 1919년 발도르프학교 개교를 준비하며 교사들을 대상으로 진행한 강의 『교육학의 기초가 되는 인간에 대한 보편적인 앎』에서 언급한 영혼의 공감력과 반감력의 상을 위한 기본 요소도 언급한다.

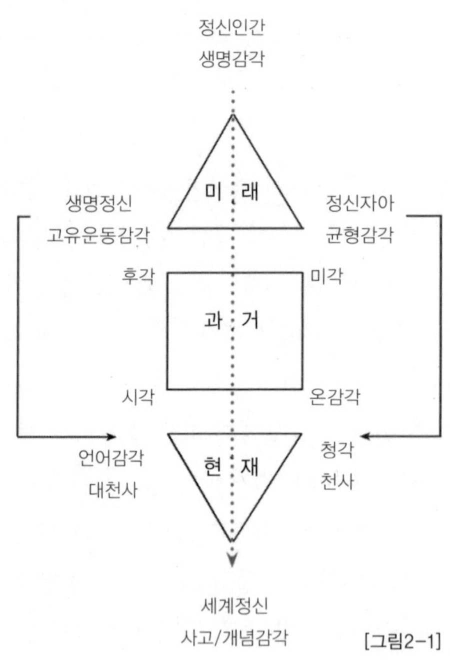

[그림2-1]

물질육체를 형성한 흐름

『교육학의 기초가 되는 인간에 대한 보편적인 앎』 강의 셋째 날과 넷째 날에는 물질육체에 관해 이야기한다. 모든 감각의 총합이 바로 물질육체다. 감각체인 물질육체는 지구 진화사에서 가장 먼 과거인 옛 토성기부터 발달했다. 이 단계에는 온기 외에는 아무 것도 존재하지 않았다. 온기는 집약적 움직임, 집약적 의지이며 열정이다. 이는 트로네들의 희생의 결과다. 아르카이들은 그 온기 속에 살면서 개별성을 발달시켰다. 이들은 온기로 이루어진 자신의 개별 육체를 조금씩 지어 나갔다. 더 높은 정신존재들은 그 육체에 황도 12궁에서 오는 형성력을 새겨 넣었다. 이로써 12겹 구조를 가진 우리의 특별한 물질육체의 씨앗이 탄생한다.(『윤곽으로 본 신비학』 참조)

옛 태양기(지구 진화 두 번째 단계)를 거치는 동안 옛 토성기의 온기에 빛이 더해진다. 그 빛은 동반자인 공기와 한몸이었다. 에른스트 마티 Ernst Marti는 소책자 『네 가지 에테르Die vier Ather』에서 당시 공간은 빛의 성질처럼 일차원적, 직선적이었다고 설명한다. 대천사들은 옛 태양기 동안 자아성의 발달 단계를 지났고, 그럼으로써 에테르체의 씨앗을 만들었다.

지구 진화 세 번째 단계는 옛 달기다. 달기를 거치면서 물 요소가 추가된다. 공간은 물 표면이나 식물 이파리처럼 이차원적이었다. 슈타이너에 따르면 옛 달은 시금치 수프 같았다고 한다. 초기 형태의 식물계를 품은 액체 상태라는 것이다. 하지만 옛 달기에 식물계는 구름 덩어리 같은 초록색 질료가 대기를 둥둥 떠다니고, 행성 자체는 온기와 공기, 물로만 이루어졌다고 상상해야 한다. 이번엔 천사들이 개별성을 발달시키면서 아스트랄체, 혹은 내면 영혼을 준비했다. 네 번째 단계인 지구기에 인간은 아스트랄체, 에테르체, 물질육체라는 복잡한 구조를 선사받는다. 공간은 3차원적이 되고, 고체(흙) 요소가 추가된다. 지금 우리가 사는 세상엔 온기, 빛/공기, 물, 흙 이렇게 4요소가 있다. 지구기에서는 인간이 개별성 혹은 자아를 발달시킬 차례다. 고체 요소만이 인간에게 자아의식을 가져다줄 수 있다. 자유롭고 독립적인 인간 자아는 지구 위 삼차원적 물질 공간 속에서 삼차원적 물질육체를 입은 상태에서만 발달할 수 있다. 우주 비행사들이 우주 공간에서 장기 체류할 때 지구별을 향한 강한 동경과 사랑을 느꼈다는 이야기를 이 관점에서 생각해 보자. 지구 중력이 없는 곳에서 그들은 인류의 뿌리에서 떨어져 나간 것 같은 느낌을 받았을 것이다.

삼차원적 구조를 가진 물질육체는 '흐름current'에 의해 정신적으로 형성되었다. 정면에서 흘러드는 것은 감각체 흐름, 후면에서 오는 것은 감각 영혼 흐름이다. 내면 영혼은 얼굴과 신체 앞부분에서 표현된다. 감각기관 자체는 객관적 외부 세계가 물질육체에 지어 넣는다. 괴테는 '눈은 빛에 의해서, 빛을 위해서 만들어졌다.'고 말했다. 눈은 빛의 물리 법칙에 따라 형성되었다. 카메라와 똑같이 렌즈와 조리개가 있고, 뒤쪽에는 빛을 감지하는 수용체가 있다. 눈은 일종의 장비다. (감각)영혼은 이 장치를 이용해서 외부 세계를 향한 흥미와 자신을 연결한다. 플라톤은 눈에서 두 개의 정신적 손이 사물을 향해 뻗어나간다고 했다. 루돌프 슈타이너는 이것을 의지라고 불렀다. 일상 언어에서도 '신체적 시각seeing'과 '목적의식적 시각looking'의 차이를 구분한다.

마찬가지로 귀는 외부에서 오는 소리로 인해 형성되었다. 귀는 진동을 감지하는 막이 있는 마이크와 비슷하다. 이때도 소리를 듣는 과정에 감각 영혼이 활동하며 '신체적 청각hearing'과 '의식적 청취listening'의 차이가 생긴다.

신체의 전면과 후면은 각각 감각의 외적 측면과 내적 측면을 보여준다. 아스트랄체의 일부인 감각체(루돌프 슈타이너의 『신지학: 초감각적 세계 인식과 인간 규정성에 관하여』 참조)의 흐름은 앞쪽에서 흘러들면서 감각 기관 및 그 체계와 관련한 모든 것을 창조한다. 신경계는 아스트랄체를 담는 그릇이다. 감각 영혼은 뒤에서 앞을 향해 흐르며, 감각을 통과해 외부 세계와 연결된다.

교사가 아이의 신체 상태(어떻게 움직이고, 호흡하는지 등)에 대한 인상을 얻고자 할 때는 교실 뒤쪽에 서서 뒷모습을 관찰하는 것이 좋다. 감각혼은 뒤에서 앞으로 흐르기 때문이다. 교실 앞에서 얼굴을 마주보고 서 있을 때는 아이들 내면의 영혼 세계를 더 잘 볼 수 있다.

수직으로 선 인간 자세는 자아 활동의 결과다. 세계 자아는 지구 진화 초기 단계에 인간 신체의 직립 자세를 창조하고 준비했다. 자아의 흐름은 머리부터 아래로 신체를 관통해 흐른다. 루돌프 슈타이너는 아이들을 위한 시에서 '머리에서 발끝까지 나는 하느님의 형상입니다.'라고 했다.(루돌프 슈타이너의 『엄마와 아이를 위한 기도』 참고)

아스트랄체의 흐름은 발부터 위로 올라간다. 루돌프 슈타이너는 밤에 잠을 자는 동안 아스트랄체가 나선형으로 회전하면서 머리를 통해 물질육체를 빠져나간다고 설명한다.(『카르마적 관계의 신지학적 관찰』 전6권 중 2권) 아침에 잠에서 깨면 아스트랄체는 발끝, 손끝을 통해 신체로 틈입한다. 낮 동안 몸 위쪽으로 점점 올라오다가 머리에 이르면 다시 신체를 빠져나간다. 이 과정에서 아스트랄체는 나선 운동을 하면서 아래에서 위로, 앞에서 뒤로(감각체), 뒤에서 앞으로(감각 영혼) 움직인다.

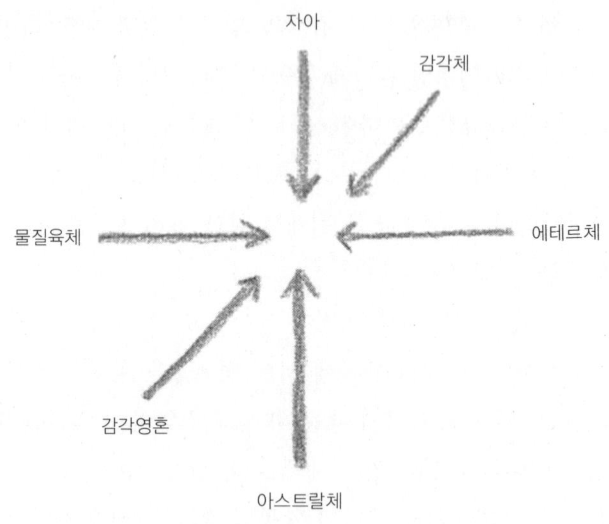

〈루돌프 슈타이너가 그린 '흐름' 도표_1909년〉 [그림2-2]

물질육체에 속한 흐름은 왼쪽에서 오른쪽으로, 에테르체의 흐름은 오른쪽에서 왼쪽으로 흐른다. 신체 왼편은 오른편보다 뻣뻣하다. 오른편이 좀 더 에테르적이고 유연하다. 이는 왼쪽 우세인 사람을 포함한 모든 인간의 원형이다.

루돌프 슈타이너는 인간의 신체 구조가 지구 구조와 연결되어 있다고 했다. 신체 왼편은 지구 북반구를 형성한 것과 동일한 힘에 의해 만들어졌다. 주로 육지와 대륙으로 이루어진 북반구는 가장 물질적인 측면이다. 신체 오른편은 태평양, 대서양, 인도양 대부분이 자리한 남반구를 형성한 것과 동일한 힘에 의해 형성되었다. 인간의 수직 중심선은 지구 적도에 해당한다.

태양이 떠올라 천구의 정점을 향해 올라가는 동쪽은 우리를 수직으로 일으켜 세우는 자아의 흐름에 해당한다. 앞서 말했듯 인간 신체의 직립 자세를 준비한 것은 세계 자아였고, 그 세계 자아의 거주지는 바로 태양이다. 이 맥락에서 보면 교회나 성당, 사원, 유대교 회당들이 동향으로 자리 잡은 것은 우연이 아니다. 사실 '방향을 잡다orient'는 본래 '동쪽을 향하다'를 의미하는 단어다. 중세 시대 지도는 요즘처럼 북쪽이 아니라 동쪽을 위로 놓는다. 그때도 당연히 이런 정신 법칙과 지혜를 알고 있었다. 세계 곳곳에 존재했던 종교적 신비 성지가 그 지혜의 중심지들이다. 인지학은 현대적 지성과 의식에 맞게 이 지혜를 전해 준다.

인간 신체가 직립 자세이기 때문에 자아 조직의 힘이 혈액을 관통할 수 있다. 인간의 혈액은 수직으로 흐르기 때문이다. 이는 동물과 다른 특징이다. 동물계에서는 혈액이 수평으로 흐르기 때문에 개별성을 부여하는 자아 조직의 힘이 혈액을 관통할 수 없다. 동물들은 자아를 집단혼으로 공유한다.

인간 안에서 자아 조직은 다른 초감각적 구성체에 작용하며 변형하는 과정을 수행 중이다. 그 결과로 일어나는 첫 번째 변형은 아스트랄체가 그 무대이므로 먼저 영혼의 아스트랄적 힘과 관련한 세 흐름(아스트랄체, 감각체, 감각혼의 흐름)을 살펴보자. 밑에서 위로, 앞에서 뒤로, 뒤에서 앞으로 움직이는 이 세 가지 아스트랄 요소를 한데 모으면 나선형 움직임이 나온다. 자아는 이 나선 움직임의 척추에 해당한다. 민속춤 중에 꽃으로 장식한 기둥 주위를 온갖 다양한 방식으로 도는 메이폴 춤[04]이 있다. 메이폴 춤은 세 가지 측면을 지닌 아스트랄체가 낮 동안 자아를 기둥 삼아 물질육체와 생명육체를 관통해 움직일 때 정신적 차원에서 일어나는 일의 외적, 원형적 상이다. 인간의 신체를 형성하는 정신적 흐름이 인간의 척추를 창조하는 과정을 춤으로 묘사한 것이라고 볼 수 있다.

[그림2-3]

루돌프 슈타이너는 여러 흐름이 어떻게 서로 관계 맺으며 움직이는지를 보면 장기의 형태를 설명할 수 있다고 했다. 심장은 여러 흐름이 완벽한 균형을 이룬 상태에서 형성된다. 태아 발생학을 통해 우리는 심장이 완전히 발달해서 수축 운동을 하기 전부터 혈액이 이미 순환한다는 것을 알고 있다. 심방 발달 단계를 보면 초감각적 흐름이 조금씩 경막을 형성해 나가는 과정을 볼 수 있다.(칼 쾨니히의 『태아 발생학과 세계 진화Ebryology and World Evolution』 참고)

배아 단계에서 창자는 아스트랄체의 시계 방향, 반시계 방향 움직임

---

04 옮긴이 maypole dance_ 가운데 큰 기둥을 중심으로 여러 색의 끈을 엮으며 추는 유럽 민속춤

과 함께 나선형으로 형성된다. 나중에 창자가 될 작은 관이 두 중심점 주위에서 반시계 방향(배아 입장에서는 시계 방향 움직임)으로 구부러진다.

슈타이너에 따르면 눈과 두뇌는 동일한 흐름에 의해 만들어진다. 둘 다 뼈로 감싼 빈 공간에 보호, 격리된 장기다. 하지만 눈에서는 앞에서 뒤로 흐르는 감각체 흐름이 두뇌 물질을 뒤쪽으로 밀어낸다. 이것이 망막이 된다. 밀쳐진 그 공간에 두뇌 물질 대신 투명한 젤리 같은 유리체가 채워진다. 눈은 이렇게 형성된다.

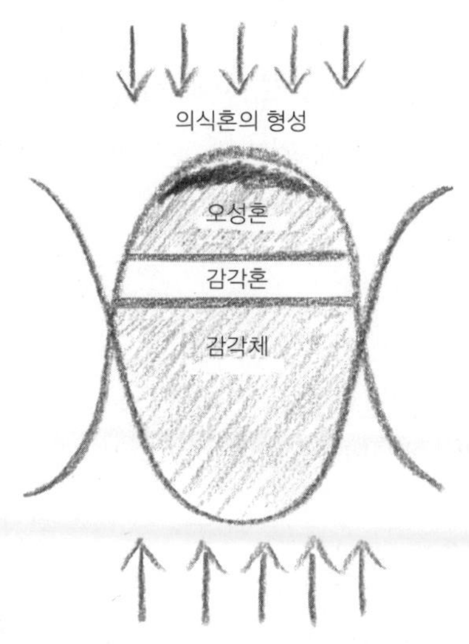

〈신경계와 두뇌를 형성하는 흐름〉

[그림2-4]

자아 조직의 힘은 에테르체와 물질육체 흐름도 변형시킨다. 그 활동을 통해 '오성혼'과 '의식혼'이 발달한다. 오성혼은 우리 내면에서 감각으로 지각한 것을 내적 표상으로 만드는 부분이다. 판단은 오성혼의 영향을 받는다. 이는 이성적 상인 동시에 내면 느낌이기도 하다. 오성혼의 독일어는 'Vestandes-Gemutsseele'로, 이성과 감정을 모두 포함한 영혼을 말한다. 오성혼은 감각 인상과 결코 객관적으로 연결될 수 없다. 이 영혼 요소는 두개골에 가로막혀 직접 외부 세상으로 들어가지 못하기 때문이다. 오성혼 수준에서는 실수를 할 수 있다. 감각혼에서는 실수를 할 수 없다. 두뇌 회백질은 의식혼에 의해 형성되며 의식혼을 담는 그릇이다.

이 두 번째 도표에서 루돌프 슈타이너는 신경계 전체 구조의 상을 보여 준다. 불가사리나 해파리 같은 하등 동물도 가지고 있는 원시 교감 신경계는 복부에 있다. 이곳에서 우리는 외부 세계와 완전히 연결되어 있다. 따라서 아무런 내면 표상도 생겨나지 않는다. 이를 태양 신경총과 연결할 수 있지 않을까? 이것이 감각체다.

감각혼은 감각을 통해 세상 속으로 흘러나오는 동시에 내면세계가 존재할 수 있도록 신체 형상을 만드는 일과도 연결되어 있다. 따라서 척추와 그 속에 자리한 신경계 일부는 감각혼에 의해 형성된다. 이성혼은 한참 위인 이마 뒤쪽 뇌에 위치한다. 의식혼은 대뇌 피질 활동 및 형태와 상관있다.

인간 신체의 움직임 양식

인간의 어떤 움직임 양식은 신체 구조로 인해 결정된다. 신체 이동을 위해 일하는 다리는 중력, 지구 표면과 스스로를 연결한다. 다리와 상체가 만나는 지점인 골반과의 관계에서 보면 발은 약간 안쪽으로 회전한다. 직선을 따라 의식적으로 똑바로 걸을 때도 발은 항상 안쪽으로, 즉 오른발은 시계 반대 방향, 왼발은 시계 방향으로 회전한다.

기어 다니는 아기처럼 사지 전체로 움직일 때는 팔과 다리의 움직임이 별로 다르지 않다. 직립하는 순간 팔과 손에 다리와 반대로 움직일 수 있는 가능성이 생긴다. 더 이상 신체 이동에 필요하지 않기 때문에 중력에 역행해서 팔을 들어 올릴 수 있다. 그러면 도구를 사용하거나 놀이나 일, 감정 표현을 위한 몸짓에 팔을 이용할 수 있다. 대화할 때 우리는 내면 상태를 더욱 선명하게 표현하기 위해 손을 움직인다. 오이리트미에서 손은 우리가 아는 가장 정신적인 몸짓을 한다. 언어 기관의 내적 움직임을 우리 눈앞에 드러내 보인다. 오이리트미에서는 청각적 요소가 시각화된다.

뻗기와 들어 올리기

직립하기 위해서는 중력에서 신체를 '들어 올려야'하며 그 결과 손의 움직임 양식에 변화가 생긴다는 것은 앞에서 언급했다. 다음은 오드리 맥앨런이 신체 좌우측 손과 발의 원형적 움직임을 보여 주기 위해 그린 것이다.

[그림2-5]

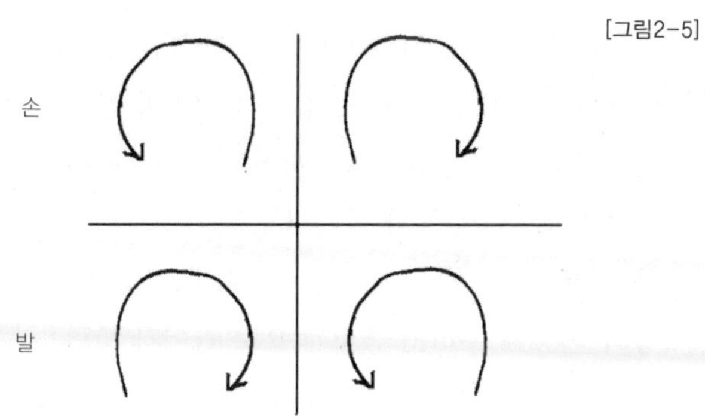

〈손과 발의 원형적 움직암 양식〉

오드리 맥앨런은 중력과 관계된 모든 움직임을 '뻗기-움직임stretching' 이라고 불렀다. 다리와 발은 지구 표면 및 중력과 관계한다. 신체 이동을 위해서는 뻗기-움직임이 필요하다. 이 움직임 양식은 엉덩이, 다리, 발의 뼈와 관절 사이 관계에서 나온다. 직선을 따라 똑바로 걸을 때도 고관절은 무한대 모양으로 움직이고, 발은 엉덩이와 위쪽 허벅지보다 안쪽으로 회전한다. 동물과 기어 다니는 아기들은 팔다리 모두가 안쪽으로 회전하는 움직임을 이용해서 이동한다. 그렇게밖에 움직일 수 없다.

직립한 인간의 팔과 손은 신체 이동 과제에서 해방된다. 그렇기 때문에 다리, 발 움직임과 반대로 움직일 수 있다. 인간을 수직 자세로 들어 올리는 것은 고차 자아(균형감각과 고유운동감각을 통해)의 역할이다. 오드리 맥앨런은 이런 손과 팔의 움직임 양식을 '들어 올리기-움직임 lifting'이라고 불렀다. 도움수업 활동에 익숙한 독자는 위 도표에서 삼중 나선과 구리 공 돌리기, 털실 감기 연습 속 움직임 양식을 알아볼 것이다.

움직임 체계 중 외부 감각 인상에 반응하는 부분은 뻗기-움직임이다. 아침에 잠에서 깨면서 제일 먼저 하는 움직임 반응은 기지개 펴기(뻗기)다. 피곤하지만 아직 일을 좀 더 하거나 책을 마저 읽고 싶을 때 사람들은 몸을 뒤로 젖히면서 등과 팔다리 근육을 쭉 잡아 늘인다. 하품도 근육을 당기는 동작이다. 힘을 써야하는 상황에서도 뻗기 움직임을 사용한다. 뻗기 동작을 통해 우리는 중력 속으로 들어가 중력을 체험하고, 그것과 관계를 맺기 때문이다.

미성숙한 움직임 양식을 포함한 생후 첫 해의 모든 움직임 발달은 뻗기-움직임 체계가 천천히 발달하는 과정이라고 볼 수 있다. 아스트랄체(감각체)는 물질육체로 육화하고 관통하면서, 내부에서 외부 감각 인상에 반응하는 감각혼과 함께 뻗기 움직임 체계 속에서 활동한다. 아이가 두 발로 일어서려고 애쓸 때 자아의 힘은 아래로 끌어당기는 중력에서 신체를 들어 올린다. 이제 두 번째 근육 체계가 활동을 시작하고, 이를 훈련해야 할 때다. 이때부터 뻗기와 들어 올리기 움직임 사이에 미묘한 상호 작용이 시작된다. 주변에 감각 자극이 지나치게 강하거나 보조 기구(어른들이 선의로 아이의 겨드랑이를 잡아 주어 다리로 몸무게를 지탱하게 하는 행위 포함)의 도움으로 너무 일찍 직립하면, 아이의 뻗기 체계에 과도한 자극이 되는 동시에 들어 올리기 체계가 그만큼 약해진다.

칠판을 지우거나 창문을 닦는 동작 속에 이런 원형적 움직임이 들어 있다. 창문을 닦을 때 사람들은 보통 가로로 누운 8자(무한대 모양)를 그린다. 생크림 거품 내는 동작도 들어 올리기 움직임에 속한다. 하지만 가구에 광을 내거나 차에 왁스를 칠할 때, 큼직한 밀가루 반죽을 치댈 때는 더 큰 힘이 필요하다. 그럴 때는 팔과 손을 들어 올리기 방향으로 움직일 수 없다. 중력 속으로 들어가 발과 다리의 원형적 움직임 방향으로 팔의 뻗기 체계를 이용해야 한다. 이처럼 팔은 뻗기와 들어 올리기 동작 모두 가능하다.

[그림2-6]

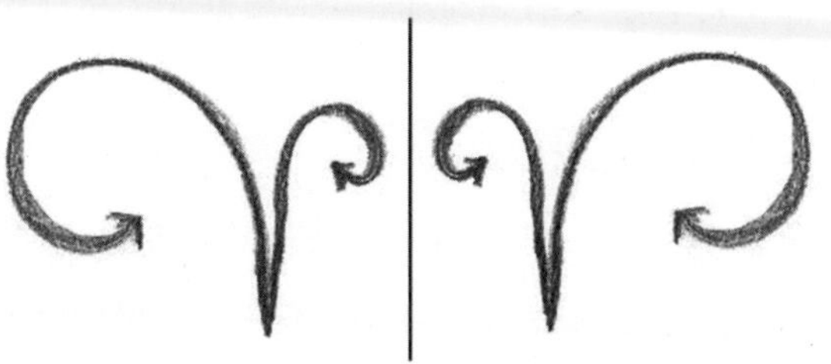

나머지 왼 손가락　왼손 엄지　오른손 엄지　나머지 오른 손가락

엄지와 나머지 손가락의 미묘한 움직임에서도 위에 설명한 움직임 양식을 볼 수 있다. 일정한 발달 단계에 이르면 오른손 엄지손가락이 왼손 역할을 맡는다. 이제 아이는 엄지와 나머지 손가락을 상반된 방향으로 쓸 수 있다. 엄지손가락의 원형적 움직임은 반대 손의 원형적 움직임과 같다. 이 움직임은 도움수업 연습 중 털실 감기, 공 돌리기, 엄지손가락 돌리기에서 볼 수 있다.(그림2-6)

지구의 흐름

지구에도 인간처럼 자아와 아스트랄체, 에테르체, 물질육체 흐름이 있다. 북극성이 북극점 위쪽에 있는 움직이지 않는 한 점이라면, 남극점 주위에는 남십자성이 있다. 이제 지구의 자아 흐름과 지구 아스트랄체 흐름을 어떻게 그릴지 가늠할 수 있을 것이다. 만년설이 덮인 북극은 숨구멍(정문)이 있는 지구의 두개골에 해당한다. 실제로 북극 빙하 아래 해저는 깊은 깔때기 모양이다. 남극은 지구라는 존재가 발 딛고 선 땅이다.

서쪽(지구 존재의 오른쪽)은 에테르체 흐름, 동쪽(왼쪽)은 물질육체 흐름이다. 이는 인간 흐름의 거울상(45° 각도에 놓은 평평한 거울에 비친 상)이다. 그러면 지구를 우주 비행사처럼 관찰자 시선에서 바라보게 된다.

바닷물의 흐름(해류)도 나선형으로 움직인다. 해류는 지구 자전 운동 때문에 생긴다. 적도의 길이는 4000km이므로, 24시간 동안 지구가 시속 1667km로 자전한다는 계산이 나온다. 북극과 남극 근처에서는 회전 속도가 현저히 느려진다. 북반구에서 해류는 멕시코 만류가 시작되는 북대서양 한복판 사르가소 바다에서처럼 시계 방향으로 돈다. 남반구에서는 반시계 방향으로 흐른다.

[그림2-7]

대기 움직임에서도 나선 운동을 볼 수 있다. 고기압과 저기압은 시계 방향과 반시계 방향 나선 운동을 한다. 북반구에서 고기압은 시계 방향, 저기압은 반시계 방향으로 움직인다. 허리케인은 열대 지역 바닷물의 높은 온도로 인해 탄생한 초저기압을 말한다. 따뜻해진 공기는 반시계 방향으로 회전하면서 상승했다가, 고도가 높은 곳에 이르면 시계 방향으로 나선 운동 하면서 주변으로 퍼져나간다. 전체 형태는 소용돌이 모양이다. (남반구에서 발생하는 열대성 사이클론은 반대 방향으로 움직인다. 적도 남쪽에서는 바람이 시계 방향으로 회전하기 때문이다) 지구는 동쪽으로 자전하기 때문에 허리케인은 서쪽으로 움직인다. 북쪽으로 더 올라가면 제트기류가 허리케인을 동쪽으로 밀어낸다. 허리케인 한복판은 바람 한 점 없이 맑고 화창하다. 이 중심점을 허리케인의 눈이라고 부른다. 영어에서 '눈eye'과 '자아I'의 발음이 같다는 점도 주목할 만하다. 앞에서 예로 들었던 메이폴 춤처럼 허리케인에서도 나선 모양으로 들고나는 아스트랄체와 자아 상호 관계의 상을 만날 수 있다.

[그림2-8]

테오도르 슈벤크Theodor schwenck의 『민감한 혼돈Sensitive Chaos』과 존 윌크스John Wilkes의 『흐름 형태: 물의 리드미컬한 힘Flow Forms: The Rhythmic Power of Water』에서 공기, 물의 움직임과 자연 속 창조 원리가 잘 드러나는 아름다운 그림과 도표들을 참조하라.

『인지학-심리학-정신학』 뒷부분에서 루돌프 슈타이너는 언어와 기억력 발달을 인류 이동과 연결해서 이야기한다. 언어 기관을 발달시키기 위해 인간은 고대 레무리아에서 아틀란티스로 이주해야 했다. 고대 아틀란티스에서 인간은 말하기를 배웠다. 다음 단계는 구어에 담긴 사고를 이해하는 능력을 키우는 것이었다. 이를 위해 인류는 또 한 번 동쪽으로 이주한다. 세계 각지 신화에서 위대한 선지자의 인도에 따라 대규모 이주를 하는 이야기를 만날 수 있다.(노아, 마누, 우트나피쉬팀, 데우칼리온) 후기 아틀란티스 문화기에 인류는 동쪽에서 서쪽으로(인도에서 페르시아를 거쳐 이집트-바빌론에서 그리스, 로마로) 이동한다. 인간 영혼이 순수한 개념을 파악하는 힘을 키워야 했기에 서쪽을 향한 문화적 방랑이 필요했던 것이다.

1910년 '심리학'(『인지학-심리학-정신학』 2부) 강의에서 루돌프 슈타이너는 공간보다 시간과 관련한 흐름을 이야기한다. 시간의 기본 동력은 태양과 달, 별의 움직임이다. 하루는 동쪽에서 떠오르는 태양과 함께 시작해서 서쪽으로 지면서 끝난다. 태양의 움직임이 지구의 시계태엽인 것이다. 동쪽과 서쪽은 공간 방향을 지칭하는 단어지만 시간적 특성도 들어 있다. 지리적 극점에 고정된 북쪽, 남쪽과 달리 지구 위에 고정된 장소를 동쪽이나 서쪽이라고 명명할 수 없다.

하루가 시작할 때마다 떠오르는 태양과 함께 동쪽, 샴발라라 부르는 미래의 땅에서 새로운 동력이 온다. 시간은 태양과 별이 지는 서쪽, 카말로카(죽은 자들의 세상)라 부르는 과거의 땅에서 끝난다.

이런 관점에서 역사적 사건을 보면 이런 질문이 나올 수 있다. "왜 알렉산드로스 대왕은 동쪽으로 가고 싶어 했을까? 고대의 신비 지혜를 찾았을까? 새로운 동력을 찾은 건 아닐까? 왜 항해왕 엔히크는 프레스터

존을 찾으러 기사들을 동방으로 보냈을까? 왜 크리스토퍼 콜럼버스는 세 척의 배와 그 선원들을 서쪽으로 여행하게 하기가 그렇게 어려웠을까? 그들은 죽은 자들의 세상에 가는 것을 두려워했던 것이 아닐까?

루돌프 슈타이너는 이 강의 마지막에 글씨를 쓰는 방향에 대해서 언급한다. 우리는 왼쪽에서 오른쪽, 위에서 아래로 글씨를 쓴다. 개별 자모도 이 방향을 강조한다. 이는 모두 이성혼의 발달, 에테르체 흐름을 거슬러 작용하는 자아의 힘과 상관있다. 산수 계산처럼 오른쪽에서 왼쪽으로 나가는 아라비아, 히브리 글자 쓰기는 의식혼 발달, 물질육체 흐름을 거스르는 자아의 힘과 상관있다. 이는 읽기와 쓰기에서 어려움을 겪는 학생들을 지도할 때 생각해 볼 만한 지점이다.

3장

직각 삼각형과 삼중 나선 연습

2장에서는 인간 신체와 지구 신체를 빚은 초감각적 흐름을 살펴보았다. 도움수업 활동에 익숙한 독자는 '삼중 나선', '털실 감기', '공 돌리기' 같은 연습에서 만난 움직임을 알아보았을 것이다. 메리 내쉬-워탐Mary Nash-Wortham과 진 헌트Jean Hunt가 만든 콩주머니 연습(『천천히 시간을 갖고Take Time』 참고)에도 유사한 움직임이 있다. 치유 오이리트미스트인 진 헌트는 루돌프 슈타이너가 슈투트가르트 학교 첫 번째 오이리트미 교사에게 제안했던 막대 연습을 이용해서 위의 콩주머니 연습을 만들었다. 막대 연습은 교육 오이리트미를 위한 제안이었지만 치유 오이리트미에서도 자주 쓰인다. 진 헌트는 수업을 진행하면서 오늘날 많은 아이가 공간 속에서 방향을 잘 찾지 못하며 신체 인지 능력도 떨어진다는 사실을 깨달았다. 도와줄 방법을 찾던 중 이 연습을 고안했고, 오이리트미 막대 연습 전에 일련의 콩주머니 활동을 시켰다.

1999년 1학년 아이들(필자에게는 세 번째 담임과정 시작)은 이전 아이들보다 훨씬 지적으로 깨인 반면 공 던지기와 잡기, 줄넘기는 아주 서툴렀다. 위로 던졌다 받는 동작밖에 없는 첫 번째 콩주머니 연습도 쩔쩔맸다. 콩주머니 활동을 6주 동안 연습한 뒤 아이들은 눈에 띄게 능숙해지고 편안해졌다.

1. 직각 삼각형 연습

오드리 맥앨런은 12세 이상 아이들을 위해 직각 삼각형 연습을 만들었다. 아이들의 전체 움직임을 조화롭게 만들기 위한 연습이다. '우세성 평가'[05]에서 학습 지원 교사(혹은 도움교사)가 아이에게서 움직임 방향이나 우세성, 사지 선택, 혼돈스럽고 질서 없는 움직임, 불필요한 움직임이 많은 상태, 불규칙한 호흡 등의 어려움을 알아보았다고 하자. 이럴 때 직각 삼각형 연습이 어떤 도움을 줄 수 있을까? 3중성, 4중성 같은 인간의 여러 측면과 연결해서 이 연습을 살펴보자.

근육, 골격, 신경계(구조적 육체)

바닥에 앉아 두 발을 골반보다 높이 올려 움직이는 이 연습에서는 의식과 감각 지각이 다리, 발, 팔, 눈에 집중된다. 허벅지, 허리 위쪽, 배 근육을 의식하게 된다. 호흡도 크게 달라진다. 꽤 힘들고 애를 써야하는 활동이기 때문이다. 호흡 리듬의 변화, 움직임과 정지를 반복하는 과정에서 깊어지는 호흡 등 여러 원인으로 뇌척수액의 흐름이 달라진다. 흉곽의 리드미컬한 움직임이 척추로 전이된다. 천골로 앉아서 움직이는 자세 역시 뇌척수액의 리듬에 영향을 준다. 뇌척수액은 척추를 따라 두개골로 올라가 두뇌 주변을 순환한 뒤 다시 내려오는 움직임을 반복하면서 신경계 활동을 자극한다. 호흡 조절은 어떤 치유 작업에서나 가장 중요한 요소다. 의학 치료, 예술 치료, 동작 치료는 물론 교육 역시 호흡 변화를 중요한 지표로 삼는다. 정신과학에 바탕을 둔 교육의 주요 목표 중 하나는 아이들이 제대로 호흡하도록 수업하는 것이다. 호흡은 본질적으로 신진대사 체계와 연결된다. 교육을 통해 호흡이 신경 감각 체계와도 연결되게 해

---

05 옮긴이 도움수업 첫 번째 수업에서 시각, 청각, 손발 사용에서 좌우 우세성 확립 상태를 보기 위해 진행하는 활동

주어야 한다.(『교육학의 기초가 되는 인간에 대한 보편적인 앎』 1강 참조) 5장 구리 공 연습에서 이 점을 좀 더 살펴볼 것이다.

이 활동에서는 직각 삼각형 그림을 벽에 붙이고 아이를 바로 앞 마룻바닥에 앉게 한다. 한번은 열세 살 아이가 이 연습을 왜 하냐고 질문한 적이 있다. 필자는 이렇게 대답했다.

"처음엔 형태에 따라 다리를 움직이고, 다음에는 다리가 팔에게 그 움직임을 가르쳐 주는 거야. 다음엔 팔이 눈에게 어떻게 움직이라고 가르쳐 주지. 마지막에는 한쪽 눈만 단독으로 전체 동작을 해. 눈이 왼쪽에서 오른쪽, 위에서 아래, 사선 등 모든 방향으로 움직이는 법을 배우는 거야. 직선뿐 아니라 곡선 형태를 따라서도 움직일 줄 알게 되지. 글자를 읽고 쓰려면 이렇게 눈이 자유자재로 움직일 수 있어야 해. 글을 읽을 때 눈은 문자와 선을 따라 움직이면서 아주 미세하게 그 움직임을 모방하기 때문이야. 눈이 글자를 인식할 수 있으려면 그 형태를 따라 움직일 수 있어야 한다는 거지. 이건 눈이 유연하게 잘 움직일 수 있도록 도와주는 활동이란다."

아이는 내 설명을 받아들였다. 이 연습은 발도르프 교육의 기본 원리에 따라 사지에서 시작해 순환계(리듬 체계)를 거쳐 머리로 간다. 이는 인간의 3중성과 관계된 측면이다.

3중적 특성

종이 네 장에 방향이 각기 다른 직각 삼각형을 하나씩 그린 뒤, 특정 순서에 따라 그 형태를 따라 그린다. 『우주와의 관계 속 인간 1: 인간 안에 있는 대우주와 소우주의 상응』에서 루돌프 슈타이너는 수직선, 수평선, 대각선의 의미를 이야기한다. 수직선을 그리거나 볼 때 영혼은 즉시 사고 활동을 시작한다. 사고는 신체 좌측과 우측의 상호 작용에서 일어난다. 수평선은 감정 활동을 일으킨다. 감정 영역 체계는 머리와 몸통 사이에 위치한다. 2차원 공간에서 3차원 특성을 표현하는 대각선은 멀리 나간다는 상을 전달한다. 대각선 요소를 만나는 순간 즉시 우리의 의지력이 깨어난다. 즉, 직각 삼각형을 따라 그리게 할 때 우리는 아이의 사고, 느낌, 의지 활동을 자극하는 것이다. 루돌프 쿠츨리Rudolf Kutzli의 『포르멘-자아를 찾아가는 선그림 12단계』는 시각 예술과 형태그리기에서 수직선, 수평선, 대각선이 어떤 효과를 내는지를 잘 보여 준다.

4중적(4구성체적) 특성

직각 삼각형은 피타고라스의 정리와 관계가 깊다. 그리스 철학자이자 수학자인 피타고라스는 이집트와 바빌론을 찾아가 그곳의 신비 성지에 입문해 우주의 신비를 밝히는 신성 수학을 배웠다. 피타고라스는 이탈리아 남부에 위치한 그리스의 식민지 크로톤에 정착해서 그 지식을 전파한다. 기하 도형에 담긴 신비 지혜(흔히 플라톤 입체라고 부르는 5가지 도형)를 저서 『티마이오스Timaeus』에서 처음 언급한 사람은 플라톤이다. 피타고라스 정리의 뿌리는 오시리스, 이시스, 호루스라는 세 이집트 신의 그림[06]이다. 직각 삼각형 위에 작도한 세 개의 사각형에 각각 세 신의 이름이 붙

---

06 다니엘 판 베멜렌Daniel van Bemmelen 『첫 번째 괴테아눔Het eerste Geotheanum』 (Uitgeverij Vrij Geesetelven, 제이스트, 네덜란드, 1979) 참고

는다. 피타고라스 정리를 온전히 작도한 그림에는 인간의 4중적 특성이 시각화된다. 수직선 위에 그린 사각형은 오시리스, 즉 물질육체다. 수평선 위에 그린 사각형은 이시스, 에테르체, 빗변 위에 그린 사각형은 호루스, 아스트랄체(영혼)다. 세 사각형들이 에워싼 직각 삼각형은 자아가 육화할 그릇이다.(그림12-9) 우리는 유전의 힘이 전달한 4중적 인간에 대한 이 상을 무의식 속에 태고적 기억으로 간직하고 있다. 때로 유치원 아이들의 그림에서 이 상을 만난다. 지붕에 굴뚝이 비스듬히 솟은 집 그림이 그것이다.(오드리 맥앨런 『아이들 그림 읽기』 참고) 굴뚝 두 개가 대칭으로 올라온 경우도 있다. 이는 아이가 대칭 발달기를 지나고 있다는 의미인 동시에, 삼각형 주위에 세 개의 사각형이 있는 상이라고도 볼 수 있다. 집의 아래쪽 사각형까지 포함하면 직각 삼각형 주위에 있는 세 개의 사각형은 피타고라스 정리의 무의식적 기억의 표현이다.

중세에 피타고라스 정리의 기억이 갑자기 역사의 전면에 떠오른 적이 있다. 항해왕 엔히크에게 북유럽 전통의 사각형 돛과 아랍 전통의 삼각형 돛을 조합해 보자는 영감이 떠올랐다. 그 덕에 선원들은 수평선 너머를 향해 나갈 수 있었다. 이것이 탐험의 시대, 르네상스의 시작이다.

네 가지 직각 삼각형 연습을 함께 놓고 보면 2장에서 설명한 인간의 신체를 형성하는 정신적 흐름의 방향이 눈에 들어온다. [그림3-1]에서 첫 번째 화살표를 따라 사지를 아래로 움직이면(그림3-2) 자아 흐름이 활성화된다. 오른쪽에서 왼쪽으로 움직일 때는 에테르체 흐름이 활성화된다. 대각선은 감각체와 감각혼을 활성화시킨다. 다른 삼각형 연습에서도 화살표를 따라 움직일 때 그 방향과 연결된 흐름이 활성화된다.

〈직각 삼각형 연습으로 반대 방향에서 생성되는 아스트랄체의 움직임을 볼 수 있다〉

[그림3-1]

이 연습은 특히 고유운동감각에 효과적이다. 아스트랄체는 물질육체와 반대로 움직이기 때문이다.(이 책 2장과 『인지학-심리학-정신학』 참고) 오른손잡이를 위한 직각 삼각형 연습 중 첫 번째 그림(그림3-1)의 역방향 움직임을 그려보면 아스트랄체가 어떻게 움직이는지 볼 수 있다. 우선 1번 화살표를 따라 발, 손, 눈을 아래로 움직인다. 거꾸로 움직이는 아스트랄체는 위로 올라간다. 2번 화살표를 따라 오른쪽에서 왼쪽으로 움직이면 아스트랄체는 왼쪽에서 오른쪽으로 이동한다. 3번 화살표를 따라 오른쪽 위를 향해 대각선으로 올라가면 아스트랄체는 왼쪽을 향해 아래로 내려간다. 이를 연속 동작으로 하면 아스트랄체는 시계 방향 나선 운동을 하게 된다.

네 개의 직각 삼각형 그림마다 해당 아스트랄체 움직임을 그려 보면(그림3-2), 네 개의 피타고라스 삼각형 뒤에 시계 방향으로 돌아가는 아스트랄체 움직임이 숨어 있음을 알게 될 것이다. 이 연습에서 우리는 안내에 따라 물질육체를 특정 순서와 방향으로 움직인다. 그 결과 초감각적 아스트랄체는 올바른 원형적 방향, 즉 시계 방향으로 나선 운동을 시작한다. 아스트랄체 전체의 올바른 운동 방향(신체 오른편에 있어서는)은 시계 방향이다. 반시계 방향 신체 움직임에 대한 아스트랄체의 시계 방향 역행 운동 덕에 우리는 고유운동감각을 통해 신체 움직임을 의식한다.

지구 주위를 도는 태양과 달의 움직임에서 이 원형적 움직임의 자취를 볼 수 있다. 태양과 달 모두 동쪽에서 떠서 서쪽으로 지면서 천구를 따라 시계 방향으로(북반구에서 볼 때) 운행한다. 하지만 알다시피 사실은 태양과 달이 아닌, 지구가 서쪽에서 동쪽으로 반시계 방향 자전운동을 한다. 태양과 달은 실제 움직임의 역행 운동을 우리에게 보여 주고 있는 것이다.

이 활동을 지도할 때는 한 동작이 끝날 때마다 반드시 잠깐 쉬게 해야 한다. 쉼이 왜 중요할까? 우리는 앞서 신체를 움직일 때마다 고유운동감각을 통해 아스트랄체가 반대 방향으로 움직인다는 것을 배웠다. 이것은 그 움직임을 고려한 활동이다. 하지만 자아 조직이 물질육체와 아스트랄체에서 적절하게 움직이는 순서를 찾을 수 있어야 한다. 그래야 자아가 그 건강한 움직임 양식을 에테르체 속에 각인할 수 있다. 에테르체는 습관적 행동 양식과 기억을 저장한다. 동작 사이에 잠깐 쉬는 동안 아스트랄체가 충분한 시간을 갖고 이완하면서 역행 움직임을 마무리하면, 자아 조직은 그것을 에테르체의 기억 체계 속에 각인할 수 있다. 이제 이 새로운 행동 양식이 잠자는 동안 활성화되고, 깨어 있는 시간 동안 이용할 수 있는 새롭고 건강한 행동 양식이 형성되기 시작한다.

활동 사이에 쉼을 넣는 것은 교육 전반에서 아주 중요한 요소다. 아침시 낭송 때 마지막 문장이 끝난 뒤 담임교사는 아이들을 침묵 속에서 잠시 기다리게 한다. 아침시의 단어들이 '창문 밖으로 날아갈' 시간을 주고, 아이들 기억에 각인되게 하기 위해서다. 현대 사회를 사는 우리는 체험한 것을 잠재우고 소화할 시간이 절대적으로 부족하다. 행위에서 행위로, 사건에서 사건으로 잠시의 틈도 없이 돌진한다. 이 부산스러움은 특히 0세부터 7세 사이 아이들에게 큰 재앙이다. 발도르프 교육을 하는 우리는 아이들의 에테르체 속에 경험이 어떻게 각인되고 있는지 항상 의식하고 있어야 한다. 부산하고 정신없는 일상과 환경으로 아이들의 에테르적 생명력이 이미 손상된 경우가 많다. 차분함과 쉼은 그런 부산함을 치유하고 아이들의 건강을 회복한다.

이 원칙은 특히 유치원과 저학년에서 대단히 중요하다. 이갈이 이후, 즉 7세부터 14세 시기에 교사는 아이들의 에테르체를 교육한다. 반복과 충분한 이완, 우아하고 아름다운 움직임으로 아이들에게 좋은 습관을 심어 주는 것이다. 에테르체를 교육하는 가장 좋은 수단은 예술과

[그림3-2]

종교다. 발도르프학교에서조차 담임과정 교사들이 현대 문명의 영향으로 너무 일찍 깨어날 아스트랄체를 중심으로 교육해서는 안 된다.

힘의 흐름

루돌프 슈타이너의 『인지학-심리학-정신학』에 있는 도표를 공부했다면 직각 삼각형 연습에서도 동일한 흐름을 알아볼 것이다. 모든 흐름은 두 번씩 나온다. [그림3-2]에서는 자아 흐름, 에테르 흐름, 그리고 감각혼 흐름을 볼 수 있다. 화살표를 따라 그릴 때 해당 흐름이 활성화된다. 이 연습을 슈타이너가 슈트트가르트 첫 번째 오이리트미스트들에게 제안한 일곱 단계 구리 봉 연습과 비교해 보자. 구리 봉 연습은 3차원 공간 속 여섯 방향의 흐름을 자극하며, 물질육체의 구조를 조화롭게 만드는 효과가 있다. 직각 삼각형 연습에서는 동일한 활동을 2차원 공간에서 한다. 읽기, 쓰기는 언제나 종이라는 이차원 공간에서 한다는 점을 주목하자. 삼차원 공간 경험을 2차원 공간으로 옮겨와야 하는 것이다. 글자, 숫자를 읽고 쓸 때 유독 대각선을 어려워하는 학생들이 있다. 대각선은 앞뒤로 움직이는 원근법의 선이자 의지 요소다. 이들은 글자 형태 속에 있는 대각선을 거울에 비친 모양처럼 뒤집어서 쓴다. 숫자 5나 대문자 D처럼 곡선 형태를 어려워하는 경우에도 동일한 현상을 볼 수 있다. 곡선도 의지의 선인 사선으로 볼 수 있다.

원형적 상

직각 삼각형 연습에서 아이들은 피타고라스의 직각 삼각형에 따라 움직인다. 피타고라스 삼각형은 고대 신비 지혜에서 나온 인간 구성체 전체의 원형적 상이다. 눈에 보이는 직각 삼각형 형상 이면에는 구조적 물질육체를 형성하는 초감각적 흐름이 숨어 있다. 아이는 물질육체를 움직이고, 그 움직임을 통해 아스트랄체는 올바로 움직이는 법을 배운다.

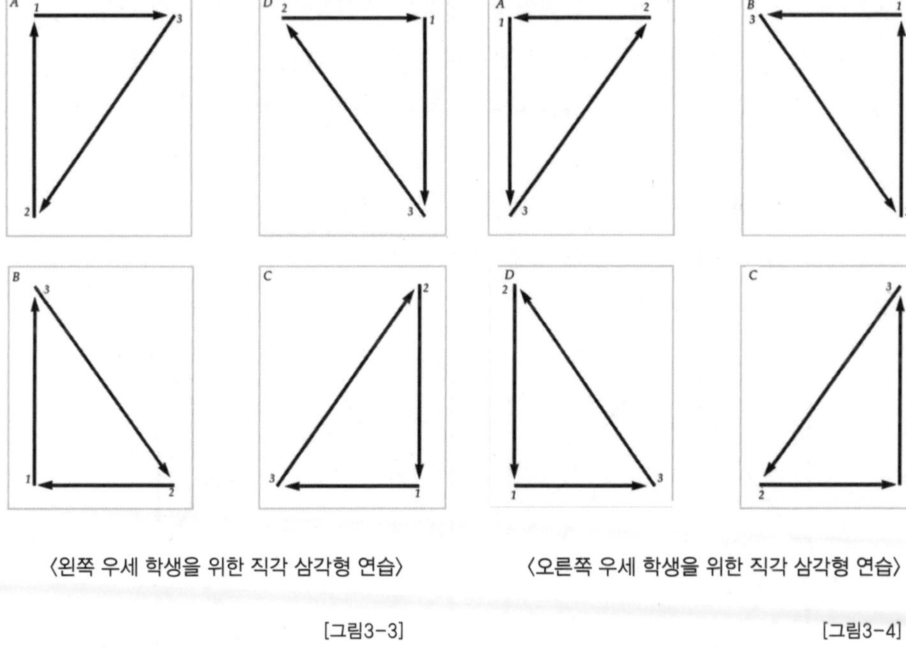

〈왼쪽 우세 학생을 위한 직각 삼각형 연습〉

[그림3-3]

〈오른쪽 우세 학생을 위한 직각 삼각형 연습〉

[그림3-4]

그림 속 삼각형 세 변의 비율은 3 : 4 : 5다. 왜 그렇게 정확하게 떨어질까? 이 비율은 이집트 사람들이 농사와 건축에서 직각을 찾는 도구로 사용한 12개의 매듭 노끈에서 나왔다. 그 원리에 따라 작도한 직각은 정육면체에 내접하는 삼각형 세 변의 비율인 $\sqrt{1}$, $\sqrt{2}$, $\sqrt{3}$과 거의 일치한다.

독일 발도르프 교사 우타 슈톨츠Uta Stolz는 직각 삼각형 연습을 구조적 물질육체(2장 참고)와 그 운동 체계에 대한 20분짜리 명상이라고 표현한 적이 있다. 선을 따라 그리다 보면 구조적 물질육체의 좌우측 운동 체계에 대한 완전한 상을 얻을 수 있다. 바깥 직사각형을 이루는 수직선에서는 신체 양측의 '뻗기-움직임'을, 대각선 움직임을 따라가면 신체 우측에서는 시계 방향, 좌측에서는 반시계 방향인 '들어 올리기-움직임'을 볼 수 있다. 왼쪽 오른쪽 그림을 나란히 놓고(그림3-5) 대각선 부분을 그리면 아스트랄체 움직임의 원형적 상인 무한대가 나온다. 단순한 직각 삼각형 그림이지만 이 여덟 장의 그림은 한 덩어리로 구조적 인간 신체 구조에 대한 원형적이고도 완전한 상을 보여 준다.

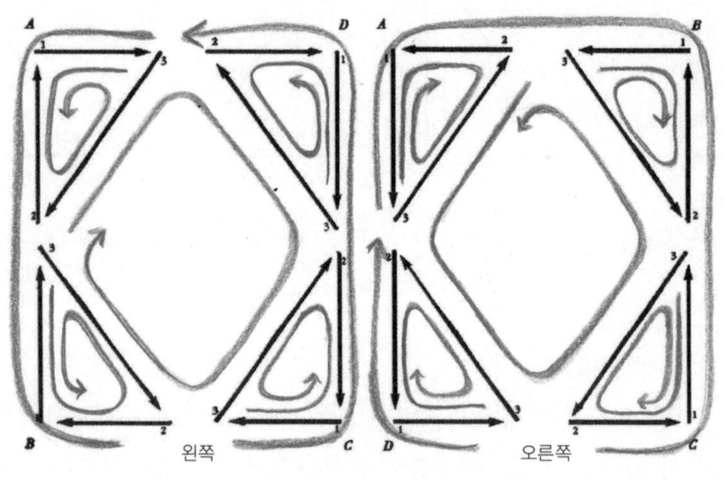

〈아스트랄체의 운동〉

[그림3-5]

색깔

직각 삼각형 그림의 색에도 특별한 이유가 있을까? 오드리 맥앨런은 색깔 선택에서도 원형적 전체성을 담으려 했다. 그림 전체를 보면 맨 위와 왼쪽 화살표는 파랑, 오른쪽과 아래쪽 화살표는 빨강이다. 각각 왼쪽 눈, 오른쪽 눈의 원형적 색이며, '눈-색 친화성' 연습과 연결할 수 있다.(6장 참고) 가로선과 세로선이 각각 파랑, 빨강인 두 삼각형의 사선은 노랑이다. 파랑, 빨강, 노랑은 사고, 의지, 감성이라는 영혼력의 삼중적 상이다.

나머지 두 삼각형은 가로선과 세로선이 파랑 혹은 빨강이다. 이 경우엔 사선을 보색(파랑 삼각형은 주황, 빨강 삼각형은 초록)으로 그린다. 이처럼 각각의 그림은 전체 연습의 일부인 동시에 독립적 개체다.

나이

직각 삼각형 연습의 대상은 12세 이상 아동(과 성인)이다. 열두 살 무렵(6학년)부터 아이들은 골격 체계를 새로 체험한다. 팔다리가 길어지는 한편, 사춘기가 다가오는 징후가 나타난다. 팔다리의 무게, 물질육체 전체의 무게를 느낀다. 고대 그리스인들처럼 의식이 주로 근육 체계 속에 머물러서 몸놀림이 우아하고 신체 비율이 조화롭던 5학년(11살) 때와는 분명히 다르다.

5학년과 비교할 때 6학년 아이들은 고대 로마인들처럼 더 물질적이다. 발도르프 교육 과정에서는 새로운 발달 단계에 들어선 영혼의 요구에 부응하기 위해 자연 과학, 역학, 기하학 수업을 시작한다. 직각은 로마 문화와도 상관있다. 로마 군대가 전투 대형으로 늘어선 모습을 상상해 보자. 길과 주택 단지를 직각으로 배열한 미국의 전형적인 도시 건축에서 로마 문화의 흔적을 느낄 수 있다.

직각 삼각형 연습은 인간 유기체의 3중성과 4중성이라는 원형적 상에 근거한 활동이다. 화살표를 따라 신체를 움직일 때 움직임 체계 속에서 아스트랄 흐름이 조화로워진다. 우세성 혹은 대칭성이 강화되고, 호흡 체계 리듬이 살아난다. 하위감각(신체 감각) 활동이 무의식 속에서 통합되면서 깨어 있는 낮 의식 상태의 영혼 활동을 위한 건강한 토대가 된다. 성인은 장시간 비행으로 시차 적응이 어려울 때 직각 삼각형 연습을 하면 큰 도움을 받을 수 있다.

2. 삼중 나선 연습

아직 신체 운동 체계가 충분히 성숙하지 않은 어린이들에게는 직각 삼각형 연습이 적합하지 않다. 우세성 발달을 강화할 필요가 있을 때 학습 지원 교사(또는 치유 교사)는 '우세 형태 연습' 혹은 우리끼리 부르는 이름인 '달팽이길 연습'을 이용할 수 있다. 달팽이길 연습은 직각 삼각형과 동일한 움직임 양식에 따라 수평, 수직, 대각선, 고리 형태를 그린다.

물질육체와 생명체를 통해 아스트랄체 움직임을 조화롭게 만들고 싶을 때는 삼중 나선 연습을 한다. 바닥에 빨간색으로 시계 방향 나선을 그린 커다란 종이를 붙인다. 이 나선은 낮 동안 신체와 생명육체를 통해 움직이는 아스트랄체의 상이다. 아이에게 발과 오른손의 원형적 움직임 방향에 따라 빨간 나선을 따라가게 한다. 왼손은 약간 묵직한 구리 공이나 수정 등 아름다운 자연물을 손에 쥔 채 왼쪽 허벅지 위에 올려놓는다.

직각 삼각형 연습과 달리 삼중 나선 연습에서는 아스트랄체의 원형적 나선 움직임을 눈으로 볼 수 있다. 어린 아이는 원형적 움직임 양식에 따라 사지와 물질육체 전체를 움직일 것이다. 고유운동감각을 통해 아스트랄체에 미치는 영향은 직각 삼각형 연습과 비슷하다. 아스트랄체는 신체 움직임을 아스트랄 차원에서 반사하며 올바른 방향의 나선 운동을 시작한다.(9장에서 오목 반사 참조)

왼손은 왜 움직임에 참여하지 않고 공만 쥐고 있을까? 그 답을 찾기 위해 또 다른 연습인 공 돌리기 연습(『도움수업』 125쪽)을 떠올려 보자. 이 연습도 삼중 나선과 동일한 원리로, 물질육체와 생명육체를 통해 아스트랄체가 올바른 방향으로 회전하도록 도와준다. 이때도 두 손 두 발 중 셋, 즉 두 손과 한 발만 움직인다. 나머지 한 발은 딛고 서는 역할을 담당한다. 이 발을 통해 우리는 중력과 연결된다. 삼중 나선에서도 왼손의 역할은 동일하다.

자아는 중력 즉, 물질 요소와 연결되어야 한다. 자아는 물질육체와 특정한 친화성이 있는 반면 아스트랄체는 에테르체와 친화성을 갖는다.(『세미나 논의와 교과 과정 강의』 5강 참고) 위에서 내려오는 자아 흐름은 왼쪽에서 오는 물질육체 흐름과 연결된다. 밑에서 올라오는 아스트랄체 흐름은 오른쪽에서 오는 에테르체 흐름과 연결된다.(2장 22쪽 흐름 도표 참고) 신체 왼쪽은 오른쪽보다 덜 유연하며, 이는 왼손잡이도 마찬가지다. 삼중 나선 연습을 통해 아이들은 움직임의 원형적 상과 신체의 정신적 설계도를 만난다.

경험에 따르면 삼중 나선 연습은 불면증, 악몽, 야뇨증이 있는 아이들에게 효과적이다. 안절부절 못하는 상태인 불안증을 진정시키는 효과도 있다. 담임교사가 학급 전체를 대상으로 이 연습만 따로 할 수도 있고, 개별 숙제로 내 줄 수도 있다. 이 경우에는 먼저 보호자가 연습을 참관해서 제대로 하는 방법을 배워야 한다.

머리를 벽에 부딪치거나 마구 흔들어야 잠들 수 있는 아이들에게도 효과가 있었다. 이 연습을 통해 아이의 아스트랄체는 올바르게 물질육체에 들어왔다 나가는 법을 배운다. 비행기를 타고 장거리 여행을 한 아이들에게는 삼중 나선 연습이 좋다.

루돌프 슈타이너는 『카르마적 관계의 신지학적 관찰』 14강에서 아스트랄체는 잠에서 깨는 순간 손가락, 발가락 끝을 통해 물질육체를 관통하기 시작한다고 했다. 신경계와 두뇌가 이를 반사할 때 깨어 있는 낮 의식이 시작된다. 낮 동안 아스트랄체는 나선 운동을 하며 머리를 향해 올라가다가 오후 여섯시 무렵 눈 근처에 이른다. 레오나르도 다빈치가 초상화를 오후에 그린 것도 어쩌면 이와 상관있는지 모른다. 모델의 눈에서 내면의 빛이 가장 반짝이는 시간이기 때문이다. 풍경 사진을 찍을 때도 오후 6시(여름에는 7시)경에 태양 빛이 가장 좋다고 한다.

잠이 들면 아스트랄체는 머리에서 빠져나가 밤 동안 아스트랄계 속으로 퍼져 나간다. 이 연습을 통해 아이의 아스트랄체는 원형적 호흡의 리듬을 배울 수 있다.

4장

수채화 연습

회화 예술은 영혼에 작용한다. 우리가 외부 색채로 지각하는 것이 영혼 속 느낌과 연결된다. 연습에서 색채를 활용하면 영혼이 한층 더 활발해진다. 촉촉하게 적신 종이에 물로 희석한 물감으로 그리는 기법이 특히 효과적이다. 색채 활동에는 아스트랄체가 참여하고, 아스트랄체는 다시 에테르적 생명 활동과 물질육체에 작용한다. 수채화 활동은 영혼의 내적 움직임에서 시작해서 생명 활동과 신체 활동 속 움직임으로 나아간다.

다음 두 연습은 신체 움직임 체계를 활성화하는 효과가 있으며, 따라서 직각 삼각형 연습, 삼중 나선 연습과도 밀접한 관련이 있다. 뒤에 살펴볼 다른 수채화 연습은 영혼의 내면 요소를 도덕성 측면에서 강화하는 효과가 있다.

1. 파랑-빨강 나선 연습

모양과 형태에서 직각 삼각형, 삼중 나선 연습과 파랑-빨강 원근, 파랑-빨강 나선 수채화 연습은 아주 유사하다. 어린 아이를 위한 파랑-빨강 나선 그림에서는 원형적 나선 형태를, 큰 아이들을 위한 파랑-빨강 원근 그림에서는 수직, 수평, 대각선의 원형적 조합을 찾을 수 있다. 직각 삼각형 연습의 의미를 공부했다면 파랑-빨강 원근 연습의 직선 이면에 아스트랄체 움직임의 원형인 나선 운동이 숨어 있음을 벌써 짐작했을 것이고, 실제로 그러하다.

그림에서 가장 먼저 눈에 들어오는 것은 파랑, 빨강이라는 색깔이다. 이 둘은 공감, 반감이라는 두 영혼력의 원형적 상징이다. 공감과 반감의 힘은 생후 첫 7년 동안 아이들의 신체를 형성하는데 중요한 역할을 한다. 반감의 힘은 골격과 신경계를 형성하고, 공감의 힘은 혈액, 신진대사 체계를 형성한다. 생후 첫 7년 동안 공감의 힘은 머리에서 내려오는 형성력(반감력)과 밀접하게 연결된 상태로 활동한다. 이갈이 이후 반감과 공감의 형성력은 신체 형성 활동에서 부분적으로 해방되어 영혼 영역 안에서 사고력과 의지력으로 작용하기 시작한다. 이에 관해서는 6장 '눈-색 친화성'에서 더 깊이 살펴볼 것이다.

앞서도 말했지만 어떤 활동에서든 학생의 호흡 변화를 주의 깊게 살펴야 한다. 파랑-빨강 나선 그림을 그릴 때는 먼저 왼쪽 끝부터 오른쪽 끝까지 끊지 않고 길게 칠하는 방식으로 한 가지 색을 이용해 종이 전체를 칠한다. 이 단순한 기법은 학생의 예술성을 육성하기 위한 연습이 아니다. 예술성 육성은 이 연습의 의도가 아니다. 도르나흐의 화가들이 인지학 치유 회화를 개발하고자 조언을 구했을 때 루돌프 슈타이너는 한 색깔로 끊지 않고 길게 칠하라고 했다. 그들에게는 대단히 생경하고 낯선 조언이었다. 움직임과 춤을 이용해 새로운 예술 형태를 만들고자 한 로리 마이어-스미스Lory Maier-Smits에게 루돌프 슈타이너가 발로 글씨를 쓰고 그림을 그리라고 한 것만큼이나 파격적인 조언이었다. 그녀는 슈타이너의 충고에 따라 연습했고, 나중에 최초의 오이리트미스트가 되었다.

이 회화 기법은 눈이 손 움직임을 통제하고 이끌도록 가르치는데 효과적이다. 슈타이너는 "눈은 손을 애정 어린 태도로 따라가야 한다."는 표현을 썼다. 올바른 '눈-손 협응'은 요즘 아이들에게 반드시 가르쳐야 할 중요한 요소다.

끊김 없이 한 붓으로 길게 칠하는 기법은 호흡 체계 리듬을 정돈해 준다. 붓은 도화지 위에서 번잡스럽게 이리저리 움직이지 않는다. 눈은 손과 붓의 움직임을 주시한다. 손과 팔은 왼쪽에서 오른쪽으로 조용히 움직이고, 그 움직임과 함께 흉곽이 확장했다가 수축한다. 아스트랄체의 역동이 조화로워지는 동시에 아스트랄체와 에테르체의 생명력이 더 건강하게 연결된다.

반듯한 자세로 앉아서 그림을 그리다 보면 학생들은 자기 팔 무게를 자각하기 시작한다. 근육 통증을 호소하기도 한다. 이런 측면 역시 활동에 속한 것이므로 교사는 아이들의 크고 작은 반응을 잘 살펴야 한다. 이는 학생이 물질육체에서 지금껏 인식하지 못했거나 쓰지 않던 부분을 알아차리기 시작했다는 신호다. 이럴 때는 몇 초 정도 팔을 내리고 쉬게 했다가 다시 부드럽게 권한다.

종이 전체를 한 색깔로 칠했으면 그 위에 나선 형태를 덧입힌다. 왼손잡이건 오른손잡이건 항상 시계 방향 나선을 그린다. 파란색으로 나선을 그릴 때는 가장자리에서 시작해 중심을 향해 시계 방향으로 움직인다. 파랑은 주변부의 색깔이기 때문이다. 빨강 나선은 중심에서 시작한다. 빨강은 중앙에 집중하는 색이며 구심성 운동을 한다. 따라서 빨강 나선은 바깥을 향해 반시계 방향으로 나간다. 과정은 달라도 완성된 그림에서 파랑, 빨강 나선 형태는 동일하다. 두 색을 교대로 이용한 두 장의 그림을 마치면 왼손잡이와 오른손잡이 모두 동일한 움직임 양식을 수행한 것이 된다. 나선을 그릴 때는 붓이 아니라 팔 전체를 움직인다. 손끝으로 붓을 잡고 붓을 돌리지 않으면서 곡선을 그리려면 손목과 팔꿈치 아래 팔뚝을 움직일 수밖에 없다. 팔을 든 채 팔의 방향을 바꿔 돌리고 척골과 요골의 긴장을 푼다. 달팽이가 넓은 길을 따라 걸으면서 자기 껍질 속으로 들어간다는 이야기가 어린 아이들이 상을 떠올리는데 도움이 될 것이다.

이 연습은 움직임 측면뿐 아니라 팔 움직임을 통해 호흡 체계에도 큰 영향을 미친다. 척골과 요골을 번갈아 움직이고, 뻗기 움직임과 들어 올리기 움직임이 리드미컬하게 교차한다.

아스트랄체와 자아의 힘의 원리가 이 연습에서 어떤 역할을 하는지 생각해 보자. 팔꿈치 아래 팔뚝을 돌리는 움직임과 붓을 들어 올리는 움직임에서 아스트랄체는 충분한 시간을 갖고 실제 신체 움직임에 대한 역 운동을 완료할 수 있다. 자아는 에테르체 속에 건강한 움직임 양식을 각인할 것이다.

필자는 담임교사들에게 학급 전체를 대상으로 이 연습을 하라고 권하곤 한다. 1,2학년은 대림절 즈음 3주 동안 매일 그리는 것이 좋다. 매주 다섯 번째 날에는 각자 가장 좋아하는 나선을 선택하게 한다. 펜과 잉크로 필기도구를 바꾸는 시기에 아이들이 팔과 손, 자세에 집중하는데도 도움이 된다. 사전에 준비물을 꼼꼼히 챙겨 놓고, 아이들에게 신속하게 준비하고 치우는 법을 가르쳐 놓으면 주기집중수업 시간을 크게 빼앗지 않는다. 필자의 경험에 따르면 이 연습은 예술적 회화 수업에도 긍정적이다. 수채화 기법 연습뿐 아니라 빨강과 파랑이라는 색채 사용이 아이들 내면의 영혼 활동과 창조성을 살아나게 하기 때문이다.

2. 파랑-빨강 원근 그림

이 연습을 이해하는데 필요한 배경 지식 중 많은 부분이 오드리 맥앨런이 교사 교육을 받을 때만 해도 보편했지만 발도르프 교육이 급격히 성장한 1970년대에는 거의 잊혀졌다. 필자가 오드리 맥앨런에게 '아스트랄체가 나선 운동한다는 걸 어떻게 알았냐'고 질문했을 때 오드리는 '다들 안다'고 대답했다. 하지만 필자를 비롯한 젊은 교사들은 한 번도 들어본 적 없는 얘기였다. 우리는 70년대에 발도르프 교육에 입문한 세대였다. 존 윌크스와 테오도어 슈벤크의 연구가 출간되기 전이었고, 슈타이너의 강의 중 번역된 것도 극소수에 불과했다.

파랑-빨강 원근 연습을 이해하기 위해서는 신체를 움직이는 활동과 수채화 활동, 특히 젖은 종이 위에 물로 희석한 물감으로 그리는 습식 수채화의 차이를 알아야 한다. 움직임 활동에서 자아와 아스트랄체는 신체의 물리적 역학 체계를 관통해야 한다. 활동하는 사람은 무게를 느끼며 신체를 중력에서 들어 올려야 한다. 움직임 활동은 역학 법칙을 따른다. 『인간에 대한 앎과 수업 형성』에서 루돌프 슈타이너가 말하듯 팔, 다리를 들어 올리는 동작과 도르래로 벽돌을 들어 올리는 동작은 기본적으로 동일하다.(『인간에 대한 앎에서 나오는 교육과 수업』 참고) 동일한 물리 법칙, 역학 법칙이 적용된다는 뜻이다. 인간의 초감각적 구성체는 물리 법칙 속으로 빠져들 듯 그 법칙과 자신을 연결한다. 신체를 움직일 때 자아조직은 지구에서 작용하는 물리적 힘과 연결된다.(『발도르프 특수 교육학 강의』 참고) 이는 걷기, 달리기, 체조, 스포츠를 비롯한 모든 신체 활동에서도 마찬가지다. 자아가 신체와 지구의 물질 요소를 관통하는 것이다.

영혼-정신이 물질을 움직일 수 있다는 것, 인간 정신의 의지가 물질육체의 팔다리를 움직일 수 있다는 것은 실로 마법 같은 일이다.

수채화 연습에서는 물감과 물을 사용한다. 붓을 움직이기 위해 팔과 손을 움직이지만 그것이 핵심이 아니다. 중요한 건 색채와 물의 활동이다. 영혼은 신체 생명력과 연결된다. 색채와 물은 각각 아스트랄 요소, 에테르 요소에 해당한다. 이 활동을 통해 에테르체의 생명력은 결과적으로 물질육체에 영향을 미친다. 수채화 연습에서는 아스트랄체 -> 에테르체 -> 물질육체 순서로 각인이 일어나, 내면 활동의 효과가 생명력과 물질육체에 전달된다. 이 점은 매우 중요하다.

〈파랑-빨강 원근 그림〉

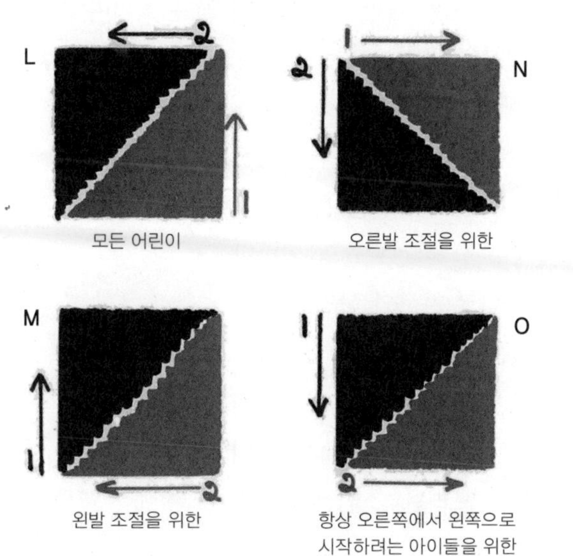

[그림4-1]

힘의 흐름

파랑-빨강 원근 그림의 움직임 방향은 루돌프 슈타이너가 『인지학-심리학-정신학』에서 설명한, 구조적 물질육체를 형성하는 흐름과 상관있다. 하지만 이를 명확히 이해하기 위해서는 이 움직임을 아스트랄적인 것에서 신체적(물질적)인 것으로 번역해야 한다.(수채화는 영혼, 즉 아스트랄 영역에서 출발하는 활동임을 기억하자) 이 연습의 방향은 직각 삼각형 연습과 반대다. 직각 삼각형 연습의 출발점은 신체 움직임이며, 아스트랄체의 건강한 나선 운동은 신체 움직임 뒤에 숨어 있다. 파랑-빨강 원근 연습에서는 객관적이고 건강한 아스트랄 움직임을 그림으로 그린다.

이 그림의 L형 연습(『도움수업』 168쪽 '모든 아이를 위한 연습' 참고)에서 첫 번째 붓질(1번)은 밑에서 위로 올라간다. 이는 위에서 아래로 내려가는 신체 움직임에 대한 아스트랄의 역 운동이며, 자아 흐름과 일치한다.(종이 위 2차원 공간에서는 자신을 향해 다가오는 움직임이 3차원 공간에서는 위에서 아래로 내려오는 움직임에 상응한다는 점에 주의) 오른쪽에서 왼쪽으로 가는 두 번째 붓질은 물질적 흐름, 물질육체에 대한 아스트랄의 역방향 운동이다. 한 마디로 자아와 물질육체 흐름을 그리고 있는 것이다.

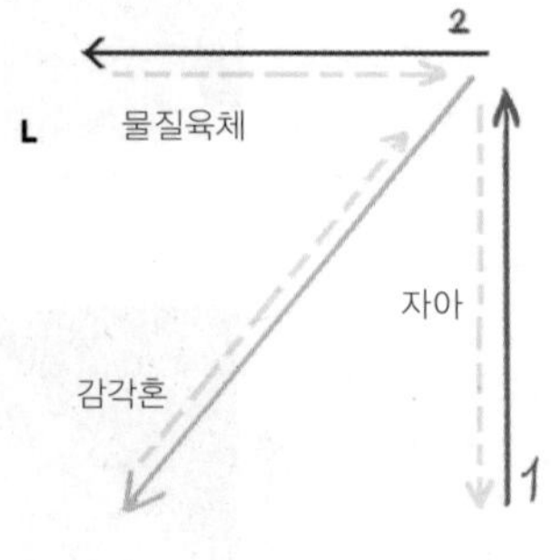

[그림4-2]

조금씩 세 번째 선(빨강과 파랑 사이에 계단처럼 보이는 대각선)이 오른쪽 위에서 왼쪽 아래로 드러난다. 이는 감각혼 흐름에 대한 역방향 운동을 상징한다.

4가지 수채화 연습을 요약하자면 L형 연습은 자아 흐름이 물질육체와 연결되도록 활성화하는 한편, 감각혼을 활성화해 감각 지각 세상 속으로 나가게 한다. L형 그림은 직각 삼각형 연습 D(69쪽 그림3-1)를 색으로 표현한 것이다. L형 연습을 찬찬히 보면 다른 세 그림에서 어떤 일이 벌어질지 쉽게 짐작할 수 있다.

N형 연습(오른발 조절을 위한 연습)에서는 에테르체, 아스트랄체, 감각혼의 흐름을 볼 수 있다. 에테르 흐름은 구조적 물질육체 오른편에 위치한다. 따라서 N형 연습은 오른쪽 발 조절에 효과적이다. 에테르체 흐름에 친화성을 갖는 아스트랄체는 구조적 육체 오른쪽으로 들어간다.

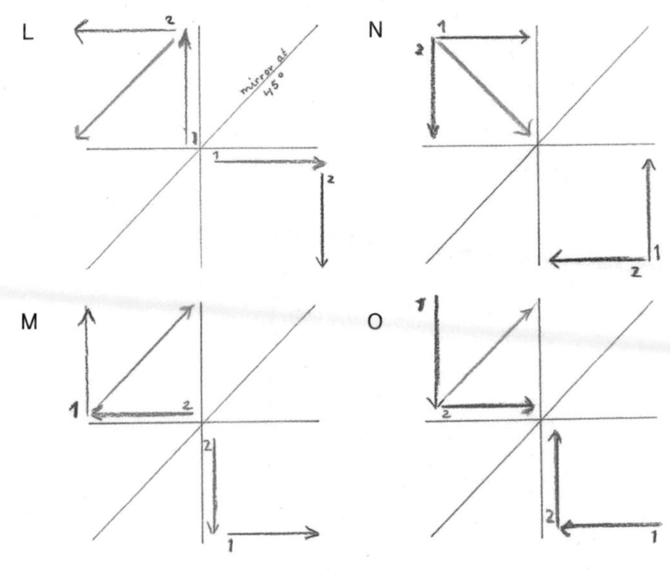

〈파랑-빨강 원근 연습 개괄〉 [그림4-3]

M형 연습(왼발 조절을 위한 연습)은 자아와 물질육체 흐름을 자극하는 한편, 외부 세계에서 감각 기관을 향해 다가오는 감각체 흐름을 활성화한다. 이는 구조적 물질육체의 왼편에 해당한다.

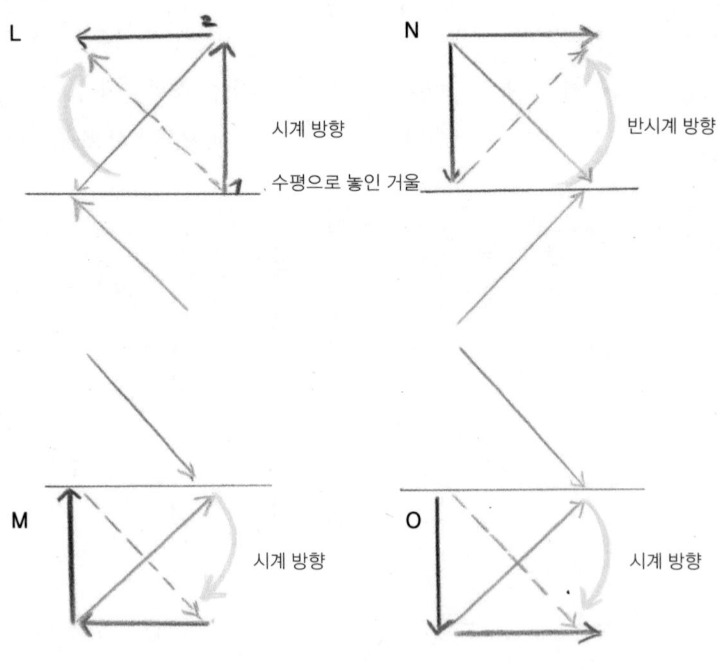

〈대각선의 거울 반사〉

[그림4-4]

마지막 O형 연습(항상 오른쪽에서 왼쪽으로 시작하려는 아이를 위한 연습)에서는 아스트랄체, 에테르체, 감각체 흐름을 볼 수 있다. 이것은 직각 삼각형 연습 B와 같다.

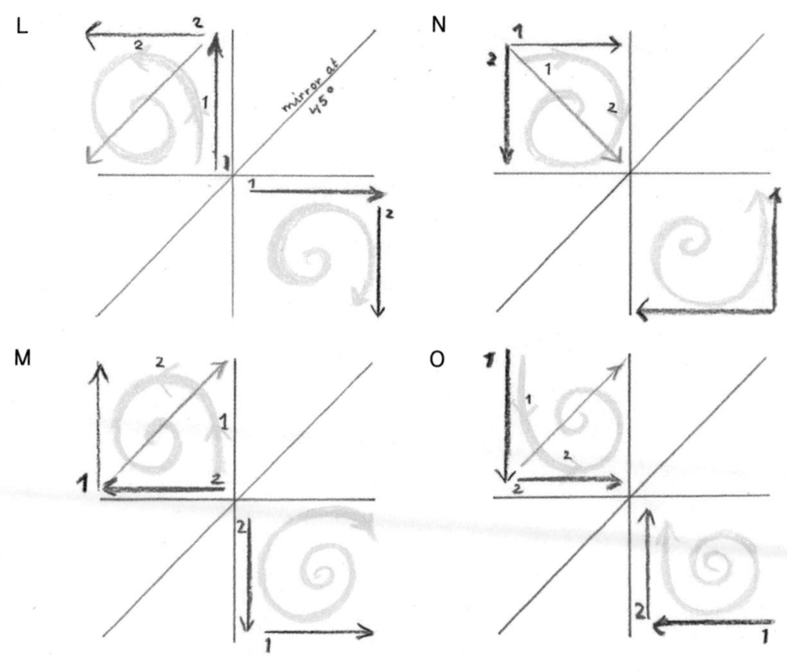

〈소용돌이 움직임 개괄〉

[그림4-5]

4장의 수채화 연습 전체를 한눈에 보려면 그림과 45° 되는 자리에 거울을 세워 놓는다. 그러면 그림 방향에 상응하는 물질적 흐름이 거울에 비칠 것이다. 이 연습의 신비롭고 기하학적이면서 동시에 대단히 실용적인 배경 지식을 확실히 알고 싶은 독자라면 지금까지 소개한 힘의 흐름을 수없이 반복해서 그림과 도표로 그려 볼 것을 권한다.

오드리 맥앨런은 필자에게 이 연습을 설명하면서 이렇게 말한 적이 있다. "이 흐름들을 '움직임 면'으로 보아야 합니다." 다른 많은 경우처럼 이 말도 몇 년 동안 필자에게 수수께끼였다. 어느 날 문득 그녀가 말한 '움직임-면'들이 서로 만나고 충돌할 때 소용돌이를 일으킨다는 생각이 떠올랐다. 반대 방향으로 흐르는 두 개울이나 강이 합류할 때 일어나는 현상과 비슷한 상이다. 앞서 해류와 허리케인의 나선 움직임에서 이 현상을 언급했다.

파랑-빨강 원근 그림에서 각각 어떤 소용돌이가 생기는지 어떻게 알 수 있을까? 서로를 향해 다가오는 두 평면을 눈앞에 떠올려야 한다. L형 그림의 화살표를 움직임 면이라 상상하면서, 위로 올라가는 첫 번째 면이 두 번째 흐름 때문에 왼편으로 밀려나는 모습을 떠올린다. 그러면 반시계 방향으로 움직이는 소용돌이가 나온다. 그림을 그리다 보면 중심으로 갈수록 나선 크기가 작아지는 것처럼 붓질하는 길이가 점점 짧아진다. 소용돌이에서는 일정 지점에 이르면 움직임 방향이 뒤집어진다. 반시계 방향으로 움직이던 것이 시계 방향으로 회전하는 것이다.

L형 그림의 아스트랄 움직임(노란 나선)도 시계 방향으로 나선 운동하는 신체 움직임으로 반전된다. 이는 삼중 나선 연습이나 어린이를 위한

파랑-빨강 나선 연습을 할 때 물질육체 속에서 일어나는 아스트랄체의 움직임 방향이다.(『도움수업』 168쪽)

흐름과 소용돌이

M형, O형 그림에서는 물질 영역에서 시계 방향으로 움직이는 소용돌이를 볼 수 있다. 하지만 오른쪽 발 조절을 위한 N형 그림에서는 왼쪽에서 오른쪽으로 움직이는 1번 흐름의 면이 2번 흐름의 면에 의해 밀려 내려간다. 이로 인해 시계 방향 소용돌이가 생긴다. 물질 영역에서는 오른쪽 발의 원형적 움직임 양식인 반시계 방향 나선 움직임이 생긴다.(2장 참고)

독자들은 45°로 놓은 거울이 대각선에는 쓸모없다는 사실을 눈치 챘을 것이다. 거울에서는 모든 대각선이 동일한 방향으로 움직이기 때문이다. 대각선의 거울상을 얻으려면 원래 그림 방향을 대각선에서 비춰 보아야 한다. 거울에 비친 대각선을 원래선과 비교하면 N형 그림 속 대각선이 반시계 방향으로 45° 틀어졌음을 알게 된다. 그러면 위에 설명했던 것과 동일한 상, 즉 오른쪽 발 조절을 위한 반시계 움직임, 나선으로 회전하며 물질육체를 관통하는 아스트랄체 전체와 왼쪽 발의 원형적 움직임 양식에 상응하는 시계 방향 움직임을 얻는다.

고백컨대 필자는 이 주제를 놓고 수년 동안 고민했다. 초등학교 교사인 필자로서는 종이를 산더미처럼 쌓아 놓고 이 도표를 이렇게도 저렇게도 그려 보는 수밖에 없었다. 지금도 청중에게 이 주제를 이야기할 때면 내가 개념을 올바로 전달하고 있는지 확인하기 위해 [그림4-4]를 매번 새로 그린다.

아스트랄체에서 에테르체로

수채화 연습에서 구조적 물질육체의 흐름을 발견했으면 다시 출발점으로 돌아가 이번에는 아스트랄 차원에서 에테르체로 작용하는 수채화 연습을 한다. 이를 어떻게 그림으로 표현할까?

에테르 요소를 식물 잎사귀나 호수, 개울 표면처럼 2차원적 특성의 물 요소라 할 때, 태양과 달, 행성 움직임이 식물의 성장에 미치는 영향을 상상해 보자. 식물계가 에테르계의 상징이지만 풀과 나무는 '나선'으로 자란다. 또 행성의 형성력은 꽃의 형태에 영향을 미친다. 이를테면 지구를 중심으로 수성의 궤도를 그리면 꽃잎이 여섯 장인 백합 모양이 나온다.(에른스트-미하엘 크라니히[07]의 『식물의 형성 언어Die Formensprache der Pflanze』 참고) 꽃잎이 다섯 장인 장미는 금성의 형성력에서 나온다.

〈행성 움직임 양식〉

출처_『식물의 형성 언어』

[그림4-6]

2차원적 호수 표면을 상상하면 더 쉽게 이해할 수 있다. 바람이 불면 잔물결이 호수 표면에 나타난다. 이는 아스

07 에른스트 미하엘 크라니히Ernst Michael Kranich_ 독일 출신 생물학자, 인지학자

트랄(영혼) 요소가 에테르적 요소에 영향을 미치는 상태의 상이다.

상호 관통하는 삼각형

루돌프 슈타이너는 아스트랄체 힘에 대한 명상으로 육각별을 제안했다. (『색채론. 『색채의 본성』으로 확장』) 기하학적으로 볼 때 육각별은 육각형에서 나온다. 이를 두 소용돌이가 서로 교차하는 형상으로 상상해 보자. 정신적 요소가 물체적 요소로 틈입한다.

오드리 맥앨런은 이 개념을 이용해 '상호 관통하는 삼각형 형태그리기'와 '삼각 막대 연습'을 만들었다. 삼각 막대 연습은 루돌프 슈타이너가 1923-24년 크리스마스 회합 직후 열린 일반 인지학회에서 한 강의에 근거한 활동이다. 이 강의에서 그는 중세 신비 성지와 의식혼을 준비하던 히브리 신비 성지를 이야기한다.(『중세의 신비 성소: 장미십자회와 현대적 입문 원리. 인류라는 신비 역사의 일부인 부활절 축제』 5강 참고) 이 연습은 골격 체계의 무게를 느끼게 한다. 모세가 홍해에서 이 자세로 서 있는 모습을 떠올려 보자.(출애굽기 14장 16절-31절) 오이리트미에서도 이 활동을 하지만, 결코 오이리트미에만 국한된 연습은 아니다. 보트머 체조와 공간 역동 움직임에도 같은 움직임이 있다.

오이리트미나 체조에서 신체 움직임으로 접했던 동작을 상호 관통하는 삼각형 형태그리기에서도 만날 수 있다.(『도움수업』 154쪽) 네덜란드에서 열린 도움수업 교사를 위한 강의(1989년 11월 22일)에서 오드리 맥앨런은 이 형태그리기를 연습하는 학생들에게 교사들이 내적으로 힘을 줄 수 있는 방법으로 다음 명상을 제안했다.

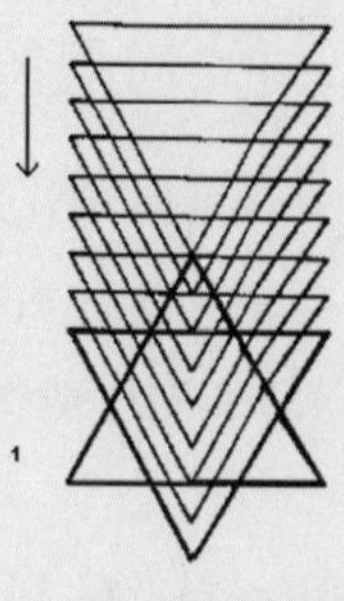

[그림4-7]

1. 위쪽 삼각형이 아래쪽 삼각형을 관통한다.

우리가 육화할 때 루시퍼는 빛을 어둡게 한다. 과거에서 가져온 모든 것, 우리의 모든 아스트랄성은 루시퍼로 인해 어두워진다. 하지만 지구에서 위를 향해 올라가는 빛도 있다. 지구는 부활한 그리스도의 신체가 되었기 때문이다.

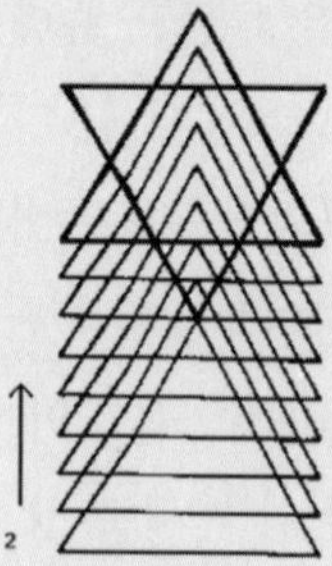

[그림4-8]]

2. 아래쪽 삼각형이 위쪽 삼각형을 관통한다.

인간의 심장이 없는 세상은 차갑다. 온기가 외부 감각 세계의 냉기를 뚫고 들어와야 한다. 지구에서 오는 온기가 그 차가움을 관통해야 한다.

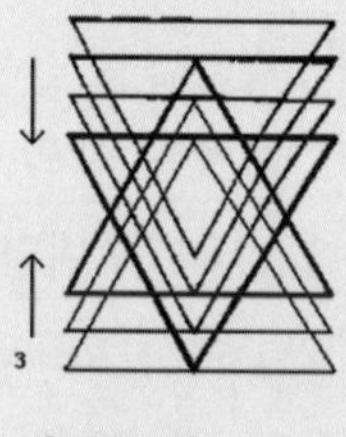

[그림4-9]

3. 두 삼각형이 상호 교차한다. 위쪽 삼각형은 세 걸음 아래, 아래쪽 삼각형은 두 걸음 위로 올라간다.

인간 존재는 세상을 발견하고,
세상은 인간 안에서 스스로를 본다.

학생들과 이 활동을 할 때 교사는 이런 생각을 마음속에 느낌으로 품는다.

5장

구리 공 돌리기와 움직이는 직선 _ 무한대 연습

육화를 돕는 모든 교육 활동 중 매우 멋지고 효과적인 것 중 하나가 구리 공 연습이다. 10세 이상 모든 어린이와 성인에게 정말 좋은 활동이다.

오드리 맥앨런은 어떻게 이 연습을 만들었을까? 한 학생과 수업하던 어느 날 오드리는 아이에게 팔을 머리 위로 올려 보라고 했다. 아이는 선 자세에서 팔을 머리 위로 들어 올리지 못했다. 의자에 앉아서 해 보라고 했지만 그것도 가능하지 않았다. 이번에는 바닥에 누워 보라고 했다. 그제야 어렵사리 팔을 올릴 수 있었지만 여전히 쉽지 않았다. 오드리는 그 학생을 위해 수평 자세(바닥에 누운 상태)에서 두 팔을 머리 위로 들어 올리는 것을 가르쳐 줄 수 있는 연습으로 구리 공 연습을 고안했다. 이 활동을 해 본 교사는 아이의 호흡 체계가 얼마나 조화로워지는지 알 것이다. 바닥에 누워서 몸통 양옆에 있는 팔을 머리 위로 올린다. 이 움직임은 흉곽을 열었다 닫는다. 아이의 호흡이 깊어지면서 한숨을 쉬거나 하품을 한다.

교육에서 호흡의 의미

루돌프 슈타이너는 슈투트가르트에서 발도르프학교 교사를 위해 열린 강의(『교육학의 기초가 되는 인간에 대한 보편적인 앎』) 첫 날에 교육은 아이들에게 제대로 호흡하고 잠자는 법을 가르치는 것이라고 했다. 호흡 과정을 통해 인간의 영혼-정신과 물질-생명 육체가 리드미컬하게 연결된다. 영유아기에도 호흡은 신체 신진대사 기능과 이미 이어져 있다. 교육을 통해 이를 신경 감각 체계 기능과도 연결해야 한다. 호흡이 깊어지면 두개골로 흘러드는 뇌척수액 순환이 달라진다. 두뇌를 비롯한 신경계가 골고루 자극된다. 호흡의 리듬은 두뇌와 신경계의 섬세한 내부 구조 형성에 도움을 줄 뿐 아니라, 영유아기 움직임 양식과 원시 반사 통합에도 중요한 역할을 한다. 아이가 신체 조직 속으로 육화하는 것을 가능하게 하는 힘이 바로 호흡이다.

특히 치유 작업에서는 루돌프 슈타이너가 말한 호흡의 중요성이 그 자체로 교육 목표가 되어야 한다. 누누이 강조했듯이 교사는 수업 중에 학생의 호흡 리듬에 각별한 주의를 기울여야 한다. '털실 감기'처럼 단순한 활동에서는 아이의 호흡에 한결 집중할 수 있다. 물론 동작을 제대로 하는지도 신경 써야 하지만, 움직임이 조화로워졌을 때 리듬 체계(호흡 체계)가 어떻게 달라지는지도 관찰한다. 오늘날 대부분의 아이가 호흡이 얕다. 제대로 호흡하지 않으면 몸통 윗부분만 호흡에 관여한다. 그러면 많은 양의 정체된 공기가 허파에 남아 있게 된다.

공기 중에는 산소뿐 아니라 질소도 있다. 사실 공기는 21%의 산소와 78%의 질소로 이루어져 있다. 1923년 『인간에 대한 앎에서 나오는 교육과 수업』에서 루돌프 슈타이너는 슈투트가르트 교사들에게 산소와 질소 모두 신체 속에 있는 탄소와 연결된다는 점을 지적했다. 이 과정에서 만들어진 이산화탄소는 머리에서 진행되는 사고 과정을 지원한다. 이산화탄소는 미세한 기포와 함께 허파에서 두개골로 올라간다. 하지만 얕은 호흡 때문에 산소와 탄소가 불완전하게 결합하면 머릿속에서 용해된 탄소가 수소와 반응하면서 메탄(CH_4)이 생성된다. 메탄은 머리를 무겁고 멍해지게 만들고 사고를 가로막는다. 입을 꼭 다물고 교실에 가만히 앉아 있는 점액질 아이에게서 이 상태를 관찰할 수 있다.

공기의 구성 물질인 질소(N)는 신체에 의지를 불어넣는 동시에 장기와 움직임에서 중요한 역할을 한다. 또 신체 속에서 탄소와 결합해 사이안화수소산(HCN과 HCNO)을 형성한다. 계속해서 시안화물과 칼륨 사이에 화학 반응이 일어나면서 미량의 사이안화칼륨(KCN 청산가리)이 생긴다. 이 물질은 신체에 대단히 유독하지만 '발생기 상태'로 유지된다. 다시 말해 생성되는 즉시 담즙이 파괴한다.(『꿀벌과 인간』 참고) 신체가 사이안화칼륨에 중독되기 시작할 때 담즙이 그것을 막아서는 바로 그 순간, 인간의 정신-의지가 신체를 장악해 의지의 도구로 이용한다. 루돌프 슈타이너는 『인지학-심리학-정신학』과 『인간에 대한 앎에서 나오는 교육과 수업』에서 정신은 이런 마법 같은 과정을 통해 물질 속에서 활동한다고 설명한다. 화학적 화합물을 생성하고 용해하는 정교한 신진대사 과정이 없으면 인간은 팔을 들어 올리지도 못했을 것이다. 교사를 위한 강의에서는 이렇게 간략하게 의지 활동 과정을 설명했다. 청중이 화학자나 의사였다면 훨씬 자세히 설명했으리라. 하지만 적어도 이를 통해 리듬 체계가 머리(사고)와 신진대사 과정(의지) 사이에서 어떤 중재 역할을 하는지, 그리고 건강한 호흡이 얼마나 중요한지는 분명히 인식할 수 있다.

담임교사들은 이 말을 상징적 의미로 받아들여 수업을 들숨 날숨이 살아 있도록 구성해야 한다고 해석한다. 물론 수동적 듣기와 능동적 활동이, 음악 요소와 조형 요소가 조화롭게 있어야 하고, 슈타이너가 『인간에 대한 앎과 수업 형성』에서 말하듯 기쁨, 웃음과 '눈물'이 교대로 일어나야 한다. 매일의 수업에서 이런 영혼적 호흡을 적재적소에 활용할 때 교육은 배우나 음악가의 작업과 다르지 않는 예술 작품이 된다. 하지만 도움수업 교사와 치료사들이 더 고려해야 하는 것은 호흡의 신체적 측면이다. 팔을 위로 올리면 흉곽이 열리면서 호흡이 깊어지는 것 같은 상태 말이다.

담임교사와 도움수업 교사에게는 루돌프 슈타이너가 1920년 『인간에 대한 앎과 수업 형성』에서 언급한 또 다른 측면도 대단히 중요하다. 서로 반대 방향으로 흐르는 시각 정보와 청각 정보는 호흡 체계에서 만난다. 시각 자극은 시각 기관이 위치한 머리를 통해 들어온다. 청각 자극은 사지와 몸통의 신경계를 통해 들어온다. 이 사실은 프랑스 이비인후과 의사 알프레드 토마티스Alfred Tomatis(www.tomatis.com)의 연구에서 입증되었다. 사실 루돌프 슈타이너는 주류 과학계에서 운동 신경이라 부르는, 중심에서 주변부로 나가는 신경이 청지각에서 중요한 역할을 한다는 점을 이미 지적했다. 망치뼈, 모루뼈, 등자뼈로 이루어진 중이中耳는 허벅지, 무릎, 종아리로 구성된 작은 다리처럼 생겼다. 고막은 끝없이 이어지는 중력의 소리를 듣는 작은 발의 발바닥이다.(『슈투트가르트 자유 발도르프학교 교사들과 논의』 전3권 중 2권, 1922년 12월 5일 강의)

신경계와 두뇌에서 일어나는 감각 정보 처리 과정은 먼저 신체적(전기 화학적) 단계를 거친다. 이 정보가 영혼 영역으로 들어가기 위해서는 자아의 중재가 필요하다. 두 번째 단계인 순환계의 호흡 과정 속에서 감각 정보는 영혼의 감정 영역과 연결된다. 그러면 영혼의 호흡 속에서 감각 지각에 대한 이해가 일어난다. 이 과정에서 청각 정보와 시각 정보가 연결된다. 세 번째 차원에서 기억이 관여한다. 시각 기억은 사지의 신진대사 체계 속에 각인된다. 청각 기억은 머리의 신진대사 과정 속에 각인된다.(『인간에 대한 앎과 수업 형성』) 호흡과 심장 박동의 리듬이 교육과 의학 영역 모두에서 중요한 치유 요소임을 다시 한번 확인할 수 있다. (『인간에 대한 앎에서 나오는 교육과 수업』)

들어 올리기와 뻗기 움직임

구리 공 연습에서 팔 움직임에 집중해 보면 뻗기와 들어 올리기, 즉 척골과 요골의 움직임이 리드미컬하게 반복됨을 알아볼 것이다. 들어 올리기와 뻗기 움직임의 리드미컬한 교차는 도움수업 연습의 기본 원리다. 영유아기 움직임은 주로 뻗기 동작이다. 신생아는 팔다리를 웅크리고 있다. 그러다가 머리를 들어 올릴 수 있는 때가 온다. 머리를 들 때면 아이는 긴장성 미로 반사(TLR: tonic labyrinthine reflex)로 인해 팔다리를 쭉 뻗는다. 다른 영유아기 움직임 양식에서도 머리 움직임이 사지 움직임에 큰 영향을 준다는 점을 알 수 있다. 머리를 좌우로 돌리거나 상하로 움직일 때마다 사지의 굴곡(구부리기) 혹은 신전(펴기)이 함께 일어난다. 비대칭성 긴장성 목 반사(ATNR: asymmetrical tonic neck reflex)는 신체를 좌우로 나눈다. 머리를 한쪽으로 돌리면 그쪽 팔다리는 펴지고 반대편 팔다리는 웅크려진다. 긴장성 미로 반사(TLR)는 신체를 앞뒤로 나눈다. 대칭성 긴장성 목 반사(STNR: symmetrical tonic neck reflex)는 신체를 위아래로 나눈다. 여기서 우리는 위-아래(STNR), 앞-뒤(TLR), 좌-우(ATNR)라는 물질육체 자체의 3차원적 특성을 만난다. 육화하는 정신-영혼은 이처럼 분리된 요소를 통합하는 한편, 신체를 지상의 삶에 적합한 도구로 변형시켜야 한다.

근육을 당기는 동작(뻗기)에서는 아스트랄체의 육화 과정을 볼 수 있다. 뻗기 동작은 근육 속 신진대사 체계와 호흡계, 신경계를 활성화한다. 반면 중력에서 몸을 들어 올리는 동작에서는 정신 자아의 힘을 볼 수 있다.

성인인 우리가 흔히 경험하는 뻗기 동작이 있다. 피곤하지만 아직 할 일이 있을 때 우리는 의자에 등을 기댄 채 팔다리를 쭉 뻗으며 숨을 깊이 들이마신다. 이 동작은 신경계에 활력을 주며 정신을 또렷하게 해 준다. 아침에 잠에서 깰 때도 같은 동작을 한다. 똑바로 허리를 세우고 앉기 전에도 아주 미묘한 뻗기 동작을 한다. 모두 아스트랄체와 연결된 뻗기 동작들로, 내부 영혼과 외부 감각 세계를 연결한다. 뻗기 동작을 통해 우리는 감각 세계 속으로 들어가 중력과 연결한다. 자아는 우리를 중력에서 일으켜 직립하게 하는 한편, 외부 감각 세계에서 적당한 거리를 유지하고 불필요한 요소를 걸러내는 법을 가르친다.

요즘에는 신체 속으로 뻗어 들어가지 못해 물질-생명육체와 건강하게 연결되지 못하는 아이들이 갈수록 많아지고 있다. 이들에게 물질-생명육체는 움직이거나 들어 올리기에 너무 버거운 짐이다. 어떤 아이들은 뻗기와 들어 올리기 움직임 사이에서 건강하게 호흡하지 못한다. 이들은 지나치게 많은 감각 정보에 압도당해 자아가 활동할 수 있도록 물질육체를 잠시 정지시킬 수 없는 상태다.

요즘에는 갓 태어난 아이들도 소화하기 어려울 정도로 과도한 감각 인상에 노출된다. 진공청소기, 전화벨 소리, 커피 머신, 냉장고, 라디오, 텔레비전, 교통 소음 같은 일상 소음들이 신생아의 여린 감각 기관을 쾅쾅 두드린다. 이 시기 아이들은 모든 감각 인상에 완전히 열려 있다. 자아가 아직은 해일처럼 밀려드는 감각 인상을 거르고 취사선택할 힘이 없다. 이 시기에 감각 기관을 지나치게 자극하면 운동 체계에 심각한 문제가 생길 수 있다.

언젠가 어떤 엄마가 한 살 남짓 된 아기를 태운 유모차와 함께 건널목에서 보행 신호를 기다리는 것을 보았다. 아이는 도로 쪽을 향해 앉아 있었다. 대형 트럭이 빠른 속도로 지나가자 아이는 공포 반응을 보였다. 눈을 질끈 감고 머리, 팔, 다리를 뒤로 젖히며 큰 소리로 울기 시작했다. 겁에 질렸을 때의 이런 몸짓은 놀람 반응(모로 반사)에서 나오는 몸짓이다. 이런 종류의 뻗기 반응은 아이의 운동 체계 속에 각인된다. 지금까지 도움수업에서 만난 많은 아이의 운동 체계는 뻗기 요소가 들어 올리기 요소를 압도하는 양상을 보였다. 이들은 콩주머니를 던졌다 받을 때 떨어지는 콩주머니를 손바닥에 사뿐히 받지 못하고 힘껏 움켜쥔다.(심지어 팔을 위로 올려 잡아채기도 한다) 구리 봉 굴리기를 할 때는 척골과 요골의 상호 작용을 이용하지 못하고 손바닥을 아래로 돌려 잘 쓰지 않던 들어 올리기 근육 체계 이용을 회피한다.

들어 올리기 움직임(직립 자세로 몸 일으켜 세우기 등)은 완전히 자아 활동이다. 신체를 통해 자아는 움직임에 있는 역학적 힘과 스스로를 연결할 뿐 아니라(『교육학의 기초가 되는 인간에 대한 보편적인 앎』 12강), 중력을 비롯해 지구 자전으로 생겨난 지상적 힘과 관계 맺는다.(『발도르프 특수 교육학 강의』 3강) 아이가 혼자 힘으로 허리를 세우고 앉는 데는 약 6개월, 두 발로 서는 데는 1년 이상이 걸린다. 요즘에는 신생아조차 척추를 세운 자세로 안거나, 너무 일찍부터 보행기를 태우는 모습을 쉽게 볼 수 있다. 이런 행동은 자기 신체를 올바르게 조절해 보려는 아이의 의지 발달에 큰 걸림돌이 된다. 그 결과 영유아기 뻗기 움직임 양식이 근육과 신경계에 고정돼 버리거나, 연골이 충분히 여물지 않은 상태에서 무리한 동작을 반복해 부상을 입을 위험이 있다. 한 걸음 더 나아가 신체의 과도한 긴장이 아이가 자신의 카르마나 운명을 만나는데 방해 요소로 작용한다는 생각도 해 볼 수 있다. 이 문제는 오늘날 교사와 학교 의사들이 아이들의 건강한 성장 발달을 가로막는 요소로 점점 더 진지하게 고려하고 관찰해야 할 지점이다.

구리 공 연습이 중요한 이유는 들어 올리기 동작과 뻗기 동작의 리드미컬한 상호 작용을 조화롭게 해 주기 때문이다. 뻗기 움직임이 지나치게 강화된 경우라면 먼저 이완하는 법을 배워야 한다. 아이가 움직임 체계 속으로 제대로 뻗어 들어가지 못하는 경우도 있다. 감각 인상이 지나치게 많고 강렬해서 아이가 세상을 피해 안으로 숨어든 결과일 수도 있다. 움직임 속에 뻗기 요소가 너무 적을 때도 구리 공 연습을 통해 근육 체계 속으로 제대로 뻗어 들어가는 법을 배울 수 있다.

들어 올리기 체계도 당연히 동참한다. 구리 공을 든 팔과 손을 들어 올렸다가 천천히 바닥에 내려놓아야 한다. 손만 움직이는 것처럼 보일 수 있지만 그렇지 않다. 발 사이에 끼워 놓은 털실 공이 머리부터 발끝까지 신체 전체를 자극한다. 발이 미세하게 계속 움직인다는 사실은 아이들이 털실 공을 자주 떨어뜨리는 데서 확인할 수 있다. 이런 현상은 칼 쾨니히가 『첫 3년』(1장)에서 운동 체계 전체는 기능적으로 한 몸이며 각 부분이 독립적으로 움직이지 않는다고 한 말을 떠올리게 한다. 어떤 움직임이든 움직임 체계 전체가 함께 움직인다. 이는 대단히 중요한 지적으로, 9장 반사 체계에서 더 자세히 살필 것이다.

움직임 순서

도움수업 연습의 주요 원리 중 하나는 영유아기 움직임 발달을 순서대로 반복하는 것이다. 구리 공 연습 1단계에서는 한 팔과 한 손만 움직이면서 구리 공을 든 손을 계속 눈으로 따라간다. 이는 영아기 움직임의 반복이다. 요람에 누운 아기는 이 단계에서 첫 번째 눈-손 협응 능력을 키운다. 구리 공 연습에서는 고개를 돌린 채 머리를 살짝 든다. 한 팔을 머리 위 바닥에 내려놓은 자세는 비대칭성 긴장성 목 반사ATNR 행동 양식과 흡사하다. 움직임은 신체 좌우측에서 번갈아 일어난다. 교사는 비활동적인 신체 부위(조금이라도 더 뻗은 쪽 발의 반대편 발과 다리)를 관찰한다.(칼 쾨니히 『첫 3년』 1장 참조) 시간이 지나 아기가 정면을 향해 움직이기 시작하면 신체 한쪽 편 근육은 수축하고 반대편 근육이 확장하는 교차 편측 움직임 단계로 넘어간다. 파충류와 어류도 이런 움직임 양식을 보이지만 본능적 수준을 벗어나지 못한다. 진화 과정 속에서 의욕이나 동기처럼 정신을 표현하려 애쓰는 온전한 인간 행동 양식으로 발달하지 못했기 때문이다.

구리 공 연습 2단계에서는 눈을 감은 채 두 팔을 동시에 대칭으로 움직인다. 이는 대칭 발달 단계(3-5세) 움직임의 반복이다. 두 팔을 머리 위로 올리면서 온 몸을 쭉 뻗게 된다. 흉곽이 완전히 열리면서 호흡이 한층 깊어진다. 자세히 관찰하면 어느 순간 학생이 심호흡을 하거나 깊은 한숨을 내쉬는 것을 알아차릴 것이다. 호흡을 깊게 해 주는 이 연습의 효과가 드러나는 것이며, 최종적으론 호흡과 심장 박동이 1:4의 리듬에 접어들게 될 것이다. 호흡의 이런 변화는 두뇌로도 이어진다. 호흡 리듬과 그로 인한 뇌척수액 리듬의 변화가 직접 두뇌에 영향을 줄 수도 있고, 고유운동감각(고유수용감각)을 통해 움직임을 파악하는 신경계를 통해 간접적으로 영향을 미칠 수도 있다. 신체 기관은 오로지 기능 수행을 통해서만 완성된다. 정신-영혼은 신체를 이용하면서 온전해지는 동시에 신체 구조를 개선해 나간다. 이런 과정을 거쳐 신경 주위를 감싸는 미엘린(수초)이 생겨나며, 미엘린은 신경계를 섬세하게 분화하고 형성한다.

구리 공 연습의 마지막 3단계에서는 두 손을 동시에 반대 방향으로 움직인다. 이는 편측성 발달시기(5-7세) 움직임의 재현이다. 여기서도 눈을 감고 손만 움직이기 때문에 균형감각과 고유운동감각에 의지해서 팔과 손의 협응을 이루어야 한다. 근육의 이런 움직임 양식은 상체를 회전시키는 등과 가슴의 가로근을 활성화한다. 또한 뇌량의 기능을 촉진하고 좌우 대뇌 반구를 통합하는 효과가 있다.

눈을 감는 이유

눈은 균형감각, 고유운동감각과 이어져 있다. 시각을 이용하면 신체 움직임과 균형 상태를 언제나 의식적으로 조절할 수 있다. 하위감각으로 들어온 지각 내용에 집중하려면 눈을 감아야 한다. 그래서 구리 공 연습의 마지막 두 단계에서는 눈을 감는 것이다. H. A. 위트킨Witkin이 『지각을 통한 개별성Personality Through Perception』으로 출간한 연구에 따르면 시각과 균형감각은 서로 경쟁 관계다.

아이들이 이 연습의 2,3단계에서 숨어 있던 미성숙한 움직임 양식을 드러내곤 한다. 머리를 한쪽으로 돌릴 때 비대칭성 긴장성 목반사ATNR가 충분히 통합되지 않은 움직임을 보이거나, 팔을 머리 위로 들어 올리는 동작이 어려워서 협응이 흐트러지기도 한다. 활동 중에 얼굴을 찡그리는 아이들이 정말로 많다. 이는 영혼의 무의식 영역에 지니고 있던 내적 고통 혹은 슬픔의 표현이다. 또한 '프'나 '흐', '스' 같은 자음 소리를 조그

맞게 내거나, '음' 소리 낼 때처럼 입술을 앙 다물기도 한다. 모두 큰 스트레스를 받고 있음을 보여 주는 징후다. 불필요한 움직임을 조금씩 덧붙이기도 한다. 지금 사용 중인 움직임 체계에 어려움이 있음을 짐작할 수 있다. 학생들은 내가 이런 것을 관찰하고 있음을 거의 의식하지 않는다. 이런 식으로 관찰하기 위해 교사는 학생들의 개별성을 존중하는 태도와 함께 자제심을 지녀야 한다. 가장 신성하면서 친밀한 순간이기 때문이다.

오드리 맥앨런은 어떤 학생들에게는 신체 무게를 더 잘 느끼도록 구리 공 대신 설탕 봉지를 양손에 올려 주었다고 한다. 필자의 학생 중에는 구리 공 활동에 팔을 천천히 움직이지 못하던 7학년(12세) 아이가 있었다. 빠른 속도로 팔을 움직이면서 계속해서 팔로 바닥을 쿵쿵 쳤고, 움직임에 리듬감이라곤 전혀 없었다. 그러면서 팔이 아프다고 투덜거렸다. 속도를 줄여 보라고 했지만 소용이 없었다. 움직임을 이렇게 바꿔 보라는 식의 말을 전혀 덧붙이지 않고 두 달간 연습을 이어간 뒤에 찻잔 두 개를 손에 쥐고 해 보자고 제안했다. 찻잔에 물을 담아 놓았기 때문에 균형을 유지하면서 손을 움직여야만 했다. 까딱하면 바닥과 바지에 물이 쏟아질 판이 되자 천천히 움직일 수밖에 없었다. 그러자 들이쉬고 내쉬는 호흡이 훨씬 깊어졌다. 몇 주가 지나자 호흡 리듬이 눈에 띄게 조화로워졌고, 교실에서 하는 행동도 좋아졌다.

구리 공 연습은 바닥에 누워서 한다. 수평 자세는 깨어 있는 낮-의식을 둔하게 만든다. 수직으로 서 있으려면 완전히 깨어 있는 낮-의식이 필요하다. 앉는 것은 꿈꾸는 자세로 명상에 최적이다. 수평은 잠자기 위한 자세다. 수평으로 누워 눈까지 감으면 의식을 놓고 잠들어 버리기 쉽다. 하지만 두 발 사이에 부드러운 털실 공을 끼워 놓으면 이를 방지할 수 있다. 공은 의지 영역 깊은 곳에서 의식이 깨어 있도록 도와준다.

초감각적 흐름

이 활동의 수평 자세를 수직으로 선 인간의 2차원 상이라고도 볼 수 있다. 이제 이 상을 『인지학-심리학-정신학』 중 구조적 물질육체에서 활동하는 초감각적 흐름을 설명한 도표와 비교한다.(그림2-6 참고) 발 사이에 끼운 털실 공은 머리에서 발로 내려가는 자아의 초감각적 흐름을 신체 깊숙이 끌어들인다. 위에서 말한 것처럼 두 발로 공을 잡고 있으면 활동 중 잠에 빠지는 것을 방지하는 효과도 있다. 뿐만 아니라 칼 쾨니히가 말한 대로(『첫 3년』) 다리를 능동적이면서도 고요하게 만들어 준다. 팔 움직임은 몸통과 다리의 근육 체계 전체에 영향을 미친다. 뻗기와 들어 올리기

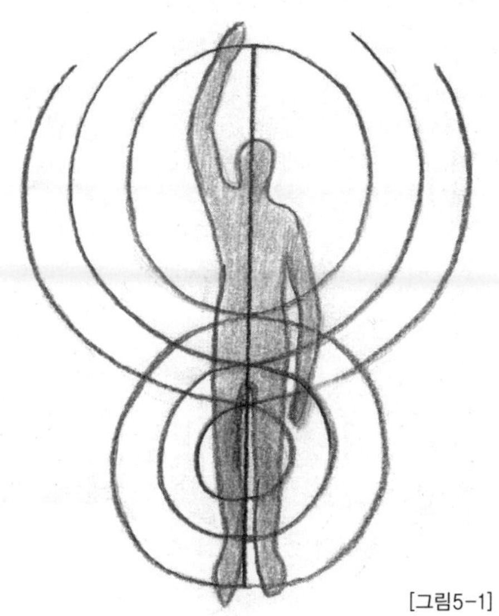

[그림5-1]

움직임이 리드미컬하게 교차하면서 아스트랄체와 자아 모두를 물질-생명육체의 움직임 체계와 연결되게 한다. 호흡이 활기를 찾고 깊어지면서, 앞서 설명한 것처럼 신경계를 자극한다. 균형감각 체계와 신체 인지 체계를 포함한 감각 조직이 활성화된다.

아스트랄체는 자신의 신체적 구성체인 신경계를 관통한다. 이제 아스트랄체는 신체 속에서 신경을 통과해 두뇌 속으로 나선 운동을 시작한다.

필자는 30세 여성과 도움수업을 한 적이 있다.(도움수업 연습에는 나이 상한선이 없다. 성인에게도 아주 효과적이다) 눈을 감고 구리 공 연습 2단계를 할 때 그녀가 갑자기 이런 말을 했다. "방금 뭐가 떠올랐는지 아세요? 레오나르도 다빈치에요, 사각형과 원 속에 인간을 그린 그림 있잖아요. 제가 지금 그 그림 속 움직임을 하고 있어요." 필자는 그녀가 레오나르도 다빈치의 소묘 '비트루비우스에 따른 인간 신체 비율(이상적 원리인 황금비에 따른 인간 신체도)'와 이 연습을 연결시켰음을 깨달았다. 정말 그랬다! 구리 공 연습은 학생이 물질육체 이면에 존재하는 원형적 원리에 따라 움직이게 한다. 이는 인간 형상을 창조한 우주적 수학에 대한 내적, 정신적 기억을 위한 움직임인 것이다.

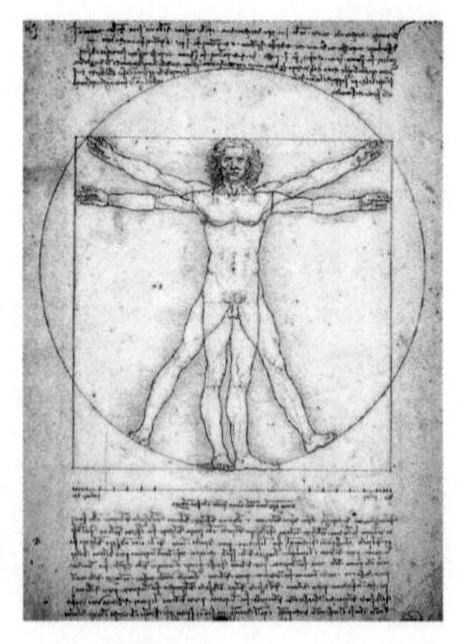
[그림5-2]

바닥에 누운 사람의 몸짓 전체에서 또 다른 도움수업 활동을 떠올릴 수 있다. 바로 '꽃-막대 연습'이다.(『도움수업』 51쪽) 직선은 머리에서 발끝으로 내려가며 활동하는 자아의 상이다. 머리 위에서 신체 양옆으로 움직이는 두 팔은, 그 직선 주변에 그리는 위가 열린 무한대 형태에 해당한다. 꽃-막대 형태 중심부에서 교차하는 선들은 리듬 체계 안에서 일어나는 과정을 상징한다. 무한대 선이 그림 아래쪽에서 수직 중심선과 만나는 지점에서 우리는 시각 인상이 어떻게 신진대사 체계 속 에테르체의 기억 영역에 각인되는지를 알아볼 수 있다.

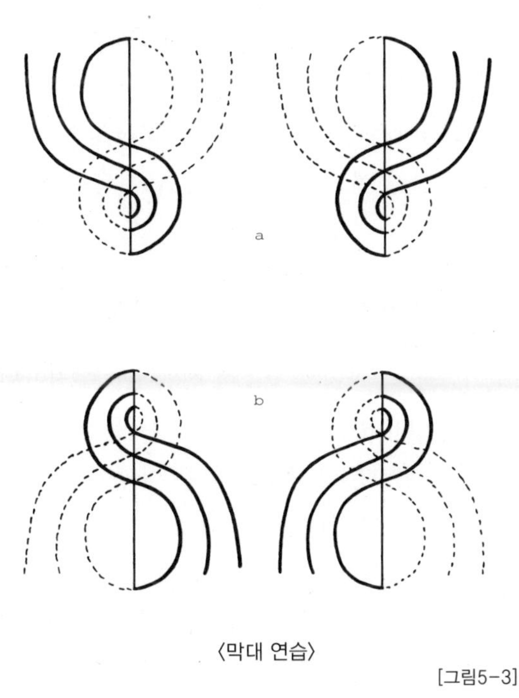

〈막대 연습〉

[그림5-3]

루돌프 슈타이너가 여러 강의에서 언급한 감각 과정에 대해 요약하면 다음과 같다. 설명한 모든 내용을 숙지하도록 한다. 신경 체계는 외부 감각 인상을 받아들인다. 감각은 외부 세계와 공명한다. 외부 감각 세계 움직임을 모방하는 사지처럼 움직인다. 신경 체계가 외부 인상을 처리하는 과정은 내면 영혼 영역과는 아무 상관없는 활동이다. 하지만 신경 체계는 감각 인상의 외적 진동을 진정시킨다. 그러면 리듬 체계에 그 인상이 거울처럼 비친다. 감각 인상과 영혼의 감정 영역을 연결하는 것은 바로 리듬 체계다. 마찬가지로 기억은 두뇌에 저장되지 않는다. 기억은 신진대사 체계 속 에테르 영역에 각인된다. 두뇌는 단지 외부 인상과 내면 기억 형상을 깨어 있는 낮-의식에 전해 주는 역할(물론 아주 중요한 역할이지만)을 할 뿐이다. 루돌프 슈타이너는『교육학의 기초가 되는 인간에 대한 보편적인 앎』10강에서 미래의 발도르프 교사들에게 이 점을 설명했다. 그는 1920년『인간에 대한 앎과 수업 형성』에서는 이 문제를 다른 각도에서 이야기한다.

구리 공 연습을 하는 아이를 관찰할 때 1909년 강의 도표나 꽃-막대 그림을 떠올리면서 그 아이의 구조적 신체에서 움직이는 여러 흐름에 대한 상을 만들 수 있다. 연습 중 자아가 통제력을 잃는 순간이 있다. 털실 공을 떨어뜨리는 것이다. 그 순간 우리는 아래에서 위로 나선 운동을 하는 아스트랄체를 '볼' 수 있다.

직선과 무한대 연속 그리기

구리 공 연습 뒤에는 반드시 직선과 무한대 연속 그림을 그린다.(『도움수업』 147쪽) 구리 공 연습은 일종의 탈육화 상태를 만든다. 이제 깨어 있는 낮-의식의 자아가 신체를 장악할 차례다. 올바르고 건강한 움직임 양식을 움직임 체계 속에 각인시켜야 한다.

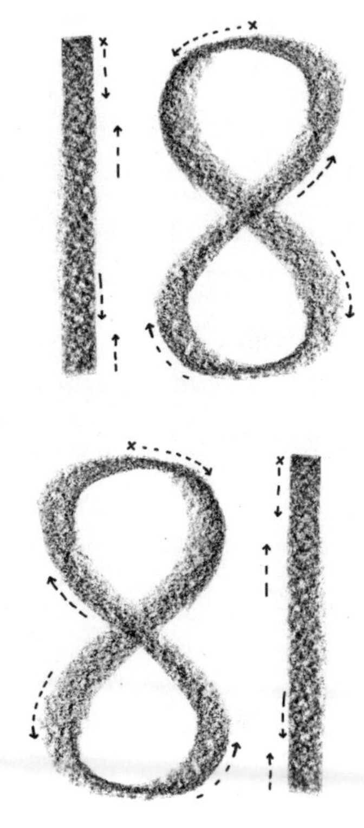

〈직선과 무한대 연속 그림〉(도움수업 148쪽)

[그림5-4]

성인이라면 두 개의 큰 무한대 형태(세로로 놓인)를 동시에 두 손으로 그릴 때와 수직선, 무한대를 각각 한 손씩 동시에 그릴 때의 차이를 상상할 수 있을 것이다. 첫 번째 그림은 손과 종이에 전혀 주의를 기울이지 않아도 쉽게 그릴 수 있다. 하지만 직선과 무한대를 동시에 연속으로 그리기 위해서는 손의 움직임을 조절할 수 있는 눈의 의식적 활동이 필요하다. 형태가 대칭이 아니기 때문에 두 눈이 협동하면서 수직선 그리는 손과 무한대 그리는 손을 번갈아 관찰해야 한다. 이를 위해서는 자아의 의식적 의지 활동이 있어야 한다.

노 젓기를 닮은 리드미컬한 움직임이 호흡을 조화롭고 깊어지게 만든다. 리드미컬하게 몸을 앞으로 숙였다가 뒤로 젖힐 때 뇌척수액 흐름이 활성화되는 한편 뻗기와 잡아당기기 움직임이 교대로 일어난다.

원형적 형태

루돌프 슈타이너는 입학 첫날 아이들에게 원형적 형태인 직선과 곡선을 그리게 하라고 제안했다.(『1학년부터 8학년까지의 발도르프 교육 방법론적 고찰』 4강) 직선과 곡선은 형태그리기와 기하에서 가장 기초적 요소다. 직선과 무한대 연속 그리기에도 이 원형적 형태가 있다. 수직선은 자아의 상이고 무한대는 물질-생명 육체로 틈입하는 아스트랄체의 원형적 상이다. 눈은 이들 원형적 상을 받아들이고, 손과 팔은 그 형태 속 원형적 움직임 양식을 체험한다. 수직선과 무한대를 그리면서 학생들은 뻗기와 들어 올리기 움직임을 수행한다. 왼팔과 오른팔이 뻗기와 들어 올리기 동작을 할 때 각각 시계 방향, 반시계 방향으로 움직이는 것을 무한대 형태에서 알아볼 수 있다. 학생은 종이 끝까지 팔을 완전히 뻗어야 한다. 종이 위쪽 끝에 이르면 무한대 움직임은 내부를 향해 팔을 중력(무거움) 속으로 이끌고 간다. 이것이 올바른 뻗기 움직임이다. 종이 아래쪽에 이르면 무한대는 탈중력(가벼움)이라는 또 다른 원형적 방향으로 움직인다.

도움수업 연습의 또 다른 원리는 여러 감각이 동시에 관여한다는 점이다. 고유운동감각은 아이들에게 원형적 움직임 방향을 안내한다. 시각은 자아와 아스트랄체의 원형적 상인 수직선과 무한대를 보여 준다. 이집트의 파라오가 굽은 막대와 직선 도리깨를 손에 들었던 것을 기억하라. 이는 자신이 하늘과 땅의 왕이라는 상징이다. 영혼은 아이의 깨어 있는 낮

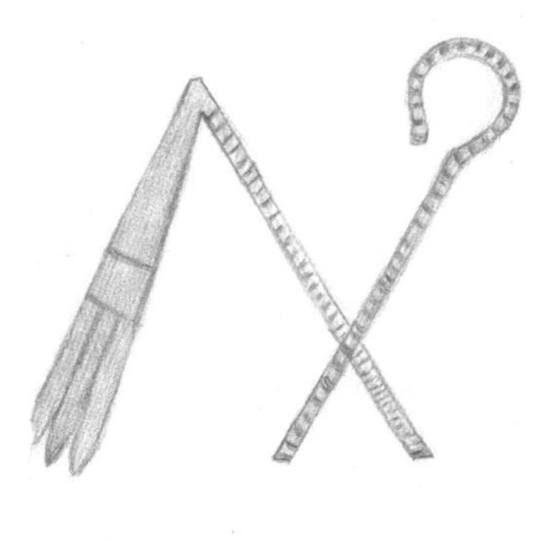

[그림5-5]

경험을 잠으로 가지고 간다. 잠을 자는 동안 개별 존재는 원형들의 세상까지 올라간다. 그곳에서 고차의 정신 존재들은 물질-생명 육체가 원형을 회복하고 생기를 되찾도록 돕는다. 진정한 교육학은 잠을 자는 동안 일어나는 정신적, 도덕적 경험을 중요하게 고려한다. 아이의 영혼이 낮 동안 경험한 것이 잠에 영향을 준다. 오드리 맥앨런은 『잠; 교육에서 관찰하지 않은 요소Sleep: An Unobserved Element in Education』에서 이 주제를 다루었다.

흐름

연습 중에 학생이 어느 방향으로 움직이는지를 보면 교사는 아이의 물질-생명 육체를 통과하는 아스트랄체의 흐름이 올바른지 혹은 뒤집어졌는지를 알 수 있다. 신체 한쪽 편에서만 흐름이 뒤집힐 수도 있다. 자아 조직이 물질 구조 속에 제대로 자리 잡지 못하면 아스트랄체가 통제를 벗어난다. 감각이 과하게 자극되면 뻗기 움직임 체계가 반응한다. 생후 첫 7년 동안 충분히 움직이지 못하면 들어 올리기 움직임 경험이 턱없이 부족해진다. 아스트랄체는 신경계를 그릇 삼아 물질육체에 틈입하는데, 신경계가 지나치게 항진되면 아스트랄체는 신체 움직임에 대한 역 운동을 수행할 수 없다. 다르게 말하면 아스트랄체가 물질육체 속으로 너무 깊이 들어가는 것이다. 물질-생명 육체와 아스트랄체 사이에서(고유운동감각에서) 건강한 들숨-날숨 관계가 불가능해진다.

움직임 방향이 뒤집히는 경우뿐 아니라 수직선과 무한대를 그릴 때 밑에서 위로 올라가는 동작에 지나치게 힘이 들어가는 경우도 있다. 미는 힘이 너무 강해 책상에 테이프로 붙여 놓은 종이가 구겨지거나 찢어지기도 한다. 아스트랄체의 밀어 올리는 힘이 그만큼 강하기 때문이다. 감각혼이 안에서 밖으로(즉, 뒤에서 앞으로) 너무 세게 들어오거나, 감각체가 밖에서 안으로(즉, 앞에서 뒤로) 너무 세게 들어오는 상태가 종이 위에 발현되는 것이다.

수직선과 무한대 연속 그리기를 하는 학생 뒤에 서 있으면 두 손 움직임이 어떻게 서로에게 영향을 주는지 관찰할 수 있다. 직선을 그리는 왼손이 무한대를 그리는 오른손 움직임을 따라가기도 하고 그 반대가 되기도 한다. 반대편 움직임을 모방하는 상태가 대칭적일 수도, 비대칭적일 수도 있다. 비대칭인 경우에는 스키를 타고 언덕을 내려올 때의 발처럼, 한 손이 반대 손과 동일한 양식 및 방향으로 움직이려는 경향을 보인다. 또 다른 변칙적 움직임 양식은 한 손은 꼭대기에서, 다른 한 손은 바닥에서 시작하는 것이다. 움직임 양식이 대칭적이지 않고, 걸을 때 팔의 움직임 양식과 유사하다. 이는 움직임 발달이 정상 단계보다 한참 뒤처졌음을 의미한다. 오른손잡이라면 신체 왼편이 모방 행동을 할 것이다. 이 아이들은 왼편이 뻣뻣한 경우가 많다. 왼손잡이는 대부분 오른손 움직임을 제대로 조절하는데 애를 먹는다. 이들은 생후 첫 7년 발달 중 2/3 지점(3-5세 대칭 발달 단계)에서 충분한 움직임을 경험하지 못해 신체 오른편이 너무 약한 경우가 많다. 필자는 담임교사들에게 2학년부터 전체 학급을 대상으로 이 연습을 권하곤 한다. 2-3주 동안 매일 혹은 일주일에 한 번씩 장기간 반복한다. 아이들은 이 활동을 위해 책상을 옮기는 과정에 적극 협조한다. 시간 낭비가 아닐까 지레 걱정할 필요가 없다. 아이들이 육화가 잘 되어 있으면 수업 시간에 훨씬 깨어 있는 태도로 집중할 수 있기 때문이다.

도움수업의 세 번째 원리는 아이들 스스로 교정한다는 것이다. 대부분의 연습에서 교사는 학생이 잘못된 양식으로 움직일 때 개입하지 않는다. 도움수업 연습은 물질육체 안에 자리한 정신을 교육한다. 연습을 반복하는 과정에서 학생의 초감각적 구성체가 연습이 갖고 있는 움직임의 원형적 양식을 인식하고 그것을 신체 기관에 각인할 것이다. 연습을 통해 학생의 움직임은 보편한 지구 움직임에 통합된다.

학생 스스로 올바른 원형적 움직임 양식을 깨닫는 것이 이상적이다. 하지만 그러지 못할 때도 있다. 리안 콜로 데르부아Liane Collot d'Herbois (7장 참고)는 그럴 때 시각을 보조로 이용해 보라고 제안했다. 10-12cm 정사각형 모양의 실크천(가능하면 100여 가지 다른 색상으로)을 비슷한 색깔 조합으로 두 뭉치 준비한다. 아이에게 첫 번째 뭉치에서 몇 가지 색을 선택하게 한다. 기억에 의존해서 처음 고른 것과 똑같은 색깔의 천들을 두 번째 뭉치에서 찾아낸 다음 둘을 비교한다. 필요하면 수정할 기회를 준다. 이 연습을 몇 주 동안 반복한다. 시각(색채 감각)이라는 우회로를 통해 고유운동감각에 도움을 주는 연습이다.(시각 기억은 사지의 신진대사 체계 속에 있음을 기억하라).

색깔

도움수업 교사는 학생이 수직선과 무한대 연속 그림을 그릴 때 사용한

네모 크레용 색깔을 기록해 둔다. 색깔 사용 순서를 보면 그 연습이 아이의 육화 과정에 어떤 도움을 주고 있는지 파악할 수 있다. 루돌프 슈타이너의 색깔 도표(149쪽 그림7-3) 위아래를 바꾼 것이 원형적 상이다. 물론 빨강, 파랑이라는 원형적 색상은 올바르게 사용하기를 희망한다. 아이의 영혼-정신이 구조적 물질육체를 잘 건사할 수 있으며, 신경계, 근육, 골격으로 구성된 구조적 육체의 미성숙한 발달로 인해 왜곡되지 않은 채 외부 감각 인상을 객관적으로 지각할 수 있음을 의미하기 때문이다. 이 주제는 6장 '눈-색 친화성'에서 자세히 다루고 있다.

엄지손가락 돌리기 연습

수직선과 무한대 연습에서 한 단계가 끝날 때마다 손가락 긴장을 풀기 위해 엄지손가락 돌리기 연습을 한다.(『도움수업』 147-149쪽) 엄지와 다른 손가락의 움직임을 자세히 관찰하면 오른손 엄지손가락은 왼팔과 동일한 방향, 즉 반시계 방향으로 움직이는 것을 알 수 있다. 오른손 나머지 손가락들은 시계 방향으로 움직이려는 경향을 보인다. 왼손의 움직임 양식은 오른손 엄지와 나머지 손가락의 움직임을 거울 반사한다.(2장 참고) 동일한 원형적 움직임 양식을 공 돌리기와 털실 감기 연습에서도 만날 수 있다.

6장

눈-색 친화성_ 파란 달과 빨간 해 그리기

에른스트 레Ernst Lehrs는 전기 공학 전공으로 학업을 마친 뒤 얼마 있다가 슈투트가르트 발도르프학교에서 상급과정 과학 교사로 들어가 11년 동안 일했다. 그는 루돌프 슈타이너에게 영감을 받아 괴테 과학을 연구했고 그 결과를 『인간 혹은 물질Man or Matter』로 출간했다. 그 책에서 레는 눈마다 보는 방식이 다르며, 오른쪽 눈은 빨간색에, 왼쪽 눈은 파란색에 친화성을 갖는다고 했다. 오드리 맥앨런은 이 설명에서 영감을 얻어 '눈-색 친화성' 그림 연습을 개발했다.

눈-색 친화성 연습(일명 파란 달과 빨간 해 연습)은 교육 지원 교사나 도움수업 교사가 학생이 공간과의 내적 관계성에서 얼마나 자유로운지를 파악하는데 도움을 준다. 이를 통해 아이의 의지력이 습관적 행동 양식과 신체 유기적 활동 속에 사로잡혀 있는지, 아니면 자유롭게 의지를 펼칠 수 있는지 짐작할 수 있다. 아이가 부모와 주변 환경에서 모방하거나 물려받은 몸짓, 의지 행위, 사고방식 속에 '잠든 채' 수동적으로 살고 있는가? 아이가 스스로의 감각 지각과 사고 속에 깨어 자유롭게 움직일 수 있는가? 아이가 3차원 공간과의 관계 속에서 자기 신체를 올바로 경험할 수 있는가 그리고 그 관계성을 내적으로 시각화할 수 있는가?

파란 달과 빨간 해 그림은 도움수업 교사에게 치유 작업 효과를 전해 주는 살아 있는 언어이기도 하다. 원형적으로 매우 중요한 의미를 지니는 그림이며, 개인의 구조적 발달과 체질적 발달 상태를 보여 준다. 충분한 경험이 쌓이면 이 원형적 그림의 의미를 읽을 수 있다. 하지만 초보 교사들은 그림만 보고 성급하게 결론으로 달려가지 않도록 주의해야 한다. 그림 해석 전에 다른 영역의 관찰을 종합해 충분한 시간을 갖고 차분히 명상하는 것이 필요하다.

교사는 학생에게 파란 달과 빨간 해를 그리라고 한다.(반드시 지시어를 이 순서대로 주어야 한다. 우리는 글자를 읽고 쓸 때 왼쪽에서 시작하기 때문이다. 교사가 거꾸로 이야기하면 즉, 빨간 해와 파란 달을 그리라고 하면 빨간 해가 왼쪽에 올 것을 암시하게 된다) 이 연습을 위해서는 24색 이상의 밀랍 크레용을 준비한다.(진청dark blue, 군청ultramarine, 연청pale blue, 연청록turquoise, 진초록viridian, 암녹색dark green, 연초록pale green, 녹두olive green, 진홍carmine, 주홍vermilion, 주황orange 연주황pale orange, 황금노랑golden yellow, 연노랑light yellow, 고동dark brown, 갈색pale brown, 황토brown ochre, 벽돌yellow ochre, 남보라blue violet, 자주purple(magenta), 분홍rose pink, 회색gray, 하양white, 검정black 포함) 이 색깔들은 사람-집-나무 그림에도 필요하다.(『도움수업』 연습 75번, 『아이들 그림 읽기』)

눈-색 친화성 그림을 이해하려면 몇 가지 측면을 살펴야 한다.

- 신체 차원과 영혼-정신 차원에서 본 눈의 구조와 기능
- 빨강과 파랑의 원형적 특질
- 달과 태양 형태의 원형적 특질

눈의 구조와 기능

『교육학의 기초가 되는 인간에 대한 보편적인 앎』 2강에서 루돌프 슈타이너는 공감력과 반감력을 설명한다. 공감과 반감은 출생 이전부터 아동기 동안 인간 신체를 형성하는 두 가지 기본 영혼력이다. 우리는 반감의 힘을 정신세계에서 가지고 온다. 루돌프 슈타이너에 따르면 신경계는 이전

육화의 결과로 이번 생에 가지고 오는 힘으로 형성된다. 반감력은 머리부터 아래를 향해 신경계, 두뇌, 골격계를 형성하는 힘으로 작용한다. 반감력은 시간이 지나면서 차츰 그림을 그리고 글씨를 쓰는 능력, 사고하고 기억하는 영혼 능력으로 변형된다.

반면 공감력은 미래에서 우리를 향해 다가오는 힘이며 혈액 체계에서(아래에서 위로) 활동한다. 공감력은 신진대사-사지 체계를 움직이고, 의지를 키우며 펼치게 해 준다. 이는 우리 신체에서 새롭게 형성된 부분으로, 이전 육화에서 온 힘과 연결된 것이 아니라 미래를 위한 씨앗, 죽음 이후 삶을 위한 씨앗이다. 생후 첫 7년 동안 공감력은 반감력을 위해 일하며 머리에서 아래 방향으로 작용한다. 공감력은 감각 기관의 기능(세상을 향한 내적 흥미) 및 모방력과 밀접한 관계가 있다. 어린 아이가 외부 감각 세계에서 만나는 모든 사람, 모든 사물에 조건 없는 사랑과 헌신으로 대하는 토대는 공감력이다. 어린이는 '세상은 좋은 곳'이라는 내적 태도로 세상을 만난다. 이 두 가지 힘(과거에서 오는 반감력과 미래에서 오는 공감력)이 이번 생애 동안 이갈이 이후 우리 영혼 생활을 이끄는 기본 힘이다.

인간의 눈이 객관적 감각 지각을 갖기 위해서는 공감력과 반감력이 완벽한 균형을 이루어야 한다. 눈에서 두뇌로 이어지는 시신경과 망막은 눈 속 반감력의 표현이다. 눈을 움직이게 해 주는 혈관과 근육은 공감력을 대표한다.

루돌프 슈타이너는 눈을 '자기애가 없는 기관'이라 불렀다.(『입문을 위한 고대와 현대의 방법. 오늘날의 시대에 완전한 의식 변화 속 희곡과 시문학』) 인간의 눈 속에서 공감력과 반감력은 균형을 이룬다.(『교육학의 기초가 되는 인간에 대한 보편적인 앎』 5강) 눈은 모든 감각의 왕이다. 외부 세계에 대한 감각 지각이 가능한 한 객관적으로 영혼 속에 들어오게 하는 것이 눈의 특별한 과제다. 몸이 아플 때를 생각해 보자. 병으로 체온이 급격히 오르고 혈액 속 신진대사 과정이 달라지면 감각 지각이 영향을 받아 헛소리를 하거나 환영을 볼 수 있다.

눈 내부에서 벌어지는 혈액과 신경의 쉼 없는 상호 작용은 시지각 과정에서 중요한 역할을 한다. 빛이 들어오면 망막과 시신경이 영향을 받는다. 신경은 빛과 어둠, 색채 같은 시각 인상을 두뇌로 전달한다. 눈으로 들어온 빛은 신경을 자극하는 동시에 혈액 속 활동도 일으킨다. 맥락막의 미세한 혈관 속 혈액도 영향을 받아 눈 자체의 신진대사 활동이 활발해진다. 감각 활동은 언제나 신진대사 활동과 함께 일어난다.

심리적(영혼) 관점에서는 이렇게 이야기할 수 있다. 지각 과정에서 영혼의 반감력과 공감력은 끊임없이 교차하는 리듬으로 작용한다. 두 힘은 리드미컬한 호흡(반감과 공감, 들숨과 날숨) 속에서 함께 일한다. 사고는 인간 영혼의 내면세계에 산다. 외부 감각 인상에 대한 반응으로 영혼은 표상을 형성한다. 내면 표상을 만드는 것은 반감의 힘이다. 표상은 개별화된 사고다. 공감의 힘을 통해 영혼은 감각 지각을 외부 세계에 대한 관심으로 이끈다. 공감력은 영혼 안에 내면세계와 외부 감각 세계를 연결하겠다는 동기가 일어날 때 감각 기관에서 활동한다. 그 힘이 활동할 때 우리는 수동적으로 보고 듣는 것이 아니라 흥미를 갖고 적극적으로 경청하고 관찰한다. 이것이 영혼의 의지 활동이다.

루돌프 슈타이너가 감각체와 감각혼의 초감각적 흐름을 설명한 『인지학-심리학-정신학』을 토대로 눈의 생리학적, 심리학적 기능에 대한 상을 만들 수 있다. 슈타이너는 시각을 설명하면서 눈 속에서 내부 아스트랄 힘(감각혼의 흐름)이 외부 아스트랄 힘과 연결된다고 했다. 외부 아스트랄 힘은 외부의 빛과 객관적 관계를 갖는 감각체 흐름으로 볼 수 있다. 또 외부 아스트랄 힘을 세계 아스트랄체, 즉 우주적 영혼의 힘이라고도 말할 수 있다.(리안 콜로 데르부아Liane Collet d'Herbois의 『색채Colour』 참고) 외부와 내부 아스트랄 힘이 만날 때 우리는 눈을 통해 색채 감각 인상을 얻는다. 이 말은 시지각 과정에 망막에 닿는 빛뿐만 아니라 외부 세상을 향한 인간 내면의 능동적 반응이 항상 존재한다는 의미다. 시각 덕에 우리는 장미 같은 사물의 색을 인식할 수 있다. 시각을 통해 장미라는 대상의 본질 속으로 파고들 수는 없다. 그저 표면을 지각할 뿐이다. 하지만 장미 스스로 자신의 (영혼적) 특성을 유색 표면을 이용해서 외부 세상에 드러낸다.

또 하나 중요한 점은 아주 원시적 생명체를 제외한 대부분의 생명체의 눈이 둘이라는 사실이다. 사실 모든 감각은 두 귀, 두 손, 두 개의 균형 감각 기관처럼 신체 좌우측에서 대칭을 이룬다. 루돌프 슈타이너의 정신과학과 알프레드 토마티스의 연구에 따르면 좌우측 감각 기관은 각기 다른 역할을 수행한다. 토마티스(www.tomatis.com)는 양쪽 귀에서 뇌의 좌우 반구를 향해 뻗은 신경의 길이가 다르다는 점을 관찰했다. 왼쪽과 오른쪽 감각 기관은 외부 세계를 다르게 지각한다. 이는 좌우 반구의 기능이 다르기 때문이다. 우뇌는 느낌과 연결된 전체적 상을 제공하고, 좌뇌는 보다 지적이고 분석적인 내용을 제공한다. 왼쪽 콧구멍과 오른쪽 콧구멍 역시 냄새 맡는 행위에서 맡은 과제가 다르다.

인간의 신경학적 발달과 움직임 발달에는 대칭 단계(3-5세)가 있다.

이 시기가 지나면 편측성과 우세성이 발달하기 시작한다. 좌우측 움직임 체계와 감각 체계는 서로 다른 과제를 동시에, 그러나 독립적으로 발달시킨다. 두뇌 좌우 반구의 차이는 이런 신체 좌우측 활동과 상관있다.

신체 비대칭성 덕에 인간은 외부 세계를 지각하는 동안 자의식을 유지할 수 있다. 이는 깨어 있는 자아 활동의 발달을 위해 꼭 필요한 조건이다. 그래야 외부 세계의 감각 경험 속에서 '잠들지' 않기 때문이다. 인간은 공감의 힘이 지나치게 강한 동물과 달리 감각 세상에 완전히 빠져들지 않는다.

에른스트 레는『인간 혹은 물질』에서 왼쪽 눈은 시각적 상을 지각하고, 공간과 형태를 능동적으로 탐색한다고 했다. 오른쪽 눈은 움직임과 세부 사항을 지각한다. 그는 괴테 색채론을 양쪽 눈의 기능 및 빨강, 파랑 친화성과 연결했다.

빨강, 파랑이라는 원형적 색채는 우리를 다시 영혼의 공감력과 반감력으로 이끈다. 신체를 형성하는 힘이자 신체 좌우측에서 작용하는 영혼력인 공감과 반감은 서로 다른 역할을 수행한다.(『인지학-심리학-정신학』 1910년 강의) 신체 좌측에서는 반감의 힘이, 우측에서는 공감의 힘이 더 활발하다. 루돌프 슈타이너는 1923년 5월25일 교사들과의 만남(『슈투트가르트 자유 발도르프학교 교사들과 논의 전3권』)에서 신체의 좌측은 지난 육화에서 온 힘에서 만들어지며, 우측은 죽음과 재탄생 사이에 형성되며 미래에 속한다고 했다. 우리는 새로운 부분인 신체 오른편으로 육화하는 법을 배워야 한다.

반감과 공감은 생후 첫 7년 동안 주로 수직 방향으로 작용하면서 신경 체계와 혈액 체계 발달을 이끈다. 반감의 힘(또는 조소-건축적 힘)은 머리부터 아래로 작용한다. 공감의 힘(또는 음악-언어적 힘)은 감각 기관(외부 세계 모방)을 통해 작용하며 반감의 힘을 위해 일한다.(『인간에 대한 앎과 수업 형성』) 유치원 졸업 무렵 이갈이가 시작되면 두 힘은 영혼 영역으로 이동해 왼쪽과 오른쪽 사이, 과거와 미래 사이 수평면에서 활동하기 시작한다. 아이가 그린 눈-색 친화성 그림에서 가끔 달과 태양을 수직으로 나란히 놓는 경우를 볼 수 있다. 이는 수직 중심선이 아직 존재한다는 의미로, 이전 발달 단계가 계속되고 있다는 분명한 상징이다.

빨강, 파랑의 원형적 특징

간단한 실험을 해보자. 군청ultramarine과 진홍carmine 색도화지를 잘라 동일한 크기의 원 또는 정사각형을 두 개 만든 뒤 하얀 종이에 나란히 붙인다. 몸에 힘을 뺀 상태에서 두 원(사각형)을 한참 바라보다가 둘을 비교한다. 빨강이 파랑보다 커 보일 것이다.

심리학에서는 빨강과 파랑이 사람들에게 미치는 효과[08]가 다르다는 사실을 잘 알고 있다. 건축이나 광고는 이를 적극 활용한다. 특히 광고계는 빨강과 파랑 조합의 효과를 분명히 알고 있다.(그림6-2 참고)

다른 예도 있다. 사무실에 빨간색 전화를 설치하면 직원들 전화 이용 시간이 짧아진다는 실험이 있다. 빨간 전화는 행동을 자극하는 동시에 시간이 빨리 지나고 있다는 인상을 준다. 탈의실 문을 빨강으로 칠했

08 F.W.Zeylmans van Emmichoven, 『느낌에 미치는 색채의 작용De Werking van Kleuren op het Gevoel』 우트레흐트, 1923년

을 때도 비슷한 효과가 있었다. 시각 장애인들도 방 색깔에 따라 다른 반응을 보였다. 색을 전혀 볼 수 없음에도 불구하고 빨간 방에 있을 때 혈압이 조금 상승하고 심장 박동이 빨라졌다.

20세기 교육 개혁가 중 한 명인 마리아 몬테소리Maria Montessori는 신지학자였다. 몬테소리는 많은 교재 교구를 빨강과 파랑이라는 원형적 색채를 이용해서 제작했다. 세 번째 색이 필요할 때는 초록을 썼다.

유치원 졸업반 아이들 그림에 빨강, 파랑 조합이 자주 등장한다. 파란 웃옷과 빨간 바지를 입은 사람이나, 빨간 옷 입은 사람 옆에 파란 옷 입은 사람이 있는 식이다. 빨간 지붕에 파란 벽으로 집을 칠하기도 한다. 이런 조합은 영혼의 힘이 신체 속에서 활동하고 있음을 보여 준다.

자연에서 파랑은 원근 깊숙이 들어가는 색이다. 멀리 있는 산의 색이고, 우리들 머리 위에 펼쳐진 드넓고 푸른 천구의 색이다. 모든 색을 통틀어 가장 오래 가는 것은 하늘색인 암청cobalt blue이다. 다른 색은 시간이 지나면 바래거나 다 날아가 버린다. 시각 예술에서도 원형적 형태의 빨강, 파랑을 만날 수 있다. 라파엘로의 〈시스티나의 성모〉 그림은 다른 많은 성모 그림처럼 빨간 옷 위에 파란 망토를 두르고 있다. 이는 성모 마리아 영혼의 내적 조화를 표현하기 위해 선택한 색채 조합이다. 성모의 내면에서는 공감과 반감이 완벽한 균형을 이룬다. 어떤 정념도, 교만도, 미움도 없이 오로지 객관적 균형만 존재한다. 그렇기 때문에 마리아는 예수의 어머니가 될 수 있었다.

프랑스 랭스나 샤르트르 지역에 있는 중세 유럽 성당에는 십자형 통로 좌우측 날개에 장미꽃 무늬 스테인드글라스 창이 있다. 장미창마다 주는 색채 인상이 다르다. 두 창 모두 파랑, 빨강, 노랑 유리 조각을 이용해서 꾸몄지만 왼쪽 창은 전체적으로 파랑, 오른쪽 창은 빨강 인상을 준다.

[그림6-1]

〈샤르트르 대성당의 장미창〉

[그림6-2]

눈-색 친화성_ 파란 달과 빨간 해 그리기

발도르프학교 교사들이 성탄절에 아이들을 위한 선물로 공연하는 오버루페 목동극[09]에서 성모 마리아 역시 빨강 위에 파랑이라는 원형적 의상을 입는다. 오버루페 낙원극에 나오는 성부 하느님의 복장에서는 이 색이 반전된다. 즉, 파랑 위에 빨강을 입는다. 이 색은 분노하는 하느님의 특성인 동시에 유대 민족사에서 유전의 중요성을 상징한다. 옛 그림 속에서도 같은 색깔 조합을 찾을 수 있다.

레오나르도 다빈치의 프레스코화 〈최후의 만찬〉(밀라노에 있는 산타마리아 델레 그라치아 교회 소장)에도 반전된 색채 조합이 있다. 그림 한가운데에는 빨강 위에 파랑을 입은 그리스도가 있다. 그리스도 왼편에 앉은 성 요한은 파랑 위에 빨강을 입고 있다. 성 요한은 지구의 진화에서 미래 인류의 대표자다. 그는 복음서의 저자 중 한 명이자 계시록의 저자라고 여겨진다. 그는 세대를 거쳐 내려오는 신성한 말씀인 로고스의 새로운 창조력을 상징한다.

색깔 조합이 반전되는 과정에서 인류 진화 단계가 드러난다. 성부(야훼 또는 여호와)는 세계와 인류의 창조주다. 아담과 이브에서 유전의 흐름이 시작된다. 지구 진화의 한 중간에 로고스 자체인 그리스도 존재가 인간이 되는 역사적 사건이 일어난다. 미래 인류의 대표는 성 요한이다. 그리스도 존재로 인해 요한의 내면에 새로운 힘이 탄생한다. 그것은 인류의 머나먼 미래로 향해 나가는 힘이고, 부활한 로고스의 새로운 힘이다. 파랑–빨강이 뒤바뀌는 과정을 인류 의식 발달의 상으로도 볼 수 있다. 7장

09 옮긴이 오스트리아 작은 마을 오버루페에 중세부터 전해지는 성탄 연극. 루돌프 슈타이너가 낙원극, 목동극, 세 현자극으로 각색

'색채의 특질'에서 루돌프 슈타이너의 헤르메스 지팡이(카두케우스) 명상을 다시 언급하겠지만, 이 장에서는 헤르메스 지팡이를 태양, 달 상징과 연결시켜 보자. 이를 통해 눈-색 친화성 관계의 반전이 과거 꿈꾸는 의식에서 먼 미래에 완성될 초월적 의식을 향한 발달 과정 중 거치는 여러 의식 단계와 어떻게 연결되는지 상을 그릴 수 있을 것이다.

우리 시대에는 의식이 잠들어 있는 저차의 유전 육체 속에서 눈-색 친화성은 반전된다. 감각을 객관적으로 외부 세상과 연결할 수 있는 깨어 있는 낮 의식에서는 눈-색 친화성이 올바른 관계여야 한다. 인류가 먼 미래에 갖게 될 초월적 의식에서는 눈-색 친화성이 다시 반전된다. 이것이 반사 과정이다. (9장 '반사와 각인 과정' 참고)

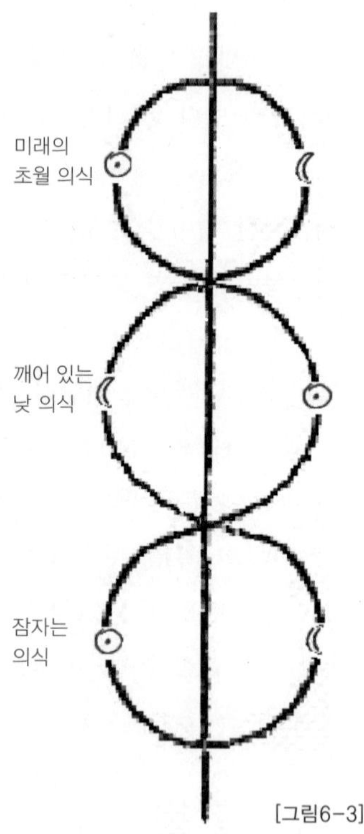

[그림6-3]

의사 펠릭스 파이퍼Felix Peiper는 1906년부터 1915년까지 슈투트가르트에서 색깔 있는 빛을 이용한 치료법을 연구했다. 루돌프 슈타이너는 파이퍼에게 빨강, 파랑 치료법[10]으로 실험을 시작하라고 제안했다. 『색채의 본질』에서 슈타이너는 동틀 무렵의 붉게 물든 구름과 떠오르는 태양이 혈액과 신진대사를 자극하는 효과가 있다고 말한다. 슈타이너가 정기적으로 방문한 스위스 알레스하임의 병원에 부정맥 때문에 입원한 클라라 뮐러라는 환자가 있었다. 루돌프 슈타이너와 이타 벡만Ita Wegman 박사가 클라라 뮐러를 진찰했다. 슈타이너는 환자의 심장 자체는 건강하지만 에테르체가 물질육체를 충분히 관통하고 있지 못하다고 했다. 그러면서 다음 문장을 명상하는 것이 도움이 될 것이라고 했다.

> 수레국화–파랑, 장미–빨강
> 이들은 물과 불에 대한
> 세상의 단어

클라라 뮐러에 따르면 나중에 루돌프 슈타이너는 알레스하임 병원 대표인 이타 벡만을 통해 아래 처방을 추가했다고 한다. “파랑이 나에게서 멀리 날아가는 것을 상상하라고 했습니다. 하지만 빨강에 대해서는 커다란 평면이 나를 향해 다가오는 것을 상상하라고 했습니다.”[11]

아이 그림에서 눈–색 친화성이 뒤집혀 있으면 교사는 그 학생이 신체적 문제로 인해 감각 지각 속에 많거나 적게 잠들어 있다고 생각할 수 있다. 신체 발달 혹은 유기체의 문제 때문에 객관적 감각 지각이 어려워

10 펠릭스 파이퍼의 『색채 치료Farbentherapie』, 루돌프 슈타이너 GA 97에 붙이는 글, 도르나흐, 1987

11 J.E.Zeylmans van Emmichoven, 『이타 벡만은 누구인가? 다큐멘터리Ⅰ Wer war Ita Wegman. Eine DokumentationⅠ: 1876–1925』

진 것이다. 이는 아이가 3차원 공간 속에서 자기 신체를 경험하고 외부 감각 인상을 내면에서 표상으로 떠올리는데 방해가 된다. 오드리 맥앨런은 이런 문제가 있을 때 아이들의 힘이 습관적 행동 양식과 신체의 유기적 활동 속에 갇히기 쉽다고 했다. 주변에서 물려받은 것과 모방한 내용 속에 잠들어 버리는 것이다.

지시어를 명확하게 말했는데도 다른 색조의 파랑, 빨강으로, 나아가 보라나 노랑으로 달과 해를 그리는 경우도 있다. 이 현상은 7장과 8장에서 자세히 다룰 것이다. 태양을 노랑으로 그리는 것은 공감의 힘이 아직 머리에서 작용하고 있음을 의미한다.(『인간에 대한 앎에서 나오는 교육과 수업』 2강) 이는 유치원 연령에서 볼 수 있는 색채 조합이다.

빨강과 파랑은 상대 색이고, 초록과 빨강은 보색이다. 빨강과 파랑은 아스트랄체의 외적 측면 즉, 감각 체계 전체와 연결되는 반면 초록과 빨강 조합은 아스트랄체의 내적 측면 즉, 신체의 체질적 과정과 상관있다.(7장 참조)

달과 태양 형태의 원형적 특성

인지학에서는 달과 태양을 천문학이나 물리학적 측면으로만 보지 않는다. 다른 행성이나 별과 마찬가지로 달과 태양은 정신적 힘 혹은 정신 존재의 물질적 표현이다. 『윤곽으로 본 신비학』에서 루돌프 슈타이너는 지구 진화 과정을 묘사하면서 고차 정신 존재들이 그 진화 과정과 연결되어 있다고 했다. 원래 태양과 달, 지구는 한몸이었다. 어느 단계에서 발달이 너무 빨리 진행되었기 때문에 일부 정신 존재들이 지구에서 태양을 분리하여 그들이 거주할 새로운 행성을 만들었다. 그곳에서 그들은 그전까지와 다른 방식으로, 즉 내부가 아닌 외부에서 지구 진화에 영향을 미치기 시작했다. 그러자 진화 과정이 지나치게 느려졌다. 때문에 또 다른 존재들이 분리되어야 했고, 그들의 거주지로 달이 창조되었다. 이때부터 태양과 달의 힘이 조화로운 균형을 이루면서, 지구 진화가 계속 이어질 수 있게 되었다. 지구는 진화를 촉진하는 힘(태양)과 진화 속도를 늦추고 경직시키는 힘(달) 사이 균형점이다. 이는 공감-반감, 신경-피, 과거-미래, 우주-지구 같은 원형적 대립쌍 사이의 균형이기도 하다.

종교 건축물에서도 태양과 달은 상징적 의미를 지닌다. 고대의 요가 전통에도 태양과 달이 등장한다. 라마 아나가리카 고빈다Lama Anagarika Govinda는 저서 『흰 구름의 길The Way of White Clouds』에서 인간 안의 쿤달리니 힘을 티벳 고원 풍경을 빗대어 이야기한다. 고빈다는 히말라야 카일라스 산의 주변 풍경과 인도 신전 건축이 어떤 상관관계를 갖는지 묘사한다.

> "(수록된) 지도를 보면 티벳 고원 가장 높은 곳에 위치한 카일라스 산('눈의 보석')과 인도-티벳 지역 강줄기의 관계를 보면 카일라스 산이 어떻게 '세계의 지붕(티벳 고원을 흔히 부르는 이름)'의 등뼈인지를 쉽게 알아볼 수 있다. 그곳에서 브라마푸트라 강, 인더스 강, 수틀레지 강, 카날리 강 같은 수많은 힘찬 물줄기가 수레바퀴살처럼 동으로 서로, 북서쪽과 남쪽으로 뻗어나간다. 이 강들의 발원지는 티벳 고원에서 가장 높은 지역인 카일라-마나사로와르 지역이다.
>
> 카일라스는 트랜스-히말라야 산맥 한가운데 완전히 고립된 산으로 2,3

일이면 둘레를 한 바퀴 돌 수 있다. 형상은 거대한 사원의 반구형 지붕처럼 보일 정도로 아주 반듯하며, 요새나 사원을 연상케 하는 건축적 형상의 수많은 다른 봉우리 위로 우뚝 솟아 있다.

모든 인도 사원마다 성스러운 수원水原이 있다. 카일라스 산 남쪽에는 두 개의 신성한 호수가 있다. 마나사로와르 호수와 라크샤스탈 호수다. 태양 같은 형상의 마나사로와르는 빛의 힘을 상징하는 반면, 초승달처럼 휘어진 라크샤스탈 호수는 밤의 은밀한 힘을 상징한다. 그 진정한 본성을 알아보고 올바른 방향으로 인도하지 못한다면 어둠의 사악한 힘으로 작용할 것처럼 보인다. 이런 생각은 두 호수의 이름에도 담겨 있다. 산스크리트어인 '마나스'는 '마음' 혹은 '의식'을 의미한다. 인식의 힘, 빛의 힘, 그리고 깨달음의 힘이 깃드는 자리인 것이다. 라크샤스는 악마를 의미하며, 라크샤스탈은 '악마의 호수'라는 뜻이다.

티베트 그림에서는 성스러운 두 호수의 태양과 달 상징을, 둥그런 마나사로와르 호수 위 하늘에 둥근 태양이 떠 있고 초승달 모양 라크샤스탈 호수 위로 기울어가는 달이 떠 있는 형상으로 표현한다.

이 태양과 달 상징은 티베트의 모든 두루마리 그림(탕카)에 등장한다. 탕카는 부처와 성인, 보살들을 묘사한 그림이다. 태양과 달은 정신적 에너지의 두 줄기 혹은 흐름을 상징하며, 척추 중앙 통로 혹은 '척수'의 좌우측에서 위로 올라간다. 요가 명상에서는 이 두 흐름이 중앙 통로에서 통합되고, 그것을 통해 하나의 정신적 중심 또는 의식 수준에서 다음 차원으로 상승했다가 마침내 깨달음 의식이라는 가장 높은 다차원 의식에 이른다. 카일라스 산이 척추에 상응하듯, 통합된 흐름은 정신적 우주의 축을 상징하며, 그 축을 따라 인간부터 지극히 높은 신의 경지까지 셀 수 없이 많은 세계–평면(인도 사원의 수평 층단처럼 분명하고 규칙적인 산의 실제 가로 층위로 상징)을 지나 상승한다. 반면 두 호수는 정신적 에너지의 두 흐름의 수원을 상징한다."

인도 신전 건축과 비교할 때 이집트 사원 입구에 서 있는 두 개의 오벨리스크 역시 달과 태양의 상징으로 볼 수 있다. 예루살렘의 고대 솔로몬 신전 입구에도 보아즈와 야킨이라 불리는 두 기둥이 있었다. 루돌프 슈타이너는 '황금 전설'에 관한 강의[12]에서 이 기둥을 언급한다. 중세 성당에는 두 개의 탑이 있다. 샤르트르 대성당에는 첨탑 꼭대기에 아예 달과 태양 문양이 있다.

루돌프 슈타이너는 달과 태양의 힘을 아주 다양한 관점에서 이야기했다. 카르마 강의에서는 그 힘을 개인의 운명인 카르마 형성과 연결했다. 달은 전생 즉, 과거의 결과를 담는다. 육화할 때 인간은 달을 거치면서 지난 생의 카르마가 들어 있는 보따리를 지고 온다. 달은 개인적 재능, 능력, 기질을 부여한다. 이는 에테르체와 물질육체 속에, 그리고 영혼의 깊은 무의식 속에 편입된다.

태양은 미래를 위한 새로운 동력을 준다. 태양의 힘은 의지 속에서, 행위 속에서 활동하며 미래 육화를 위한 씨앗을 창조한다. 이번 생에서 만나는 사건과 사람은 달이 옛 카르마로서 과거에서 우리에게 전해 주는 것이다. 옛 카르마에는 필연성이 있다. 태양에서 우리는 행동의 자유, 미

---

12 루돌프 슈타이너, 『사원 전설과 황금 전설Die Tempellegende und die Goldene Legende』 GA 93, 11, 12, 13강 1905년 5월 15, 22, 29일 베를린 강의

래를 위해 새로운 카르마를 원하는 대로 지을 수 있는 자유를 받는다. 달과 태양은 정신세계로 들어가는 두 개의 문으로, 그 문을 통해 과거와 미래가 현생으로 들어온다.[13]

1922년 8월22일 영국 옥스퍼드 강의[14]에서 루돌프 슈타이너는 달과 태양의 힘이 한 쌍의 인간 눈을 창조했다고 이야기한다. 달과 태양은 육화하는 인간을 정신세계에서 새로운 출생으로 인도한다. 특정 시점에 이르면 우주적 의식을 잃고 어둠의 단계에 들어가는 인간 개별성은 수태 이후 미세한 틈을 통해 배아로 들어간다. 이 단계에서 태양과 달의 힘이 통합된다. 눈의 동공은 이 작은 구멍의 상이다. 인간의 눈은 통합된 달-태양이었다가 나중에 안팎이 뒤바뀐다. 루돌프 슈타이너는 우리가 '안팎이 뒤집힘'에 익숙해져야 한다고 이야기한다. 이 개념에 익숙해지지 않으면 우리를 둘러싼 물질세계가 정신세계와 무슨 관계가 있는지 진정으로 이해할 수 없기 때문이다.

색깔과 형태가 지닌 심오한 정신적, 상징적 함의를 알면 눈-색 친화성 그림에 원형적으로 얼마나 큰 의미가 숨어 있는지를 분명히 의식하게 된다. 이 그림은 도움수업 교사들에게 아이의 깊은 무의식 속에서 활동하는 태양과 달의 힘을 투사해 보여 준다. 그 존재가 공감력과 반감력, 왼쪽과 오른쪽, 앞과 뒤 사이의 균형을 유지할 수 있는가? 중간에서 자유로운

---

13 루돌프 슈타이너, 『카르마적 관계의 신비학적 관찰Esoterische Betrachtungen karmischer Zusammenhange』 총 6권 중 6권, GA 240

14 루돌프 슈타이너, 『삼위일체의 비밀: 인간과 시간의 흐름 속 정신 세계와의 관계Das Geheimnis der Trinitat: Der Mensch und sein Verhaltnis zur Geisteswelt im Wandel der Zeiten』 GA 214

위치를 유지할 수 있는가? 『도움수업』에서 오드리 맥앨런은 이렇게 썼다.

> "경험에 따르면 이 그림은 갓 풀려난 에테르체와 호흡, 혈액 순환 속 영혼력 발달의 상관관계를 가늠하게 해 준다. 색이 종이 위에서 올바른 위치에 놓였다면 영혼은 색의 기능과 힘 속에서 자유롭게 살아갈 수 있다. 색 위치가 역전되었다면 영혼이 신체 기능에 지나치게 깊이 관여하여 행동과 학습 능력에 어려움을 일으킬 수 있다."

형태

아이들은 푸른 달과 붉은 해를 정말 다양한 형태로 그린다. 이상적인 것은 보름달 옆에 같은 크기의 태양을 그려 동일한 크기의 둥근 원 두 개가 눈동자처럼 나란히 놓인 것이다. 이런 그림은 완벽한 균형을 이루고 있다는 인상을 준다. 하지만 크기, 위치, 형태에 수없이 다양한 변형이 존재할 수 있다.

형태가 작고 위축되었다면 과도한 지성과 너무 강한 감각 자극이 생명력을 압도하고 있음을 의미한다. 일반적으로 달을 작고 얇게 그리는 것은 에테르체가 쪼그라들고 물질육체와 너무 깊이 연결되어 물기가 말라버린 상태[15]다. 태양을 크고 진하게 그리는 것은 혈액 체계에서 저차의 의지력으로 작용하는 아스트랄 힘이 지나치게 강함을 보여 준다. 종이에 다

15 루돌프 슈타이너 『인간과 요소 세계의 관련성. 칼레발라 – 올라프 에스테손 – 러시아 민족 – 중용의 힘의 영향의 결과인 세계Der Zusammenhang des Menschen mit der elementarischen Welt. Kalewala – Olaf Asteson – Das russische Volkstum – Die Welt als Ergebnis von Gleichgewichtswirkungen』 GA 158, 1914년 도르나흐 강의

안 들어갈 정도로 태양을 크게 그리는 경우도 있다. 이는 아이의 체질에 물 요소가 너무 강한 상태와 상관있다.

달을 신장 모양으로 그리는 경우도 있다. 여기서 우리는 장기와 감각의 상관관계를 볼 수 있다. 눈과 신장은 특별한 관계가 있다. 신장 모양의 달은 영혼이 아직 신체 유기체적 활동에 관여하고 있음을 의미한다.

아이가 달과 태양의 외곽선만 그렸다면 영혼력이 신체 조직 속에 갇혀 있음을, 다시 말해 영혼이 신체 유기체적 활동에서 풀려나지 못한 상태를 생각해 볼 수 있다. 오드리 맥앨런은 발달 장애 어린이와 성인들(다운증후군 등)이 그런 그림을 그렸다고 했지만, 필자는 이런 유형의 그림을 보통 학생에게서도 자주 본다. 대개 주변에서 아이 영혼력을 너무 일찍 깨운 경우(히스테리 체질인 어른이 아이의 지적 능력을 너무 일찍 요구하거나 아스트랄체를 너무 빨리 각성시킨 경우 등)였다.

달과 태양을 종이 꼭대기에 그리는(태양을 종이 구석에 반원으로 걸쳐서 그리기도 한다) 것은 아이가 아직 육체 속에 완전히 육화하지 않았음을 의미할 수 있다. 이런 그림은 보통 유치원 연령 아이에게서 볼 수 있다.

달과 태양이 왼쪽, 오른쪽으로 서로 멀리 떨어져 있거나 중심선 어느 한쪽에만 놓였다면 중심선 문제를 가정해 볼 수 있다. 아이가 계속해서 달과 태양을 종이 양쪽 귀퉁이에 그린다면 심리 상담이 필요한 경우일 수 있다.

달 위에 잘 때 쓰는 모자나 분화구를 그리거나 유아처럼 얼굴을 그려 의인화하기도 한다. 시간이 지나면서 이런 요소는 점차 사라질 것이다. 이는 잠자는 동안 신체를 빚는 형성력이 현대 생활 방식, 낮에 받은 과도한 감각 자극 때문에 방해를 받고 흐트러졌음을 의미할 수 있다. 지난 수십 년 동안 많은 도움수업 교사는 달 그림에서 온갖 희한한 형태를 목격하면서 달에 우주선을 보내거나 행성을 탐사하는 것이 아이들의 잠 영역에 해로운 영향을 미친다고 생각하게 되었다. 아이들이 외부의 방해 요소들로 인해 잠자는 동안 원형적 우주 형성력을 만나지 못하는 것이다.

태양에 V자 모양 햇살을 그리기도 한다. 특히 지난 10년 동안 이런 경향이 점점 강해지고 있다. 이 문양이 너무 뚜렷해 꽃이나 왕관처럼 보이는 경우도 있다. 간혹 태양 주변에 긁힌 것처럼 색을 칠한 그림도 나오는데, 자세히 보면 역시 V자 문양이 있다.(돋보기를 써야 보일 때도 있다) 경험에 따르면 이 아이들은 골격의 구조적 문제 때문에 무의식에서 두개골 호흡으로 인한 압력을 두개골과 두뇌 주변에 있는 막에서 느낀다. 사고를 겪었거나 출산 중 물리적 개입(진공 흡착기 등)이 있었거나, 양막 조기 파열로 예정보다 일찍 분만이 시작된 경우 등이 이에 해당한다. 이 아이들은 사람-집-나무 그림에도 사람 위에 왕관이나 모자를 씌워 동일한 문양을 그려 넣곤 한다.(오드리 맥앨런 『아이들 그림 읽기』) 머리 위에 이글이글 타오르는 불꽃을 그리거나 북미 인디언 머리 장식을 그려 넣는 아이들도 있다. 도움수업 연습으로 호흡이 조화로워지면 이런 문양은 사라지지만, 대부분 두개천골요법CST의 도움을 받는 것이 좋다.

비학 역사

종교와 신비 지혜의 역사를 보면 사람들은 지구 진화와 인간 안에 존재하는 두 가지 중심 흐름을 항상 의식해 왔음을 알 수 있다. 고대 입문자들은 하늘에서 지구로, 과거에서 현재로, 출생 이전 세계에서 내려오는 흐름(반감의 흐름)이 있으며 그것이 세계와 인간을 존재하게 만든다는 것과, 반대로 지상에서 하늘로 올라가며 미래에서 현재로 다가오는 또 다른 흐름(공감의 힘)이 있음을 알았다.

고대 인도의 신비학에서는 척추를 따라 흐르는 두 가지 에너지 흐름인 쿤달리니를 말한다. 하나는 달과 연결된 여성적 에너지, 다른 하나는 태양과 연결된 남성적 에너지다. 유대교 전승에서 카발라 성직자들은 세피로트 나무를 이야기한다. 이는 솔로몬 신전의 두 기둥을 본떠 보아즈와 야킨이라 부르는 두 힘 사이에서 균형 지키는 법을 가르쳐주는 상징이다. 고대 이집트 신전 입구에는 두 개의 오벨리스크가 있었다.

장미십자회와 프리메이슨 전통 역시 나중에 루돌프 슈타이너가 괴테아눔의 붉은 창문에서 묘사한 두 힘을 알고 있었다. 왼쪽 창문에는 인간이 지구로 내려오는 그림, 오른쪽 창문에는 정신세계를 향해 올라가는 그림이 있으며, 중앙 창문에서 대천사 미카엘의 도움으로 두 힘이 균형을 잡는다. 루돌프 슈타이너는 대립하는 이 두 힘을 공감과 반감이라 부르기도 했고, 어떤 강의에서는 루시퍼와 아리만이라 부르기도 했다.(덧붙이는 글에서 오드리 맥앨런의 강의 '적대적 세력, 루시퍼와 아리만의 침입' 참고)

눈-색 친화성 그림은 도움수업 교사에게 도움수업의 효과를 가늠하게 해 주는 살아 있는 언어다. 일종의 온도계라고도 할 수 있다. 이 그림의 도움으로 교사는 아이에 대한 정신적이며 창조적, 명상적인 상을 떠올릴 수 있다. 도움수업을 마칠 때마다 규칙적으로 눈-색 친화성 그림을 그려도 좋다.

한번은 어떤 학생이 "이 그림은 왜 그려요?"라고 질문한 적이 있다.

필자는 도움수업을 다 마칠 때 설명해 주겠다고 약속했고, 학생은 마지막 날 그 약속을 기억해 냈다. 필자는 파일에서 그동안 아이가 그린 그림을 전부 꺼내 시간 순으로 펼쳐 놓았다. 연속된 그림 속에서 달과 태양 형태가 점점 조화롭고 균형을 찾아가는 것을 본 아이는 "아, 알겠어요."라고 한마디만 했다. 더 이상 어떤 설명 없이도 아이는 연습의 의미를 충분히 이해했다.

7장

색채의 특질

앞 장에서는 파랑, 빨강이라는 두 원형적 색채에 집중했다. 이 장에서는 주제를 확장해서 도움수업 연습 및 진단과 관계된 여러 색을 살펴볼 것이다. 먼저 인간의 물질육체를 형성하는 초감각적 흐름에 관한 『인지학-심리학-정신학』 도표를 다시 떠올려 보자.

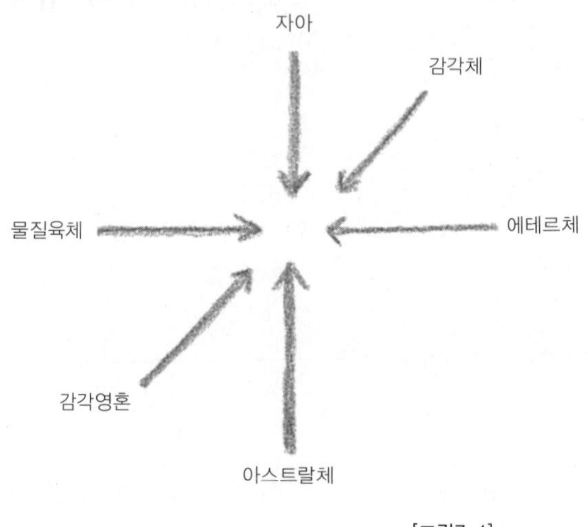

[그림7-1]

색깔에서 우리는 영혼 영역으로 들어간다. 색채가 매개할 때 영혼의 느낌 영역은 쉽게 외부 세계와 만난다. 우리의 감정 세계는 내면의 무지개다. 외부 세상의 색채와 내면 감정 세계는 장갑의 안팎 같은 관계다. 루돌프 슈타이너는 색채를 지각하는 과정에서 개인의 아스트랄 힘이 세계 아스트랄 힘을 만난다고 했다. 두 힘이 만날 때 인간은 색채를 지각한다.(『인지학-심리학-정신학』) 파랑, 빨강이라는 원형적 색채에 관해 설명한 앞 장에서 공감과 반감이라는 객관적 힘을 이야기했다. 무지개 색 전체 범위에서는 영혼의 다양한 특성을 모두 만날 수 있다.

리안 콜로 데르부아는 대기의 색채를 집중적으로 연구했다.(『색채』 참고) 리안은 색채학과 회화 분야에서 매우 중요한 인지학 연구자 중 하나다. 그녀는 노년에 네덜란드에 정착해 오랜 세월 거주했다. 덕분에 필자는 그녀를 몇 차례 방문할 기회가 있었다. 오드리 맥앨런과 함께 셋이서 차를 마시며 의미 있는 대화를 나누기도 했다. 리안 연구의 토대는 괴테 색채론과 그에 덧붙인 루돌프 슈타이너의 연구였다. 마르가레테 하우쉬카Margarethe Hauschka는 리안 콜로의 저서 『색채』 서문에 이렇게 썼다.

> "뉴턴은 물리 법칙만 고려했다. 괴테는 에테르적 힘의 세계(형성력)로 사고를 확장했다. 괴테의 연구에는 생명계 법칙이 담겨 있다. 루돌프 슈타이너는 색채가 영혼 내용의 표현이라는 차원까지 올라갔다. 그는 시공을 넘어 영혼과 정신의 창조적 힘이 지배하는 그 세계를 꿰뚫어보았다."

리안 콜로도 대기 중에 있는 색채를 아주 면밀히 관찰하는 사람이었다. 그녀는 색채 속에서, 색채와 함께 살았다. 그녀가 관찰한 내용은 물감이 아니라 실제 자연, 빛과 대기의 상호 작용 속에 있는 색채에서 나왔다. 괴테는 이미 오래 전에 어둠의 장막이 빛 주위에서 움직이는 과정에서 다양한 색이 창조됨을 지적했다. 눈에 보이지 않는 빛과 역시 눈으로 볼 수 없는 어둠이 어우러지면서 색채 세상을 창조한다. 색채는 빛과 어둠의 눈에 보이지 않는 창조 행위 속에서 살아 있는 울림으로 감각 세계에 모습을 드러낸다.

미국 우주비행사 유진 서넌Eugene Cernan은 대기권 비행을 회고[16] 하면서 지구 밖 우주의 절대 암흑과 눈에 보이지 않는 햇빛을 이렇게 서술했다.

> "창밖으로 눈을 돌려 우주 공간의 암흑 너머 25만 마일 떨어진, 하늘에서 가장 아름다운 별을 바라본다. 눈으로 볼 수 있을 만큼 가까운 거리에 있는 행성은 주변에 하나도 없다. 그러나 지구는 볼 수 있다. 북극에서 남극까지, 대양과 대륙들을 가로질러 한눈에 지구를 바라본다. 지구가 자전하는 모습을 본다. 지구를 매달고 있는 실 같은 건 전혀 없다. 지구는 모든 상상을 뛰어넘는 암흑 속에서 움직이고 있다.
>
> 햇빛을 통해 지구를 보지만 지구 자체는 암흑에 둘러싸여 있다. 햇빛을 반사할 대상이 있을 때만 빛이 존재한다. 햇빛이 우주 공간을 비출 때는 캄캄할 뿐이다. 햇빛이 와서 닿을 대상이 아무 것도 없기 때문에 눈에 들어오는 건 어둠밖에 없다.
>
> 무엇을 보고 있을까? 무엇을 통해 보고 있을까? 우주라고 부를 수도 있겠지만 사실 그것은 공간의 무한함과 시간의 무한함이다."

우주 공간과 달에서는 지구에서와 같은 유색 하늘을 볼 수 없다. 달에서 보는 하늘은 믿을 수 없을 정도로 칠흑 같은 어둠이다. 빛을 산란할 대기가 전혀 없기 때문이다. 태양 빛은 견디기 힘들 정도로 밝고 강렬하지

---

16 Loren Acton 『고향별The Home Planet』에서 인용, Kevin W.Kelley 편집. (메사추세츠 주 레딩, Addison-Wesley 출판사, 1988)

만 눈에는 보이지 않는다. 햇빛은 전혀 걸러지지 않은 채 그대로 달 표면에 도달하고 거기서 반사된다. 우주 비행사들의 보고에 따르면 착륙선 엔진이나 달 탐사선 바퀴 주변 바람으로 달 먼지가 일어나면 장밋빛 분홍과 초록을 볼 수 있었다고 한다. 모든 색깔 중 이 장밋빛 분홍(자홍magenta)이 루돌프 슈타이너가 복숭아꽃색이라 이름 붙인 색과 가장 가깝다. 슈타이너는 검정, 하양, 초록, 복숭아꽃색을 '형상색'(『색채의 본질』)이라고 불렀다. 슈타이너에 따르면 이 네 가지 색채 과정은 정신적 속성을 지닌다. 이 색들은 움직임이 거의 없다.

어스름이 내려앉으며 빛을 가리면 초록이 생긴다. 정확히 말하면 진초록viridian 혹은 선녹색emerald green이다. 유리창 가장자리나 물을 가득 채운 흰 욕조에서 이 색을 볼 수 있다. 장밋빛 분홍(자홍)은 아침 안개의 뿌연 어둠을 통과해 새벽빛이 처음 비칠 때 생겨난다. 루돌프 슈타이너가 복숭아꽃색이라고 부른 것에 가장 가까운 색이다.

〈빛 주변에서 나선 운동하는 어둠〉
(리안 콜로 데르부아 그림)

[그림7-2]

지구 대기에서 관찰할 수 있는 다른 색채들을 슈타이너는 '광채색'이라고 불렀다. 리안 콜로 데르부아는 대기 중에서 여러 색이 빛, 어둠과의 관계 속에서 어떻게 가시화되는지 묘사한다. 어둠에는 두 종류가 있다. 하나는 우리 머리 위 하늘 뒤에 존재하는 우주의 암흑이다.(빛 뒤의 어둠) 다른 하나는 대기의 어둠으로, 우리는 이 어둠을 통해 석양빛을 본다.(빛 앞의 어둠) 어둠은 빛의 중심(빛의 척추) 주위를 나선형으로 움직인다. 빛은 한줄기 직선으로 움직인다. 수분과 먼지의 작은 입자가 떠 있는 지구 대기에서 색은 우리 눈에 드러난다.

리안은 여러 색깔의 움직임과 역동을 자세히 관찰했기 때문에 색깔 하나하나의 특성과 움직임을 묘사할 수 있었고 개별 색채가 빛과 어둠의 관계 속에서 어떻게 창조되는지를 설명할 수 있었다. 예술가인 리안은 빛과 어둠의 법칙에 따라 그림을 그렸다.

예술 작업뿐 아니라 그녀는 이타 벡만 박사와 오랜 시간 함께 작업하면서 회화를 여러 질병에 대한 의학 치료의 보조 수단으로 이용하는 미술 치료를 개발했다. 그녀의 연구와 색채 치료 안내는 『미술 치료 속 빛, 어둠 그리고 색채Light, Darkness and Colour in Painting Therapy』라는 제목으로 출간되었다. 마르가레타 하우쉬카의 저서 『예술 치료의 기초Fundamentals of Artistic Therapy』 중 색채에 관한 장은 리안의 연구에 근거한 것이다. 리안은 대우주의 법칙(여기서는 색채와 관련한 빛과 어둠의 움직임 법칙-지구 아스트랄체와 에테르체)을 소우주(인간 아스트랄체와 에테르체) 법칙으로 풀어서 해석했다.

인간 유기체의 이중성을 설명하면서 루돌프 슈타이너는 정신에게 혈액 체계는 불투명하다고 했다. 혈액과 신진대사 체계는 정신을 신체 안에 가둔다. 신경은 정신에게 빛과 유리의 관계처럼 투명하다. 정신과 영혼은 신경계를 통해 물질육체 속으로 흘러들어 올 수 있다. 신경계에서 영혼-정신은 신체 요소 내부에 있다. 1920년 12월 5일 강의(『색채의 본질』)에서 루돌프 슈타이너는 빛과 어둠의 양극성을 인간과 연결해서 이야기한다. 리안 콜로 데르부아 연구의 근간이 바로 이 강의였고, 특별히 그녀를 위해 영어로 번역되었다. 이 강의를 기초로 리안 콜로는 영혼의 사고력, 의지력과 연결해서 빛과 어둠의 양극성을 아래와 같이 서술했다.

> "사고는 깨달음을 준다. 내면의 빛은 우리 의식의 운반자다. 이 의식적 인간 요소를 통해 반감의 힘이 빛을 발한다. 반감력은 형태를 빚고 목표로 이끌고, 거리를 두고 분석하며 죽음을 야기한다. 사고 과정을 통해 뚜렷한 형태를 가진 상이 창조된다. 사고는 언제나 과거를 되돌아보는 특성을 지닌다. 어떤 사건을 그대로 보여 주면 산산이 쪼개서 과거로 넘어가게 한다. 사고는 완전체, 자기 안에 고립된 채 정지된 세계를 창조하려 한다. 그 속에서 자아는 주체이자 객체로 드러난다. 이 창조적 행위는 이해와 관찰의 특성을 정복하며, 과거를 숙고하고 분석하는 차원 너머로 사고를 끌어올린다.
>
> 반면 의지는 우리가 어둠으로 경험하는 무의식 영역에서 올라온다. 사고의 중심은 머리에 있고, 의지의 중심은 신진대사 체계에 있다. 신진대사 체계에서 움직임을 향한 충동, 미래를 향한 동력이 영양소 교환을 통해 생겨난다. 모든 의지에는 싹의 특성이 있다. 그것은 흙에 떨어진 씨앗처럼 어둠 속에서 형체가 없고 혼돈스러운 상태에서 출발한다. 의지 요소에서 양분을 먹은 충동은 이렇게 발달해서 미래의 형상 속에서 모습을 드러낸다.
>
> 내면의 자아 속 사고가 빛을 발하는 곳에서 우리는 어둠을 주변부에서 다가오면서 감싸고 성장하며 품어 안는 것으로 경험한다. 우리는 창조적

의지의 비밀을 이해하지는 못해도, 사고와 의지 사이에서 중재하고 호흡하며 스스로를 자아내고 그 과정에서 움직임과 생명을 창조하는 느낌 영역을 통해 어느 정도 감지할 수는 있다. 느낌은 꿈꾸듯 일어난다. 이것은 주관적 영역을 향해 나아간다. '나는 느낀다'고 확신을 갖고 말할 수는 있지만 다른 사람의 느낌을 느낄 수는 없다. 느낌은 공감과 반감 사이를 오간다. 그 속에서 경험은 직접 작용하고, 그에 따라 기분이 계속 바뀌며 우리의 감각 지각에 색을 입힌다. 느낌은 빛을 발하며 무게가 없는 사고 행위와 안으로 응축하는 의지 행위를 중간에서 매개한다. 사실상 눈에 보이지 않는 빛과 역시 눈에 보이지 않는 어둠 사이의 중간 영역에서 지각 가능한 색채 세계가 생겨나는 것처럼, 우리에게는 내면의 빛과 어둠 사이에서 생겨나는 내면의 무지개가 있다. 그것은 마음의 움직임과 마음의 상태에서 만들어진다. 색채 작업을 할 때 우리는 이 영역으로 들어간다."[17]

루돌프 슈타이너의 『색채의 본질』에 있는 색상환과 『인지학-심리학-정신학』 강의 도표를 비교하려면 색상환의 반사상을 만든 뒤 빛을 위에 놓는다. 흰빛이 위에서 내려온다. 색상환을 이렇게 보면 자아 흐름이 위에서 아래로 내려오는 『인지학-심리학-정신학』 도표와 상응한다. 반사에 관해서는 9장에서 살펴볼 것이다. 다음은 슈타이너의 색상환을 오목거울에 비춘 상이다.

---

17 Liane Collot d'Herbois 『베일 페인팅Malen in Schichten』 독일 Iona 예술 치료 교육 협회 출판

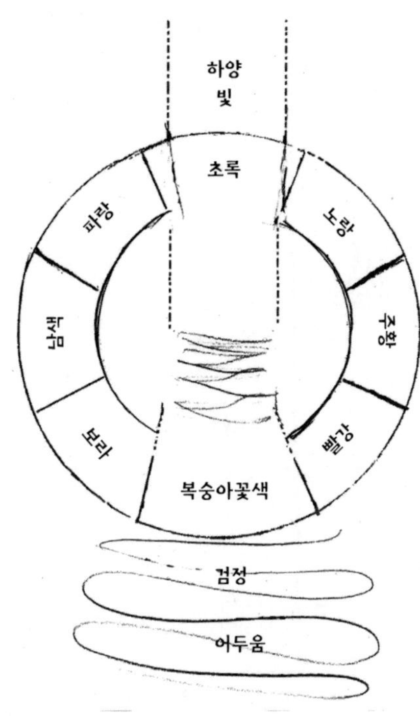

〈오목 거울에 비춘 슈타이너의 색상환〉

[그림7-3]

또 다른 도표(카두케우스에 관한 명상[18])에서도 이를 확인할 수 있다. 이 명상에서 루돌프 슈타이너는 색채를 각기 상응하는 의식 수준과 연결했다. 깨어 있는 낮 의식은 도표 제일 아래 초록과 연결된다. 서 있는

18 루돌프 슈타이너 『색채론. 『색채의 본성』으로 확장Farbenerkenntnis. Erganzungen zu dem Band ≪Das Wesen der Farben≫』 GA 291a

사람을 마주볼 때 그 사람의 깨어 있는 낮 의식의 중심은 머리에 있다. 따라서 이 도표의 위아래를 뒤집으면 인간에 대한 상이 된다.

[그림7-4]

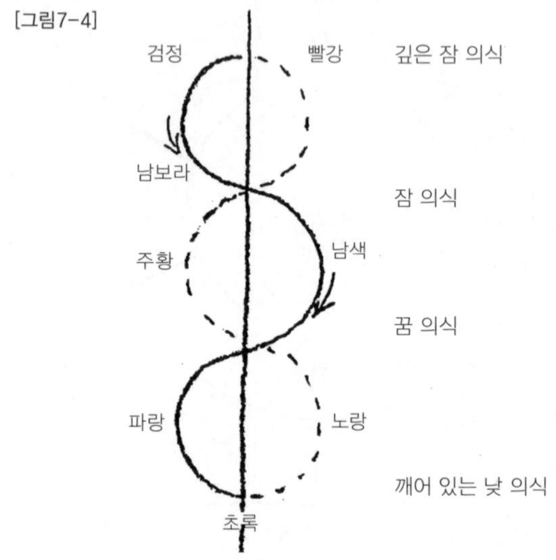

〈루돌프 슈타이너가 그린 카두케우스 도표(『아이들 그림 읽기』 60쪽)〉

리안 콜로의 저서(『색채』 80-81쪽)에는 '큰 도표'라는 이름으로 색채 움직임을 묘사한 그림이 있다. 이는 그녀가 하늘에서 벌어지는 색채 움직임을 관찰한 결과다. 이 도표를 지도로 삼으려면 머리 위가 아니라 발 아래에서 벌어지는 상으로 위치를 바꾸어야 한다. 다시 말해 거울에 비친 상으로 바꿔야 한다. 우리는 중앙에 있는 빛과 그 주변에서 움직이는 어둠을 본다. 리안 콜로는 서로 포개지는 두 개의 둥근 빛이 창조하는 공간을 그렸다. 이 형태는 루돌프 슈타이너가 설계한 첫 번째 괴테아눔의 지붕과 흡사하다. 그 지붕도 두 개의 궁륭이 겹친 형태였다.(12장 참고) 이 그림을 『인지학-심리학-정신학』 도표와 연결하려면 시계 방향으로 45° 돌려야 한다. 그러면 인간이 도표 중심에 놓인다. 다시 말해 외부 색채 관찰에서 색채 세계의 내면 영혼 영역으로 이동한다. 이제 감각 지각에서 활동하는 인간 구조 육체의 두 흐름인 감각체와 감각혼 흐름(대각선)에 색채가 나타난다. 더 흥미로운 것은 슈타이너가 한 발언이다.(『인지학-심리학-정신학』 2강) "외부를 향한 아스트랄 요소와 내부를 향한 아스트랄 요소가 만나는 경계에서 색채가 생겨난다." 리안과 오드리 맥앨런의 연구가 서로 상응할 뿐 아니라 루돌프 슈타이너의 강의와도 일맥상통한다.

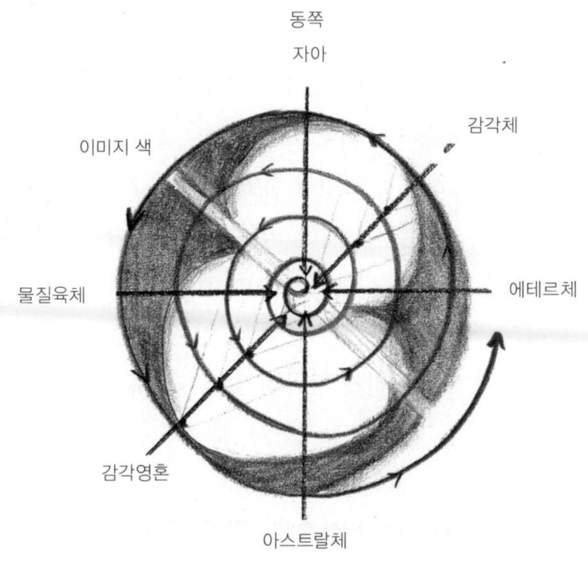

〈리안 콜로의 '큰도표' 거울상〉

[그림7-5]

빛 앞에서 나타나는 색채

빛 앞에서 움직이는 어둠이란 태양을 바라볼 때 우리와 태양 사이에 있는 어둠을 말한다. 아름다운 석양빛은 대기 중에 있는 공기와 물방울로 인해 태양의 강렬한 빛이 어두워지면서 생겨난다. 빛 앞에서 색채는 자홍 magenta부터 연두yellow-green까지 스펙트럼으로 나타난다. 이 색채들은 인간이라는 소우주 속 의지력과 연결된다. 인간 신체에서 의지력을 대표하는 영역은 사지와 신진대사 체계다.

자홍magenta은 첫 새벽빛이 가볍고 부드럽게 어둠을 관통할 때 생긴다. 자홍은 에테르체의 생명력과 가장 가까운 색채다. 아스트랄체는 생명력과 이어져 있다. 그렇기 때문에 자홍은 치유 효과가 있다. 이는 어린 아이들이 가장 좋아하는 색이기도 하다. 마텔 같은 회사는 이 점을 이용해서 바비 인형을 분홍색 종이에 포장해서 판다.

진홍carmine은 따스하게 타오르는 색채로 혈액 흐름 및 신진대사와 상관있다. 어둠이 감소하면서 느릿한 움직임이 시작된다.

주홍vermilion은 진홍보다 훨씬 역동적이다. 주홍에서는 빛과 어둠 간에 많은 움직임을 동반한 싸움이 가시화된다. 남아메리카 원주민들은 이 색을 이용해서 몸에 색칠을 했다. 인간 안에서 주홍은 영혼 속 불안으로 혈액 순환 체계가 과도하게 자극된 탓에 과열된 움직임을 보이는 혈액과 같다. 쓸개 활동도 여기에 동참한다. 루돌프 슈타이너는 주홍을 '신의 분노'라고 불렀다.

주황은 균형을 잡아 주는 색으로, 빛에 대항해서 솟아올랐다가 떨어지기를 반복하는 어둠의 오르내림 혹은 파동이다. 사람-집-나무 그림에 주황이 태양 주변, 집, 사람이 입은 옷 등에서 나타나면 아이 영혼이 에테르체 활동 속에 얽매어 있을 수 있다. 인간 안에서 주황은 간의 활동과 연결된다. 간은 음식을 신체 질료로 바꾸고, 혈액을 정화하는 역할을 한다. 또한 아이가 태어날 때 받은 유전된 육체를 해체하고 생후 첫 7년 동안 새로운 개별 육체를 형성하는데도 도움을 준다.

노랑은 아주 강렬한 빛에서 생긴다. 이것은 어둠의 형태를 빚고 어둠을 정복한다. 노랑은 감각과 사고 속에서 활동하는 공감력을 통해 인간과 연결된다. 빨강이 혈액 속 의지에 속한 것처럼, 노랑은 감각과 사고 속 의지에 속한다. 따라서 노랑을 유치원 시기의 모방력과 연결할 수 있다. 어린 아이들은 주변 감각 세계에 완전히 열려 있다. 감각을 통해 지각한 것을 모방하고 싶어 한다. 이를 통해 직립하기와 걷기, 말하기를 배운다.

노랑과 함께 암청cobalt이나 군청ultramarine blue을 사용하는 것은 유치원 아이의 그림에서 아주 흔한 조합이다. 우리는 이 조합을 촛불의 불꽃에서도 본다. 투탕카멘 석관에서 나온 가면에서 보듯 이집트 사람들 역시 이 조합을 선호했다. 파란 하늘에 노란 태양 그림 연습은 이 색채 조합에서 나왔다. 이 연습을 하면 아이들의 형성력에 새로운 동력을 부여할 수 있다.

7세 이후에 노랑을 너무 많이 사용한다면 아이 영혼이 지나치게 감각 세계(정념)에 쏠려 있다는 의미일 수 있다. 이 정념이 내면을 향하면 이기주의나 교만이 된다. 모방 능력에서도 알 수 있듯 영유아기(출생부터 7세)에는 세상과 깊이 연결되는 것이 당연하지만, 그 이후에는 더 이상 건강하지 않다.

연두yellow-green는 옅은 어둠 한 자락을 가로막을 때 생긴다. 강렬한 빛이 어둠의 너울을 쪼개고, 산산이 부서진 파편은 허공으로 흩어진다. 그림 형제 동화 '백설 공주'에서 계모는 질투로 노랑과 초록이 된다. 이것이 연두에 속한 영혼 몸짓이며, 감각 활동과 사고의 공감력에 깃든 강력한 루시퍼 요소다.

초록은 모든 색채의 한복판에 있다. 초록을 노랑과 파랑의 혼합으로 여겨서는 안 된다. 이는 물감 색만 생각하기 때문이다. 물감에서는 두 색을 섞어야만 초록을 합성할 수 있다. 자연에서 초록은 고유성을 가진 독립 개체다. 앞서 설명한 것처럼 초록은 대기 중에 빛이 처음 드러날 때 나타나는 색이다. 진초록viridian은 자아가 인간 속으로 육화할 때의 색으로, 척추 형성과 관계한다.(『신비 생리학』) 마르가레테 키르흐너-보크홀트는 초록의 또 다른 측면을 이렇게 서술했다. "살아 있는 것 안에 초록이 처음 나타날 때, 초록은 그리스도의 색이다. 봄에 새싹과 새순에서 나타나는 초록도 그리스도의 색이다. 다른 경우 초록은 '생명의 죽은 상'이다. 살아 있는 것 안에서 반영되지 않을 때 초록은 사고의 죽은 상이 된다…"[19]

북반구에서 초봄에 싹이 트고 잎이 필 때 초록은 분명히 부활절의 느낌을 준다. 브라질처럼 남반구에 사는 사람들은 봄의 힘을 완전히 다르게 경험한다. 이는 그들의 봄이 9월에 시작되기 때문만은 아니다.

그림에서 초록, 특히 진초록viridian이 과도하게 혹은 이상한 장소(집의 삼각형이나 사각형, 나무 둥치, 사람에서 일반적이지 않은 부분 등)에

19 Margarete, Erich Kirchner-Bockholt, 『루돌프 슈타이너와 이타 벡만의 인류를 위한 과제Die Menschheitsaufgabe Rudolf Steiner und Ita Wegman』 스위스 도르나흐, 1981

쓰였다면, 깨어 있는 지적 사고와 관련한 과정이 아이의 영혼에 너무 강한 영향을 미치는 경우일 수 있다. 그러면 아이의 영혼이 물질육체에 지나치게 얽매이게 된다. 너무 지적으로 깨어 있거나, 주변의 강한 지적 성향에 영향을 받았을 수 있다. 초록을 이런 식으로 사용하는 것은 아이가 신체 움직임을 의식적으로 통제해야 하며 하위감각이 충분히 통합되지 않았음을 의미할 수도 있다. 지구 색깔인 풀색sap green(스토크마나 윈저앤뉴튼사 물감 명칭, 혹은 초봄 새싹과 어린 풀의 초록)을 많이 쓰는 것은 넘치는(혹은 압도적일 만큼 강한) 생명력을 의미할 수도 있다.(160쪽 '지상의 색채')

리안 콜로 데르부아가 진초록viridian을 사용한 치유 미술 작업을 소개해 준 적이 있다. 이 연습(『도움수업』 172쪽, 『학습 장애Learning Difficulties』 124-125쪽)은 시각과 눈에서 자아 활동을 강화하는 효과가 있다.

빛 뒤에서 나타나는 색채

어둠 앞에 빛이 있어 어둠이 환해지면, 우주의 완전한 암흑이 우리 눈에 파란 하늘로 보이는 것처럼 어둠이 연청록turquoise부터 보라violet까지 스펙트럼으로 나타난다. 리안은 이들을 '빛 뒤의 색'이라 불렀다. 우리 뒤에 있는 빛이 정면의 산을 비출 때 먼 산등성이를 바라보면 우리 앞에 있는 산은 다양한 색조의 파랑으로 보인다. 배우는 캄캄한 무대를 응시할 때 자기 얼굴을 비추는 조명 주위로 파란 띠를 볼 수 있다. 빛 뒤에 드러나는 여러 가지 색채는 인간 영혼 속 반감의 형성력과 상관있다. 반감력은 인간 신체에서 신경 체계로 대표된다.

에리카 에켄붐 그림

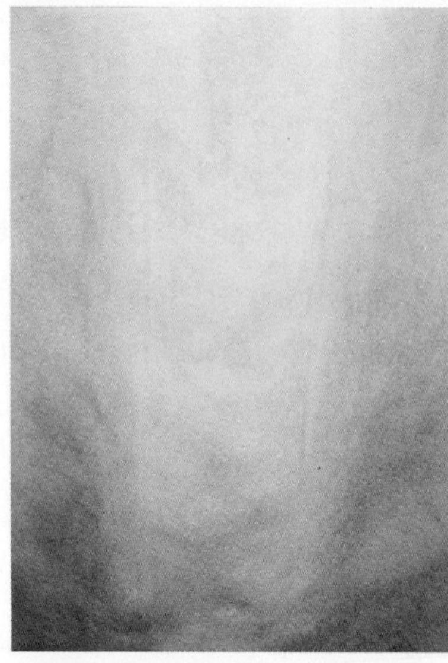

[그림7-6]
〈빛 뒤에서 나타나는 색채〉

[그림7-7]
〈빛 앞에서 나타나는 색채〉

[그림7-8] 〈빛 앞과 뒤에서 나타나는 색채〉

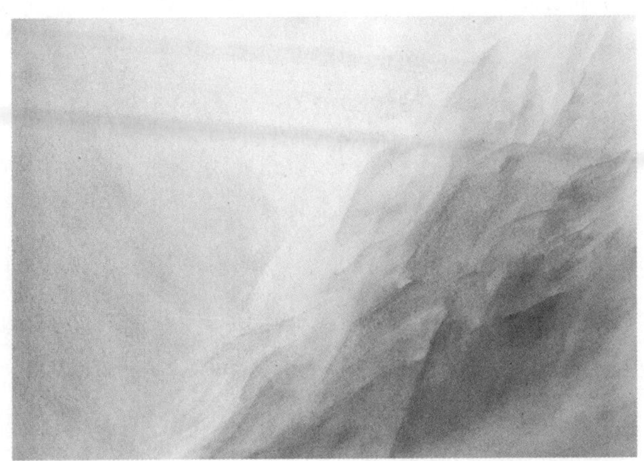

[그림7-9] 〈오목 볼록 색채 움직임〉

연청록turquoise은 아주 추운 날 하늘에서 특히 잘 보인다. 이것은 빛 뒤의 색 중 가장 처음 나타나는, 가장 연한 파랑이다. 청록은 파랑 색조 중에 가장 차갑다. 이와 대조적인 파랑이 암청cobalt blue이다. 리안에 따르면 청록은 초록을 제외한 모든 색깔 중에 가장 완고한 색이다. 청록은 너무나 뚜렷하기 때문에 그 속에서 어떤 움직임도 관찰할 수 없다. 인간 안에서 이 색은 대뇌피질과 신경을 형성하는 반감력을 상징한다. 감청prussian blue도 청록의 일종이다.

암청cobalt blue은 온기를 훨씬 많이 품은 파랑이다. 지중해 위 창공과 황금빛 옥수수 밭에 핀 수레국화가 암청색이다. 이 색은 항상 아주 먼 곳에서 만들어진다. 그 먼 곳에서 암청은 천구처럼 속이 빈 공간을 형성한다. 인간 안에서도 암청은 두개골, 허파, 방광처럼 텅 빈 공간과 오목한 장기 속에 존재한다. 방광 내부는 실제로 암청색이다.

군청ultramarine은 암청과 질적으로 어느 정도 유사하다. 군청은 사실 암청의 일종이지만 늪지대에 무겁게 내려앉은 대기처럼 아주 습한 곳에서만 가시화된다. 울트라마린ultramarine이란 단어는 '바다를 가로질러'를 의미하는 울트라 메어ultra mere에서 왔다. 머리 위 암청색 하늘을 반사하는 바다색을 가리키는 걸까? 아이들은 암청과 군청을 모두 좋아한다. 연청록이나 감청과 달리 이 두 색에는 온기가 있다.

남색indigo은 태양이 숨어 버린 우울한 하늘이나 폭풍우가 몰려오는 날의 구름에서 볼 수 있다. 대합조개에도 이 색이 있다. 남색은 고립과 고독을 부르는 색이다. 오늘날 서구에서는 이 색으로 만든 옷(청바지!)을 입은 사람을 아주 흔하게 볼 수 있다. 인간 유기체에서 피부는 내부와 외부 세계 경계를 만들어 두 세계를 분리한다. 남색과 인간의 피부 형성 과정을 연결시킬 수 있다. 골격은 뼈를 감싼 '피부(막)'로 인해 내부 장기와 분리된다. 따라서 골격은 우리가 몸속에 지니고 다니는 삼차원적 외부 세계라고 말할 수 있다. 관상골(둥근 관 모양 뼈)의 형성 역시 이 색과 상관있다. 요즘 젊은이들은 이전 세대보다 키가 훨씬 큰 경우가 많다. 키 차이로 인해 중력에 대한 경험도 달라진다. 이는 현재와 미래의 인간 영혼에 적지 않은 영향을 미칠 것이다. 이처럼 남색은 발달하는 의식혼의 색이다.

아이가 아주 어릴 때는 이 색을 사용하는 것이 좋지 않다. 아이들이 아직 소화할 수 없는 힘을 너무 많이 요구하기 때문이다. 여기서 리안 콜로 데르부아가 말하는 것은 '수채화'(소묘가 아님. 171쪽 참고)에서 남색을 사용할 때임을 유념해야 한다. 남색으로 수채화를 그려 본 사람은 이 색의 효과를 경험해 보았을 것이다.

보라violet는 빛 뒤에서 드러나는 마지막 색깔이다. 이는 완전한 어둠에 이르기 직전의 색이다. 아주 더운 여름날 밤에 이 색을 볼 수 있다. (캘리포니아의 밤하늘이 아름다운 암청-보라가 된다) 보랏빛 아지랑이가 땅 위로 내려앉는다. 보라는 아주 투명해질 수 있기 때문이다. 이것은 신비롭고 고요한 색이다. 인간에게 보라는 노년의 색이며, 삶의 마지막 순간에 우리를 생과 사의 경계 너머로 인도하는 색이다. 보라는 어린이가 아니라 나이든 사람들에게 속한 색이다. 아이가 그린 그림에 푸른빛을 띤 보라가 너무 많이 나온다면 영혼이 자기 내부 과정 즉, 아스트랄체 자체 활동에 너무 깊이 몰입하고 있다는 신호일 수 있다. 그러면 영혼이 물질육체 속으로 강하게 밀려들어가게 된다. 아이에게 책임감을 너무 일찍 요구했거나, 모든 일에서 좋아하는 것, 하고 싶은 것을 스스로 선택하라고 요구했거나, 과잉보호 환경 속에서 자기 의지를 키울 여지가 부족했을 때 이런 현상이 나타날 수 있다.

지상의 색채

대기에서 나타나는 환한 색 외에도 빛이 어둠을 충분히 투과하지 못했을 때 생기는 색이 있다. 이 경우엔 이른바 '지상 색'이 탄생한다. 대기의 밀도가 높고 무거울 때 깨끗한 노랑은 아주 쉽게 황토색으로 변한다. 대기 오염이 심할 때 이런 현상을 볼 수 있다. 주황과 주홍은 로엄버raw umber와 번트시에나burnt sienna가 된다. 진홍과 자홍은 브라운매더brown madder나 카풋모툼caput mortuum이 된다. 이런 색깔에는 지리학적 이름이 붙는 경우가 많다는 사실에 주목할 필요가 있다.(로시에나raw sienna, 번트시에나burnt Sienna, 로엄버raw Umber, 번트엄버burnt Umber, 베네치안레드Venetian Red, 나폴리옐로우Naples Yellow, 감청Prussian Blue, 델프트블루Delft Blue, 윈저블루Windsor Blue, 앤트워프블루Antwerp blue 등) 감청의 지상 색에 해당하는 진청은 연청과 비슷한 경도 및 운동성을 갖고 있다. 감청을 노랑과 섞으면 초록이 나오기 때문에 발도르프학교에서는 이 색을 수채화에서 너무 자주 사용하는 경향이 있다. 색을 섞게 하는 대신 아이들에게 초록 물감을 줄 수도 있다. 아이들은 정말 좋아한다. 루돌프 슈타이너가 1학년 첫 번째 수채화 시간에 대해 한 말을 보면 분명히 튜브에서 그대로 짠 초록을 사용하라고 했음을 알 수 있다 (『1학년부터 8학년까지의 발도르프 교육 방법론적 고찰』 5강)

초록에 지상 색조를 입히면 녹두색olive green(회색이 살짝 들어간 초록)과 풀색sap green이 나온다. 이런 색을 아이가 그림에서 과도하게 사용한다면 생명력 또는 에테르와 관계된 과정이 너무 부각되면서 아이 의식에 장애물로 작용하고 있다는 뜻일 수 있다.

그림에 사용한 갈색 색조에는 아이가 림프 조직 과정을 어떻게 느끼는지가 반영된다. 이 색이 너무 자주 나오면 아스트랄체와 자아가 에테르 과정에 충분히 관통해서 빛을 비추지 못한다는 인상을 준다. 호흡도 얕을 수 있다. 이 경우엔 인간이 림프 체계 주변에 지니고 다니는 과거 유전의 힘과, 어쩌면 아직 해결하지 못한 오랜 카르마가 방해물일 수 있다. 갈색 색조가 어두울수록 우리는 빛에서 더욱 멀어지고, 과거의 힘이 더 강하게 작용하며 거기에 갇히게 된다.

아이가 회색을 사용하는 경우는 극히 드물다. 회색은 사실 영혼 영역에 속한 색깔이 아니라 목탄 소묘처럼 빛과 어둠의 정신적 특질을 이용한 작업에서 나오는 색이다. 대기에서는 비구름을 제외하고는 회색을 볼 수 없다. 흰 구름은 얼음 결정으로 이루어져 있기 때문에 빛을 그렇게 눈부시게 반사한다. 빛은 물방울로 이루어진 구름을 투과할 수 없다. 액체 상태의 물이 밀도가 더 높은 물질이기 때문이다. 회색 구름은 비를 예고한다. 이를 염두에 두면 아이가 회색을 사용하는 것은 유기체가 영혼-정신에게 충분히 투명하지 않고 있다는 의미임을 이해할 수 있다.

그림에서 검정을 사용하는 것에 대해 요즘 담임교사와 유치원교사는 모두 조금씩 다르긴 해도 대개 부정적인 반응을 보인다. 검정은 죽음, 우울 같은 부정적 영혼 요소를 떠올리게 하기 때문이다. 하지만 빛과 어둠의 관점에서 보면 검정은 어둠을 상징한다. 어둠은 죽음의 힘이 아니다. 정반대로 생명의 새로운 싹 또는 의지의 무의식 속에 거하는 새로운 동력을 상징한다. 루돌프 슈타이너의 시에 "어둠 속에서 나는 신의 존재를 찾는다."는 구절이 있다.

리안과 대화를 나누던 중 오드리 맥앨런과 필자가 리안에게 유치원 아이들도 검정으로 그림을 그릴 기회를 주는 데 동의하는지 물은 적이 있다. 그녀의 대답은 긍정적이었다. "물론이지요, 검정은 어둠을 상징한답니다. 검정에는 조개껍질처럼 감싸고 보호하는 특성이 있어요. 아이들은 이 색으로 자신을 표현하고 싶은 강렬한 욕구를 느낄 수도 있어요. 그러니 마음대로 쓰게 하세요."

또한 검정은 아이가 물질육체에서 더 작업해야 한다고 느끼는 영역, 아직 충분히 뚫고 들어가지 못했다고 느끼는 영역을 의미할 수도 있다. 발도르프학교에 전학 오거나 유치원에 새로 등원한 아이들이 자주 이 색을 집어 든다. 새로운 발달 단계에 접어든 아이도 한동안 이 색을 사용할 수 있다. 교사는 이 색을 어떻게 사용하는지 주의 깊게 관찰하면서 그 아이와 하는 수업이 어떤 성과가 있는지 살펴야 한다. 일정 시간이 지나면 사용 빈도가 눈에 띄게 줄면서 검은 고양이나 까마귀, 굴뚝 연기처럼 적절한 곳에 적절한 비율로 사용할 수 있게 될 것이다.

도움수업을 진행하는 중에 '어둠의 단계'를 벗어난 아이가 자주색purpur을 선택할 때가 있다. 이는 새로운 생명력이 활동하기 시작함을 의미한다. 과거에 자주색은 왕의 망토 색깔이었고, 고대 신비 성지에서는 입문자들의 겉옷 색깔이었다. 자주색을 사용하기 시작했다면 일종의 부활이 일어나고 있다고 볼 수 있다. 검정이 없었다면 이 부활의 단계가 아이들 그림에 등장할 수 없었을 것이다.

지금까지 이 책에서 소개하고 인용한 내용이 리안의 예술과 색채 치료의 전부가 아니다. 리안에게 빛과 어둠의 세계는 결코 고정된 상이 아니었다. 빛은 도표처럼 항상 위에서 수직으로 내려오지 않는다. 리안 콜로와 함께 그림을 그린 사람들은 그녀가 다른 사람 그림을 수정할 때는 언제나 빛과의 관계 속에서 움직이는 어둠의 객관적 법칙을 지적하는 정도에 그쳤다고 회상했다. 하지만 언제나 사고 요소를 강조했다고 한다. 그녀는 입버릇처럼 이렇게 말하곤 했다. "물감을 칠하기 전에 생각을 해야 한답니다."[20]

이는 색채와 수채화 세계를 대하는 그녀의 태도가 루돌프 슈타이너의 『자유의 철학』 1장, 즉 인간 행위는 사고에 기초한다는 것과 완전한 조화를 이루고 있음을 보여 준다.

다음은 슈타이너의 『색채론』에 수록된 시다.

In der Finsternis finde ich Gottes=Sein
In Rosenrot fuhl ich des Lebens Quell
In Atherblau ruht des Geistes Sehnsucht
Im Lebensgrun atmet alles Lebens Atem
Im Goldesgelb leuchtet des Denkens Klarheit
Im Feuers Rot wurzelt des Willens Starke
Im Sonnenweiß offenbart sich meines Wesens Kern.
Weiß - Ich / Finsternis - Gott

20 Rosli Rienks–Laser, Lian Collot d'Herbois의 『기쁨과 학습의 기억Erinnerungen von Freuden und Schulern』 E.Leonora Hambrecht 편집, 독일 뒤나우 2003

어둠 속에서 나는 신의 존재를 찾는다.
장미 빨강에서 나는 생명의 원천을 느낀다.
에테르 파랑에 정신의 소망이 깃들어 있다.
생명 초록에서 세상 만물은 생명의 숨을 쉰다.
황금 노랑에 사고의 명료함이 빛난다.
불꽃 빨강에 의지의 힘이 뿌리박고 있다.
태양 하양에서 내 존재의 핵심이 드러난다.
하양-자아 / 어둠-신

상대 색-보색

첫 번째 괴테아눔의 작은 궁륭에 그림을 그릴 때 네덜란드 화가 부루니어J.M.Bruinier는 오른편에 그린 그림의 상대 색counter color으로 왼편에 똑같은 그림을 그리라는 과제를 받았다. 그녀는 '상대 색'이라는 단어의 의미를 이해하지 못했기 때문에 루돌프 슈타이너에게 보색(이를테면 초록의 보색은 빨강)으로 그리라는 뜻이냐고 질문했다. 슈타이너는 이렇게 대답했다. "아닙니다. 보시다시피 저는 작은 궁륭에는 초록을 전혀 사용하지 않았습니다. 큰 궁륭에는 낮의 범주에 속한 색을 사용했습니다. 작은 궁륭에는 기본적으로 밤의 범주 색을 사용해야 합니다."[21]

작은 궁륭에는 인류 역사의 장면들을 그려 넣었다. 이것이 나중에

21 D. van Bemmelen『첫 번째 괴테아눔 천장의 색채에 대한 루돌프 슈타이너의 새로운 시도Rudolf Steiner's New Approach to Color on the Ceiling of the First Goetheanum』 뉴욕 스프링밸리, St.George 출판사, 1980

주춧돌 명상에서 '정신 회상의 상'이라 부른 것으로 추측된다. 이곳에 인도, 페르시아, 이집트, 그리스, 북쪽 지역 입문자들 그리고 파우스트로 대표되는 현대 인간이 그려져 있었다. 북쪽에는 비슷한 그림을 상대 색으로 칠할 예정이었다. 작은 궁륭에는 영혼 요소를 자홍magenta 바탕에 빨강, 노랑, 파랑이라는 세 가지 영혼 색을 이용해 표현했다. 오른편에 빨강으로 그린 그림을 왼편에는 진한 파랑이라는 상대 색으로 그리고, 오른편에 노랑으로 그린 것은 왼편에 밝은 파랑으로 그릴 계획이었다. 여기서 우리는 반전된 아스트랄 요소로 표현된 아스트랄체를 본다. 동일한 현상을 눈-색 친화성 그림, 즉, 푸른 달과 붉은 해 그림(6장)에서도 볼 수 있다.

보색은 유색 그림자 현상에서 발견할 수 있다. 유색 광원 아래 생긴 진한 그림자에 두 번째 광원을 비추면 그림자에 보색이 나타난다.

큰 궁륭 천장은 낮의 범주에 속한 색으로 그렸기 때문에 초록이 등장한다. 색이 있는 곳 어디나 아스트랄체가 활동하고 있다. 보색은 유기체 및 에테르체와의 관계 속 아스트랄체를 보여 준다. 큰 궁륭에서 우리는 7중적 저차 인간과 관련한 아스트랄체의 내적 측면, 즉 몸통을 본다. 작은 궁륭에서는 12중적 고차 인간과 관련한 아스트랄체, 즉 머리와 신경-감각 체계를 본다.

반사 연속 과정, 반영, 굴절, 반전 요소에 관해서는 9장에서 살필 것이다. 일단은 아스트랄체에 이처럼 두 가지 측면이 있음을 기억해 두자.

초록과 빨강으로 사람 그리기(진단용 그림)

리안 콜로가 어느 대화 중에 진단용으로 학생에게 초록과 빨강만 이용해 사람을 그리게 해 보라고 제안한 적이 있다. 때로는 무작정 실행해 볼 필요도 있다. 충분한 통찰에서 나온 제안이라면 말이다. 그래서 필자는 리안의 제안에 따라 아이들과 그림을 그려 보았다. 필자는 해당 학생의 상태에 관한 놀랍도록 귀중한 정보를 얻을 수 있었다. 사람 형상은 대부분 사람-집-나무 그림(도움수업 평가 수업) 속 사람과 비슷했으며, 구조적 물질육체의 어려움을 보여 주고 있었다. 그림을 들고 다시 리안을 찾아갔다. 그런데 예상과 달리 리안은 그림을 보더니 "이 아이들은 모두 건강하군요."라고 말하는 것이었다. 리안이 형태가 아닌 색깔을 주목했음을 깨달았다. 리안의 진단은 체질 요소에 관한 것이었다. 실제로 그 아이들은 학습에서는 어려움을 겪고 있었지만 의학적으로는 건강했다. 색을 어떻게 사용하는지를 보면 체질적 육체의 상태를 알 수 있다. 다음은 그 연습을 위한 안내다.

① 32×44cm 도화지를 준비한다. 물에 충분히 적신 다음 화판 위에 세로 방향으로 놓는다. 종이에 물이 너무 흥건하면 그림 형태가 뭉개질 수 있으니 필요하면 스펀지나 수건으로 닦아 낸다.

② 진초록viridian과 진홍carmin을 각각 물에 희석해 담은 물감 통 두 개를 준비한다.(스토크마 물감에서는 블루그린과 카민레드, 윈저앤뉴튼 물감에서는 비리디안 그린과 로즈 매더)

③ 붓 2개를 준비해 색깔별로 따로 사용한다.

아이에게 초록과 빨강만 가지고 사람을 그려 보라고 한다. 사람 외에 다른 어떤 것도 그리지 않는다. 교사가 손으로 종이를 위아래로 훑으면서 사람을 어디에, 어느 크기로 그릴 지를 보여 준다. 아이가 어떻게 그려야 하냐고 물으면 '네 생각에 좋은 대로 자유롭게' 그리면 된다고 대답한다.

관찰 지점

리안은 초록과 빨강을 사용하라고 했다. 도움수업 연습에서 주로 사용하는 색은 파랑, 빨강이다. 파랑, 빨강은 외부 감각 세계에 대한 객관적 관찰과 관계한다.(6장 '눈–색 친화성' 참조) 초록과 빨강 조합은 개인적 영혼의 내적 측면(가브리엘 대천사가 성모 마리아를 찾아간 장면을 묘사한 아이젠하임 제단화 참고) 혹은 신진대사 체계에서 활동하는 아스트랄체의 내적 측면과 상관있다. 그렇기 때문에 초록과 빨강을 '문지방 색채'라고 부른다.(도르나흐에 있는 괴테아눔 건물 유색 창문 참고)

사람–집–나무 그림 같은 '소묘'에서 영혼은 움직임, 지각, 느낌 차원에서 자신을 증언한다. 이는 물질적, 구조적 측면에 작용하는 정신(자아)의 활동이다. '회화'에서 색은 서로 섞이고 활발해지기 위한 영혼 활동을 요구한다. 이는 에테르체, 체질적 육체 측면에 작용하는 개인적 아스트랄체 활동이다.(오드리 맥앨런 『잠』 참고)

초록, 빨강 수채화를 통해 우리는 아이의 아스트랄체에게 신체 상태에 관해 어떤 상을 갖고 있는지 묻는다. 다음 두 가지 요소를 관찰해야 한다.

- 아이가 그린 사람 형상은 물질육체의 구조적 측면을 보여 준다. 이는 아이가 가진 신체 지도의 상이며, 3중적이어야 한다. 형태에서 나타나는 모

든 특이한 구조적 요소는 신체 구조 문제와 상관있다. 이 그림을 사람–집–나무 그림과 비교해 볼 수 있다. 아이가 종이 위에 온전한 사람 형상을 그릴 수 있는가? 머리가 적당한 크기인가 아니면 공간이 부족한가?

- 색깔은 물질육체의 체질적 측면과 상관있다. 여기서 우리는 아이가 머리, 몸통, 신진대사 사지 체계에 어떤 색을 선택했는지를 본다. 색이 섞여서 거무죽죽해졌는가? 그 지점은 문제가 있는 영역일 수 있다. 물이 너무 많아서 형태가 지워지고 뭉개졌는가? 체질적 문제가 없는 경우라면 구조적 문제를 생각해 보아야 한다.

원형적으로 볼 때 초록은 의식, 빨강은 신진대사, 의지력과 상관있다. 아이가 빨강으로 머리를 그리고 초록으로 사지를 그린다면 아주 좋은 경우다. 아직도 우리는 이 연습을 완전하게 이해하지 못했다. 독자들이 직접 수업해서 관찰하고, 그 결과를 동료 교사들과 공유하기를 권한다.

8장

도움수업을 위한 수채화 연습에서 색채

군청ultramarine blue과 진홍carmine은 도움수업에서 가장 중요하게 쓰이는 색이다. 영혼의 공감력, 반감력의 객관적, 원형적 상징이기 때문이다. 파랑과 빨강의 눈-색 친화성은 영혼을 외부 감각 세계로 이끈다. 앞 장에서 본 초록과 빨강이라는 또 다른 쌍도 있다. 초록과 빨강 조합은 아스트랄체와 체질이 만나는 아스트랄체의 내적 느낌 영역으로 안내한다. 세계 여러 나라의 국기 색깔이 이런 원형에 대한 무의식적 앎에서 나온 것은 아닐까? 이탈리아와 프랑스 민족혼의 전반적 인상, 혹은 헝가리와 네덜란드 민족혼의 전반적 인상의 차이를 생각해 보자. 이탈리아와 헝가리 국기에는 초록, 하양, 빨강이, 프랑스와 네덜란드 국기에는 파랑, 하양, 빨강이 있다. 영국이나 미국 국기가 휘날리는 것을 보면 어떤 생각이 드는가? 마티아스 그뤼네발트Mathias Grunewald의 제단화에 대천사 가브리엘이 어린 성모를 찾아가는 장면이 있다. 이때 성모의 방을 장식하는데 사용한 색깔이 마리아의 내면세계를 상징하는 초록과 빨강이다. 대천사가 방문했을 때 마리아는 명상 중이거나 기도 중이었다.

수채화 수업

무엇보다 중간에 끊지 않고 한 번에 왼쪽에서 오른쪽까지 길게 칠하는 단순한 회화 기법을 익히는 것이 중요하다. 손은 눈이 따라올 수 있는 정도의 속도로 움직인다. 종이 끝에 이르면 팔을 들어 다시 왼쪽으로 돌아간다. 전체 움직임이 리드미컬하게 반복되어야 한다. 가끔은 교사의 판단에 따라 기법 연습 차원에서 상황에 맞는 한 가지 색만 이용해서 그리게 할 수도 있다. 담임교사가 간단한 색깔 연습으로 아침 수업을 시작할 수도 있다. 그날의 색, 무지개 색 등 적절한 연속 색을 순서대로 그려도 좋다.

이 연습은 정신-영혼 육체와 물질-생명 육체를 연결하도록 도와준다. 여기서 둘을 연결하고 치유하는 요소는 호흡이다. 아침에 차를 타고 먼 거리를 이동해 등교하는 아이들에게 아주 좋은 연습이다. 이 연습을 하는 몇 주 동안은 리듬 활동을 생략한다.

도움수업 교사는 아이의 호흡 변화를 자세히 관찰한다. 아이가 근육과 팔의 무게를 자각하기 시작하면서 통증을 호소할 수 있다. 심호흡이나 팔을 터는 동작으로 긴장을 풀어 준다.

오드리 맥앨런은 수업 과정에서 이 기법을 개발했다. 하지만 치유 회화에도 비슷하게 색을 겹겹이 칠하는 기법이 있다. 이 베일 기법은 루돌프 슈타이너의 제안(아마도 이타 벡만이 전해 준)에 근거해 리안 콜로 데르부아가 개발한 것이다. 다음은 리안 콜로가 우리에게 들려준 일화이다.

루돌프 슈타이너가 말년에 병으로 자리에 누워 있을 때 비서에게 종이와 수채화 도구를 갖다 달라고 요청했다. 그는 베일 기법으로 몇 장의 그림을 그린 뒤, 비서에게 괴테아눔 화가들에게 가져가서 이 새로운 회화 기법을 연구, 발전시킬 것을 부탁해 달라고 했다. 하지만 모든 화가가 고개를 저었다. 아무도 그 방식으로 그림을 그리고 싶어 하지 않았다. 시간이 흐른 뒤 게크Geck라는 화가가 그동안 연습한 그림 한 뭉치를 갖고 괴테아눔을 방문했다. 슈타이너 박사는 그녀가 제대로 이해하지 못했음을 알아보고 베일 기법을 시범으로 보여 주었다. 그리고 어떻게 생각하느냐고 물었을 때 게크는 "선생님이 하시는 것은 다 좋아요!"라고 대답했다. 슈타이너는 이 말을 듣고 화가 났다. "제 질문은 그게 아닙니다!" 게크는 슈타이너가 소망한 새로운 회화 기법을 받아들이지 못했다. 리안 콜로 데르부아는 그 기법을 독일의 바트볼 지역에 알렸고, 그곳에서 치유 회화의 한 영역으로 발전할 수 있었다.

이차색 연습(9세 이후)

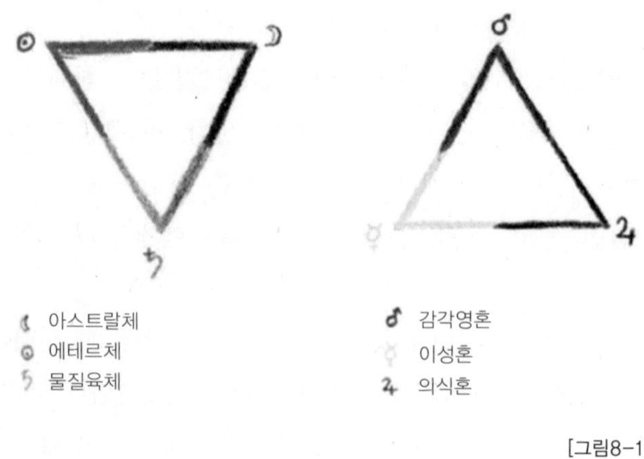

[그림8-1]

이 연습에서는 먼저 학생에게 초록, 주황, 보라 중 하나를 선택하게 한다. 앞 장 내용을 참고로 선택한 색의 의미를 생각해 볼 수 있다. 오드리 맥앨런은 색깔 선택에 다음과 같은 의미가 있을 수 있다고 했다.

주황은 간의 활동과 상관있다. 유치원 아이들의 그림에 이 색이 자주 등장한다. 9세 이후에 이 색을 선택한다면 깨어 있는 낮 의식의 개별성이 아직 에테르 체에 담긴 유전력에 강하게 관여하는 상태일 수 있다. 초록은 빛에서 제일 처음 드러나는 색이다. 아이가 초록을 선택했다면 깨어 있는 낮 의식이 신체 안에서 강하게 활동함을 의미할 수 있다. 암흑으로 넘어가기 직전의 색인 보라를 선택했다면 영혼의 깨어 있는 낮 의식이 자체의 공감력과 반감력에 강하게 매어 있음을 의미할 수 있다.

이 연습은 해당 이차색과 관련된 일차색을 객관적으로 만나게 함으로써 영혼의 어려움을 해소하도록 돕는다. 두 번째 그림에서 3차원 공간의 원형적 요소를 알아볼 수 있을 것이다.

슈타이너의 '육각형 색깔 명상'은 『색채론』(1907년 11월 29일)에서 볼 수 있다. 초록, 주황, 보라색 삼각형은 인간의 하위 구성체인 아스트랄체, 에테르체, 물질육체를 상징한다. 이들은 옛 토성기, 옛 태양기, 옛 달기 진화의 결과다. 두 번째 삼각형은 감각혼, 이성혼, 의식혼이라는 세 영혼 구성체를 상징한다. 영혼색인 빨강, 노랑, 파랑으로 그린 이 삼각형들은 현재 지구의 화성, 수성 진화 단계 및 목성이라 부르는 미래 진화 단계를 의미한다. 이 내용은 오드리 맥앨런이 『아이들 그림 읽기』에 나오는 사람-집-나무 그림에서 아이가 사용한 색깔을 설명한 방향과 일치한다.

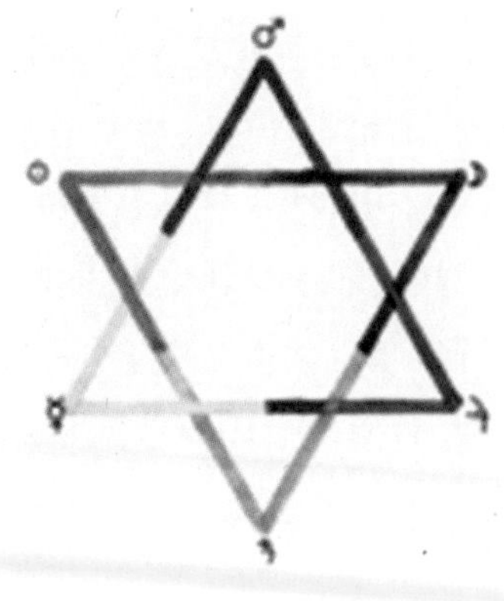

〈육각별 명상〉

[그림8-2]

이 연습은 오드리 맥앨런의 『잠』에 실려 있다. 오드리는 스위스 도르나흐에서 힐데 부스-함부르거Hilde Boos-Hamburger와 함께 그림을 공부했다. 함부르거는 첫 번째 괴테아눔 건축에 참여했던 예술가로, 도르나흐에 있는 프리트바르트Friedwart 학교에서 작은 수업을 맡고 있었다. 그녀는 루돌프 슈타이너가 자기 교실을 방문한 일화를 이렇게 전했다.

슈타이너는 한 학생에게 종이 위에 기하학 형태를 공간으로 남기면서 나머지 공간을 한 색깔로 칠하게 했다.[22] 그 후 빈 공간을 다른 색으로 칠하게 했다. 회화에 재능이 있지만 초감각적 눈이 약간 열려 있는 학생이었다고 한다. 루돌프 슈타이너는 이를 치유해서 학생의 눈이 객관적 감각 세계와 더 튼튼하게 연결되게 해 주어야 한다고 조언했다. 이를 보면 슈타이너가 지상에 튼튼하게 발 딛고 서는 것을 얼마나 중시했는지 알 수 있다. 그는 광신적, 루시퍼적 태도를 전혀 바람직하게 여기지 않았다. 미래에 열릴 초감각적 투시 능력은 자아의 인도를 받을 때만 건강하게 성장할 수 있으며, 그러기 위해서는 먼저 자아가 객관적 물질세계에 확고히 자리 잡아야 한다.

『잠』에서 오드리 맥앨런은, 힐데 부스-함부르거가 형태와 색깔 조합을 몇 가지 만든 뒤, 나중에 자신에게 그 주제를 완성해 달라고 요청했다고 이야기한다.[23] 이 연습에서는 무지개색의 원형적 순서에 따라 총

---

22 Hilde Boos-Hamburger, 『회화에 관해 슈타이너와 나눈 대화Gesprache mit Rudolf Steiner uber Mahlerei』 스위스 바젤, 1961

23 위와 동일

6장의 그림을 그린다. 이는 고차의 정신 존재들이 인간에게 선사한 건강한 영혼 혹은 아스트랄체의 원형이다.(슈타이너의 1924년 1월 4일 강의 『색채의 본질』 참조)

주홍vermilion을 이용한 첫 번째 그림에서 영혼은 개별성이 온전하고 자유롭게 육화하는 것을 가로막는 내면적, 개인적 대립을 정화하는 힘을 얻는다. 학생은 오각별을 칠할 때 다양한 색채 조합을 시도해 볼 수 있다. 그 조합에서 영혼 상태에 대한 상을 얻을 수 있다. 주홍은 실낙원 사건과 함께 인간에게 들어온 혈액 속 루시퍼적 요소인 교만, 욕망, 정념을 상징한다. 마지막에는 별을 정화된 혈액이자 그리스도 요소인 자홍magenta으로 칠한다. 영혼을 위한 이 내면 작업은 『인지학-심리학-정신학』 도표에 나왔던, 뒤에서 앞에서 흐르는 감각혼 흐름과 연결된다. 이 방향 움직임은 '용기'라는 덕목과 상응한다.(오드리 맥앨런 『잠』 참조) 신세계로 탐험을 시작할 때 유럽 선원들이 가졌던 용기를 생각해 볼 수 있다. 그들은 옛 세계의 안전한 바다를 뒤로 하고 대양을 가로질러 서쪽으로 갔다.

두 번째 그림은 2차원적 육각별로 제시된 3차원 공간의 객관적 상이다. 이는 앞에서 흘러드는 감각체의 흐름이다. 감각 세계의 아름다움을 경험할 때 우리는 '기쁨'으로 가득 찬다. 주황orange은 배경색이다. 별은 감청prussian blue이나 연청록turquoise을 연하게 칠한다.

세 번째 그림은 노랑 바탕에 주황 동그라미다. 이 원은 초등학교 입학을 앞둔 유치원 졸업반 아이들 그림에 자주 등장하는 나무에 달린 열매(사과)와 유사하다. 이제 아이가 에테르 힘을 학습에 쓸 수 있고, 아스트랄체가 천천히 육화하는 단계에 들어섰다는 의미다. 그림 형제 동화 '홀레 할머니'에는 이런 대목이 나온다. "아이는 계속 길을 가다가 사과가 잔뜩 열린 나무를 만났습니다. 사과가 말했습니다. '나를 흔들어줘! 사과들이 다 익었어!' 그래서 아이는 사과가 비처럼 떨어지도록 나무를 흔들었습니다. 사과가 다 떨어질 때까지 나무를 흔들었습니다. 떨어진 사과를 잘 모아 놓고 아이는 계속 길을 걸어갔습니다." 노랑은 영혼을 감각 세계로 이끄는 영유아기 공감력을 상징한다. 이 그림은 아직 물질육체, 생명육체와 연결되지 않은 아스트랄체를 의미한다. 밑에서 위로 올라오는 아스트랄체의 흐름으로, 이 때의 덕목은 '믿음'이다.

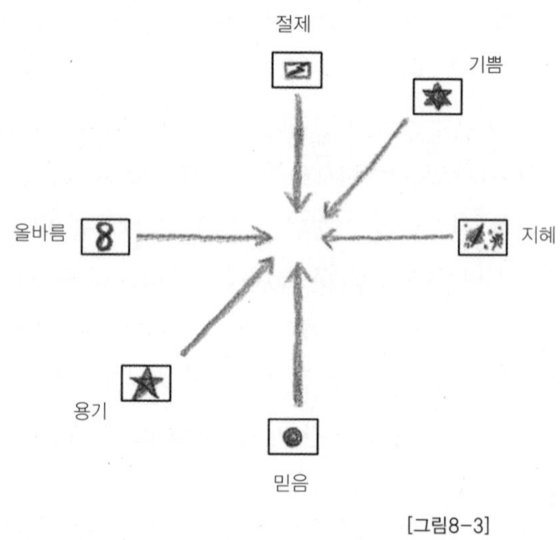

[그림8-3]

네 번째 그림은 초록 바탕 위 나뭇잎이다. 초록에 관한 앞장의 설명을 염두에 두자. 이 그림에서 우리는 옛 달에서 온 모든 지혜를 품은 식물계와 에테르 세계를 만난다. 『인지학-심리학-정신학』 도표로는 오른쪽에서 왼쪽으로 흐르는 에테르체의 흐름이다. 옛 달기 및 에테르계와 연결되는 덕목은 '지혜'다.

세 번째 그림에서 우리는 육화할 준비가 된 객관적 아스트랄체를 만난다. 다섯 번째 그림에서는 물질육체 속으로 육화하는 아스트랄체를 만난다. 객관적, 원형적 영혼 색채는 파랑과 빨강이며, 원형적 형태는 무한대(측면에서 본 나선)다. 1909년 도표에서 왼쪽에서 오른쪽으로 흐르는 물질육체의 흐름이다. 모든 인간의 구조적 물질육체는 큰 차이 없이 비슷하다. 이는 '정의'와 상관있다.

지금까지의 그림은 모두 마지막 그림을 위한 준비 과정이었다. 다섯 흐름이 한데 모여 자아가 육화할 하나의 그릇을 만든다. 여섯 번째 그림에서 우리는 신체 구조 전체로 육화하는 자아의 힘을 만난다. 사각형은 2차원에 그린 정육면체다. 바탕을 검정이나 먹물 한 방울로 살짝 어둡게 만든 보라로 칠한다. 자아는 출생부터 7세까지 머리에서 시작해서 아래로 작용하는 반감력(암청cobalt)과 공감력(노랑 번개)을 이용한다. 이것은 출생부터 7세까지 머리에서 아래로 작용하는 힘이다.(『인간에 대한 앎과 수업 형성』 2강) 노랑으로 그린 번개 형태는 신경계 시냅스 사이를 넘어다니는 전기 불꽃을 상징한다. 정신은 구조적 물질육체 속에 안착할 것이고, 자아는 모든 힘의 균형을 유지하게 될 것이다. 이것은 '절제'를 가리키는 덕목이다.

힐데 부스-함부르거에 관한 이야기를 들은 동료 교사 에른스트 베스터마이어Ernst Westermeier가 한번은 '도덕적 색채 연습'이 아이들의 육화에 도움이 되냐고 물었다. 사람-집-나무 그림에서 지붕(삼각형)에도 창문을 추가로 그려 넣는 아이들을 많이 만나기 때문에 나온 질문이었다. 이 지붕창은 초감각적 기관(차크라 혹은 연꽃)이 아직 유기체에서 활동하며 두뇌와 운동 체계를 형성하고 있다(『인지학-심리학-정신학』)는 의미일 수도 있고, 영혼 속에 육화 과정을 방해하는 요소가 있다는 의미일 수도 있다.(도입 참고) 필자는 그 교사에게 더 깊이 들어가 볼 것을 제안했다. 이 교육을 위해서는 직관에 따라 스스로 연구하는 용기가 반드시 필요하기 때문이다. 슈타이너는 빌렘 첼만 판 엠미호펜Willem Zeylmans van Emmichoven에게 보낸 편지에서 이런 말을 했다. "우리는 정신세계에서 언제나 도움이 온다는 사실을 흔들림 없이 신뢰해야 합니다. 그 신뢰가 없으면 어떤 일도 이루어지지 않습니다."[24] 베스터마이어 선생님은 일련의 움직임 활동과 영유아기의 미성숙한 운동 양식 통합을 위한 연습을 하나로 연결하고, 수채화 활동으로 수업을 마무리했다. 유아들과는 파란 하늘과 노란 태양 연습을 했다. 도덕적 색채 연습을 한동안 계속하자 아이들 그림에서 지붕창이 사라졌다. 내적 영혼 요소를 위한 작업과 구조적 물질육체를 위한 연습을 결합했기 때문에 아이들의 성장 발달에 눈에 띄는 변화가 일어난 것이다.

이 연습을 할 때 물감을 섞어서 주황, 초록, 보라를 만들지 않기를 권한다. 애초부터 그 색깔로 제조한 물감을 사용하는 것이 좋다. 혼합 색에는 제조한 물감 같은 객관적 특성이 없기 때문이다. 종이 위에서 색을

---

24 『빌렘 찔만 판 엠미호펜, 인지학을 위한 하나의 영감 Willem Zeylmans van Emmichoven: An In spiration for Anthroposophy』에서 전문 참고, Emmanuel Zeylmans van Emmichoven 저

쉬는 것은 아이들에게 회화 기법을 가르치기 위해서다. 힐데 부스-함부르거는 슈타이너가 기성 물감을 사용했다고 전하며, 이는 슈타이너의 강의[25]에서도 확인할 수 있다.

파란 하늘과 노란 태양(6세부터)

이 그림은 어린 아이들을 위한 도덕적 색채 연습이다. 어린 아이들과는 도덕적 색채 6번째 연습처럼 반감과 공감의 객관적 색채인 파랑과 노랑을 사용한다. 이 연습을 반복하면서 두 색이 균형을 이루면 아이 영혼 속 공감력과 반감력의 조화로운 균형에 도움을 줄 것이다. 앞 장에서 소개한 슈타이너의 색채 도표를 보면 파랑과 노랑은 머리 영역에서 활동하는 것을 볼 수 있다. 파랑은 신경에서 작용하는 반감의 색, 노랑은 감각과 모방을 통해 외부 세계를 만나려는 의지 속 공감의 색이다.

연습의 마지막 단계에는 아이들에게 태양과 하늘 외에 다른 요소를 추가하게 한다. 전 시간 연습을 반복한 뒤 새로운 요소를 추가해서 이야기가 하나로 이어지게 할 수도 있다. 그 이야기를 글로 적어 볼 수도 있다. 그러면 그림과 이야기가 있는 책이 탄생할 것이다.

필자를 비롯한 세계 여러 나라 동료 교사의 경험에 따르면 이 과정에서 아이들은 내면 영혼 깊은 곳에서 원형적 요소를 선택하여 육화 과정을 방해하는 장애물이 무엇인지를 보여 준다. 도움수업 교사는 그 요

---

25 Rudolf Steiner, 『교육 예술의 영혼-정신적 근본력. 교육과 사회적 삶 속 정신적 가치Die geistig-seelischen Grundkrafte der Erziehungskunst. Spirituelle Werte in Erziehung und sozialem Leben』 GA 305, 1922년 8월16일, 『1학년부터 8학년까지의 발도르프 교육방법론적 고찰 Erziehungskunst, Methodisch-Didaktisches』 GA 294, 밝은누리

소를 알아보고, 오드리 맥앨런이 『아이들 그림 읽기』에서 설명한 것처럼 원형적 상으로 해석하는 법을 배운다. 아이가 그린 그림을 순서대로 늘어놓으면 도움수업을 받는 동안 아이에게 어떤 변화가 일어났는지 한눈에 볼 수 있다. 도덕적 색채 연습과 파란 하늘 노란 태양 연습은 모두 구조적 물질육체와 외부 감각 세계 속으로 육화하는 객관적 과정에 있는 아이 영혼의 상태를 보여 준다.

수직선과 무한대 연속 그림(8세부터)

도움수업 교사는 수직선과 무한대 연속 그림에서 아이들이 선택하는 색을 통해서도 육화 과정에 대한 또 다른 상을 얻을 수 있다. 어느 지점에서 육화 과정이 정체되었는지, 어려움을 겪는지를 알려 주는 아이 영혼의 목소리를 색깔 선택에서 만날 수 있다. 인간의 원형적 상에 해당하는 색채 도표가 큰 도움이 된다. 학생이 선택한 색과 객관적 색채 도표를 비교해 보라. 우리는 학생이 파랑과 빨강을 올바른 눈–색 친화성 관계로 선택하기를 기대한다. 이는 영혼의 힘이 신체적 과제에서 자유로워졌으며 영혼이 신체를 통제하고 있음을 의미한다. 눈–색 친화성이 뒤바뀐 것은 아직 신체가 영혼을 압도하고 있다는 뜻이다. 어린 아이가 파랑과 노랑을 선택했다면 육화 과정에서 이미 새로운 단계에 접어들었음을 의미한다. 초록과 빨강, 다양한 색조의 노랑과 초록, 초록과 파랑–보라 혹은 검정 조합도 자주 볼 수 있다. 필자의 경험에 따르면 검정을 택하던 아이가 한동안 도움수업을 받고 자홍magenta을 집어 들면 수업이 기대한 효과를 발휘하기 시작한다고 보아도 좋다. 자홍은 심장에서 나오는 치유의 힘이 에테르체 속으로 흘러들고 있음을 보여 주는 색이다. 이 부활의 색이 나타날 때 교사는 기뻐해도 좋다.

눈-색 친화성

아이가 파란 달과 노란 태양을 그렸다면 머리 영역과 깊이 연결된 공감과 반감의 원형적 색깔을 택한 것이다. 이는 두개골을 형성하는 힘과 감각에서 활동하는 공감의 힘이다. 오드리 맥앨런은 노랑-파랑 조합을 '유치원 색깔'이라고 불렀다. 유치원 아이들 그림에서 가장 많이 등장하는 조합이기 때문이다. 초등학생이 노랑-파랑을 선택한다면 유아기 단계를 아직 완전히 극복하지 못했다고 짐작할 수 있다.

영혼이 유전의 힘에 너무 강하게 매어 있으면 주황을 택하거나 태양에 주황을 덧칠하기도 한다. 신경 감각 체계가 과도하게 자극된 경우에는 주홍을 사용할 수 있다.

자홍이나 보라색 달과 노란 태양을 그리는 경우도 있다. 필자는 어떤 오이리트미 공연을 보던 중 이 색깔 조합의 의미를 깨달았다. 그것은 슈타이너의 '열두 가지 분위기' 공연(『진실의 힘으로 빚어낸 말들』 참고) 이었다. 그중 태양과 달을 상징하는 사람들은 각각 보라색과 흰색 의상을 입고 있었다. 그것을 보고 이 상황에서는 달과 태양이 다른 행성들과 함께 아스트랄체의 내적 측면, 신체적 과정을 의미한다는 것을, 그렇기 때문에 파랑과 빨강 의상을 입지 않았음을 깨달았다. 눈-색 친화성 그림, 수직선과 무한대 연속 그림, 사람-집-나무 그림에서 노랑과 자홍(혹은 노랑과 보라) 조합이 나왔다면(자홍색 옷을 입은 사람이 노란 유모차를 끌거나, 머리에 노랑과 자홍 리본을 달거나 집의 창문이 노랑과 빨강 혹은 보라인 경우) 아이가 체질적 육체의 에테르적 과정에 더 깊이 들어가 있다고 생각해 볼 수 있다. 이 경우 지나치게 강한 에테르 힘 때문에 감각 세계에 대한 객관적 지각이 희석될 수 있고, 그 결과 기억하는데 어려움을 겪을 수 있다.

9장
반사와 각인 과정

인지학 전체 특히, 도움수업에서 가장 어렵고 복잡한 부분이 바로 지각과 기억에 관한 초감각적 과정에 대한 이해다. 사실 외부 세계가 어떻게 인간 내면세계로 들어올 수 있느냐는 문제는 언제나 심오한 철학적 탐구 대상이었다. 루돌프 슈타이너는 『자유의 철학』에서 이 주제를 신선하고 유머러스하게 다룬다. 1909년 신지학회 연례 모임에서 그는 인간 감각과 물질 육체의 조직과 구성을 첫 번째 주제로 다루었다. 1년 뒤 1910년 11월의 강의 주제는 영혼 활동과 지각의 내적 과정이었다. 이듬해인 1911년 2월에는 정신적 측면에 관해 이야기했다. 슈타이너 자신이 말한 것처럼 이 세 편의 연속 강의는 인간에 대한 인지학적 상의 근본 토대다. 1919년 첫 번째 발도르프학교 개교를 준비하면서 루돌프 슈타이너는 이 강의를 언급했다. 슈타이너는 새로운 교사들이 그 강의의 내용을 잘 안다고 생각했거나 적어도 그러기를 기대한 것 같다.

우리 교사들은 학습 장애와 난독증 같은 문제 앞에서 감각 인상이 어떻게 신체와 영혼, 정신 속에서 처리되는지 고민하지 않을 수 없다. 이 장에서는 몇 가지 연습에 대한 설명과 함께 인간을 신체, 영혼, 정신적 측면에서, 혹은 2중적, 3중적, 4중적 관점에서 바라보면서 이 문제를 살펴볼 것이다.

인지학 의사이자 특수 교육 교사인 발터 홀차펠Walter Holtzapfel이 난독증에 관해 쓴 글[26]이 있다. 먼저 이 글을 읽어 보기를 강력히 추천한다. 오드리 맥앨런이 쓴 '2차원, 3차원 공간과 관련한 반사 과정'(『학습 장애』)에는 반사 과정을 보여 주는 도표가 있다. 9장에서는 도움수업

26 발터 홀차펠, 『아이의 운명. 발달의 방향Kinderschicksale, Entwicklungsrichtungen』

의 맥락에서 이 주제를 이해하는데 필요한 배경 지식을 소개할 것이다.

2중적 인간

인간을 2중적 구성으로 바라볼 때는 머리와 머리를 제외한 나머지 유기체로 나눈다. 한편으로 인간은 감각 지각의 존재이며, 다른 한편으로는 행동과 행위의 존재다. 슈타이너는 『교육학의 기초가 되는 인간에 대한 보편적인 앎』 1강에서 인간을 물질-생명 육체와 영혼-정신 요소로 나누었다. 이런 이중성은 신경-혈액이라는 신체 구조와 상위 인간-하위 인간 관계에서도 드러난다. 영혼에서는 공감과 반감이라는 영혼력과 과거-미래 관계에서 드러난다.

하지만 인간은 하나의 단일체다. 항상 이중적 인간 구성체의 양 측면을 이어 줄 연결 고리가 필요한 것이다.(『인류의 본질적 존재의 개념에서 나온 교육 예술』 GA 311, 1강) 『발도르프 특수 교육학 강의』 5강에서 슈타이너가 제시한 머리와 몸통의 4중적 구조를 떠올려 보자. 그 강의에서 슈타이너는 보통의 건강한 상황에서는 머리에 위치한 감각 기관을 통해 무언가를 지각할 때마다 항상 몸통에 위치한 초감각적 기관에 진동이 일어나며, 그렇지 않으면 우리는 아무것도 기억할 수 없을 것이라고 말했다.

3중적 인간

양극 사이에서 둘을 연결하는 세 번째 요소가 자란다. 주로 초등학교 기간에 일어나는 발달이다. 감정 영역이 아주 중요한 위치를 차지하는 시기이며, 이때 주로 발달하는 것은 리듬 체계다. 9세 무렵 자아는 에테르체 속에 새로운 근거지를 찾아야 한다. 4학년 말이면 신진대사 기관의 혈액 체계와 호흡–심장 박동의 비율(1:4)이 완성된다.

루돌프 슈타이너가 신경계에서 외부 감각 인상을 처리하는 것은 내적 영혼 생활과 아무 상관없다고 말한 것은 5장 '구리 공 연습'에서 이미 지적했다. 신경계는 감각 인상을 받아들이고, 그 인상의 외적 진동을 진정시킨다. 감각은, 말하자면, 외부 세상의 진동 및 움직임과 함께 진동한다. 감각 기관은 영유아의 팔다리처럼 외부 감각 세계의 움직임을 모방한다. 소리는 움직임에 의해 생겨나고, 색채는 빛 주변 어둠의 움직임이다. 귀의 청각 체계와 눈의 시각 체계는 외부 움직임과 함께 공명한다. 모방을 하는 것이다.

리듬 체계는 외부 세계에 대한 이런 내적 모방을 반사한다. 신체 중간에 위치한 리듬 체계를 통해 감각 인상은 영혼의 내적 감정 영역과 연결된다. 감정과 긴밀한 관계인 호흡이 차분하게 가라앉은 감각 인상을 연결한다. 영혼의 내면 빛이 진정된 감각 인상을 수용하기 시작한다.

이제 영혼 인상은 신진대사 체계의 에테르적 과정 속에 기억의 상으로 각인된다. 기억은 두뇌에 담기는 것이 아니다. 두뇌 자체는 내면의 기억 표상을 깨어 있는 낮 의식, 또는 사고하는 의식으로 끌어올리는데 중요한 역할을 한다.(『교육학의 기초가 되는 인간에 대한 보편적인 앎』 10강) 이것이 신경 체계, 리듬 체계, 신진대사 체계에서 일어나는 과정에 대한 3중적 상이다.

4중적 상

루돌프 슈타이너는 물질육체, 에테르체, 아스트랄체, 자아라는 4중적 인간상도 이야기했다. 여러 강의에서 네 구성체가 어떻게 배열되고 머리와 몸통에서 어떻게 활동하는지를 다양한 상으로 설명했다. 『발도르프 특수 교육학 강의』에서는 의학과 특수 교육 관점을 만날 수 있다. 교사들을 대상으로 한 강의에서는 일반 인지학 강의와 비슷한 맥락의 상을 제시한다. 의학, 치유 교육 관점에서는 모든 질병 이면에 존재하는 내적, 개인적, 카르마적 요소를 직접 언급한다. 이는 체질적 측면이다. 반면, 교사들의 과제는 감각과 외부 물질세계의 객관적 구조와 상태에 관한 것이다.(『인간에 대한 앎에서 나오는 교육과 수업』)

에테르체와 아스트랄체에서 일어나는 반사 과정을 파고들기에 앞서 광물, 식물, 동물계가 우리에게 어떻게 드러나는지를 살펴보자. 물질적 요소는 광물계의 창조 재료다. 아주 오랜 시간 동안 천천히 성장하는 광물 결정에서 우리는 면을 가진 형태를 창조하기 위해 외부에서 작용하는 에테르적 형성 원리를 발견할 수 있다. 눈송이의 육각 구조도 이 원리를 보여 준다.

[그림9-1]

식물에서 이 원리는 잎을 형성하는 과정 내부에서 작용한다. 풀과 나무의 잎은 평면, 즉 내부 공간 없이 표면만 있는 2차원적 특성이 주를 이룬 상태로 볼 수 있다. 식물 내부에서 활동하는 에테르 힘은 생명 유지, 성장, 번식을 위해 일한다. 에테르체의 원형적인 상을 버섯에서 볼 수 있다. 하지만 외부에서 작용하면서 특정한 형태와 다양성을 창조하는 또 다른 원리가 있다. 발도르프학교에서 5학년 식물학 수업을 해 본 사람은 식물계의 발달 단계를 들어 보았을 것이다. 기능과 형태를 세분화하는 힘은 항성과 행성계에서 온다. 이를테면 태양에서 오는 힘과 계절 변화는 성장의 역동, 잎과 꽃, 열매 형성에 영향을 미친다. 생명 역동 농업에서는 황도 12궁을 따라 운행하는 달의 리듬을 고려해서 농사를 짓는다. 여러 행성의 힘과 리듬이 꽃과 나무 형태에 어떤 영향을 미치는지 연구한 인지학 과학자들이 있다. 그 영향이 가장 분명하게 드러나는 사례는 식물이 성장할 때 보이는 나선형 움직임이다. 여기서 우리는 외부에서 온 별의 힘(아스트랄 힘)이 식물계의 에테르적 힘 속에서 활동하는 것을 본다. 에른스트 마티는 『네 가지 에테르The Four Ethers』에서 이를 형성력이라고 불렀다. 형성력은 아스트랄계에서 기원하며, 행성과 항성에서 온다.

[그림9-2]

수없이 많은 종으로 구성된 동물계는 다양한 아스트랄 힘이 신체 조직에 통합된 결과다. 아스트랄체의 나선형 또는 무한대적 특성은 오목, 볼록 측면과 함께 여러 진화 단계를 거치면서 내면 감정 세계를 담을 수 있는 그릇을 만들었고, 이것은 신경계로 발전했다. 아메바 같은 원생동물에는 신경계가 없다. 해파리나 불가사리의 신경계는 아주 원시적이며, 신체 유지 과정 및 주변 세계를 단순히 지각하는 수준의 감각 과정과 연결된다. 이들은 전적으로 외부 환경에 의존해 살아간다. 진화 단계상 무척추동물에서 척추동물로 넘어갈 때 신경관이 등장하는데, 이것이 내면세계가 존재할 수 있는 조건이다. 동물계의 90%는 무척추동물이며, 공통적으로 하나 혹은 그 이상의 눈이 주요 감각 기관이다. 귀도 없고, 목소리를 낼 수도 없다. 나머지 10%의 척추동물은 귀와 후두가 있고, 소리를 낼 수 있는 능력이 있다.[27] 여기서 우리는 외부 요소가 뒤집히며 내부가 되고, 내면세계를 위한 공간이 창조됨을 볼 수 있다. 허파의 진화 과정에서도 유사한 상을 만난다. 물고기에서 파충류로 발달하는 과정을 가장 잘 보여 주는 예는 올챙이에서 시작하는 개구리의 성장 과정이다. 공기 요소를 신체 내부로 수용하면서 허파가 생겨난다. 감정 생활이 담길 그릇, 내면 공간이 창조되는 것이다. 도표에서는 내부와 외부가 하나로 통합된 아스트랄체를 무한대 형태 또는 안으로 들어왔다가 밖으로 나가는 나선으로 표현한다. 인간과 가장 가까운 동물인 포유류에게는 분명히 어느 정도 내적 감정 세계가 있다. 돌고래나 침팬지를 생각해 보라. 하지만 자아가 통합된 상태의 개별성은 찾아볼 수 없다. 척추가 수평으로 놓였기 때문에 혈액 흐름이 개별 자아를 통합할 수 없는 것이다. 동물의 종마다 가진 집단 혼은 외부, 즉 지구 주변부에서 작용한다.(『인지학–심리학–정신학』)

---

27 2002년 8월2일 핀란드 라티에서 열린 콜리스코 콘퍼런스Kolisko Conference 중 아르민 후세만Armin Husemann의 강의 (미출간)

신진대사 과정

이 복잡한 문제에 한 걸음 깊이 들어가기 위해 음식을 먹을 때처럼 외부 세계 요소가 인간 신체 안에 들어갈 때 어떤 일이 일어나는지 상을 만들어 보자. 소금은 광물성 식재료다. 소금은 타액에 녹기 때문에 입에 들어가는 즉시 변화한다. 광물이었던 것이 녹아 액체가 된다. 이 과정은 우리가 섭취하는 모든 음식에 해당한다. 빵 한 조각을 입에 넣고 씹으면서 침과 섞는다. 침에는 물뿐만 아니라 효소도 있기 때문에 즉시 질료에 변화가 일어난다. 신진대사 과정은 전분을 소화시키는 데서 시작한다. 이어서 위장에서는 위산이 음식의 전체 구조를 파괴한다. 우리 물질육체 내부에는 어떤 이질적 요소도 그대로 남아 있을 수 없다. 외부에서 들어온 것은 남김없이 파괴되어야 한다. 파괴 작업을 할 수 없으면 알러지 반응이 일어난다.

다음 단계에서 음식은 혈액을 타고 장腸에서 신체 구석구석으로 이동한다. 세포 내부에 이르면 일종의 내부 연소 과정이 시작된다. 허파에서 온 혈액이 운반한 산소가 이 과정에 참여한다. 그 결과 이산화탄소가 생산된다. 완전히 새로운 신체 질료가 창조된다. 인간 신체의 모든 세포에는 그 사람 고유의 유전 물질만 있다. 음식으로 섭취한 외부 질료는 흔적도 찾을 수 없다.

이 과정을 요소적 관점에서 보면 물질적 식재료는 광물 요소에서 액체 요소로 상승했다가, 연소 과정을 거치면서 공기 요소로까지 올라간다. 자아는 자신의 온기 요소를 이용해 개별적 신체 질료를 만들고 모든 세포에 자신만의 고유성을 각인한다. 흙에서 물로, 그리고 공기에서 온기 순서로 변형된다. 초감각적 구성체 이름으로 말하자면 물질육체에서 에테르체, 아스트랄체, 자아로 이어지는 과정이다. 자아가 모든 것을 아우르고 인도하면서 개별성의 인장을 찍는다.

신진대사-사지 체계의 기능과 구조는 감각 기관과 완전히 다르다. 초감각적 구성체들의 활동 역시 전혀 다르다. 『물리학 발달을 향한 정신과학적 힘 1: 첫 번째 자연 과학 강의: 빛, 색채, 소리-질량, 전기, 자기』 2강에서 슈타이너는 이렇게 말한다.

> "여러분의 에테르체가 근육 속에 켜질 때와 눈 속에 켜질 때 그 방식이 다르다는 것을 생각해 보면 됩니다. 에테르체가 근육 속에 켜질 때는 근육의 기능과 하나로 결합됩니다. 눈의 경우는 이와 같지 않습니다. 눈은 육체의 다른 부분에 비해 격리되어 있기 때문에 에테르체가 눈 속으로는 완전히 들어가서 켜지지 않고 상대적으로 독립된 상태에 있습니다. 그로써 에테르체 중에서 눈 속에 들어 있는 부분과 아스트랄체가 내밀하게 연결됩니다. 우리의 아스트랄체가 눈 속에서는 육체 조직의 다른 부분 속에 있을 때와 완전히 다른 방식으로 독립성을 띠고 있습니다. 여기에서 육체 조직의 한 부분이 근육 속에 있고, 여기에는 눈의 육체적 조직이 있다고 가정합니다. 이 양자를 설명해야 한다면, 다음과 같이 말해야 합니다. "우리의 아스트랄체는 이 양자 모두 안에 켜져 있다. 그런데 그 상태는 완전히 다르다. 근육 속에서는 아스트랄체가 육체라는 공간 전체에 켜져 있다. 하지만 독립성은 없다. 여기 눈 속에도 아스트랄체가 켜져 있다. 그런데 여기서는 독립적으로 작용한다." 아스트랄체가 이 양자 모두에서 같은 방식으로 공간을 채웁니다. 단, 눈에서는 독자성을 가지고 작용하고, 다른 조직에서는 그렇지 않습니다. 그래서 아스트랄체가 육체 속

에 들어 있다고 말한다면, 절반만 말하는 것입니다. 그것이 어떤 식으로 육체 속에 들어 있는가 하는 질문을 해야 합니다. 아스트랄체는 눈 속과 근육 속에 각기 다른 방식으로 들어 있기 때문입니다. 근육과 눈 양자 모두에 들어 있기는 해도 눈 속에서는 상대적으로 독자성을 유지합니다."

감각 지각 과정

구조적 차이는 있지만 음식 섭취와 유사한 과정이 감각 인상을 소화하는 과정에서도 일어난다. 음식이 외부 세계에서 신체 안으로 들어오는 것처럼, 감각 인상을 통한 정보 역시 외부 세계에 속한다. 실제로 감각 인상으로 들어온 자극은 우리 내면세계에 이질적인 요소다. 루돌프 슈타이너는 『요한 계시록』 강의 1장에서 이런 말을 했다.

> "외부 세계에서 들어온 인상이 낮 동안 우리에게 다가옵니다. 그 인상들은 신체 감각 기관을 이용해서 자아가 그것을 의식할 때까지 에테르체와 아스트랄체에 작용합니다. 아스트랄체는 물질육체에 일어나는 일을 기록합니다. 빛이 눈으로 들어옵니다. 빛으로 인한 인상이 에테르체로 전달되고, 아스트랄체와 자아가 그것을 의식합니다. 이는 귀를 비롯한 다른 감각 기관에서도 마찬가지입니다."

발터 요한네스 슈타인Walter Johannes Stein에게 보낸 편지에서 슈타이너는 이 과정을 더 자세히 설명한다.[28] 슈타이너의 강의를 읽을 때는

28 발도르프 교사인 발터 요한네스 슈타인의 박사 논문에 도움을 주기 위해 루돌프 슈타이너는 잔상이 어떻게 생기는지를 정신적 관점에서 설명하는 편지를 썼다. 슈타이너는 노란 종이를 한참 응시하다가 재

그 주제를 어떤 맥락에서 이야기하고 있는지 유념해야 한다. 언제, 어디서, 누구에게 말하고 있는지를 염두에 두고 읽어야 한다는 것이다. 어떤

빨리 치우면, 흔히 이야기하는 보라색 잔상이 아닌 푸른색 잔상이 밝은 배경 위에 나타난다는 사실을 깨달았다. 다음은 슈타이너의 편지다.

"감각 지각 과정을 온전하게 눈앞에 떠올려야 합니다. 내가 노랑을 지각할 때 어떤 일이 일어나는가?

1. 눈 자체에서는 객관적으로: '생명력 있게 살아난 노랑'
2. 감각 지각이라는 주관적 행위를 하는 사람의 에테르체가 그 생기를 띤 노랑 속을 관통한다. 외부 에테르가 관통하면서 생기를 띠었던 노랑이 '죽은 노랑'이 된다. 따라서 눈 속에 있는 것은 생명력을 잃은 노랑이다. 내적 생명(에테르체)으로 인해 색깔 속 생명력이 몰아내어졌기 때문이다. 주관적 관찰자는 외적으로 생명력을 얻은 노랑이 아니라 내부에서 오는 힘으로 살아난 노랑의 상을 갖는다. 하지만 이 상에는 노랑의 '시체'가 포함된다. 지금까지의 과정은 객관적-주관성이다. 하지만 이 과정으로는 내적으로 살아 있는 노랑만 창조될 것이고, '주체'는 그 노랑에 대해 아무 것도 알지 못할 것이다. 그는 오직 자신의 주관적-객관성 요소만 '체험'할 뿐이지만 의식적 경험은 아니다.
3. 이제 '주체'의 아스트랄체가 새로이 살아난 노랑의 주관적-객관성 속으로 관통한다. 활기를 띤 노랑을 이용해서 아스트랄체는 '생명력을 가진 파랑'을 창조한다. 이 파랑은 유기체 내부에서 실제로 창조되지만 공간적으로 유기체를 벗어나지 않는다.
4. 따라서 다음의 요소가 존재한다.
   ① 아스트랄적으로 창조한 상 '파랑'
   ② 이 아스트랄 상이 주관적 생명 과정인 에테르체에 미치는 영향
   ③ 생리학적으로 신체적 눈에서 일어나는 파랑의 과정(외부를 향해서가 아니라 내부를 향해 활동)

하지만 자아 의식은 이 모든 과정을 자기 문제로 삼지 않는다.

자아는 오직 눈 속에서 맨 처음 살아났던 '노랑'이 내적으로 진정되었을 때를 '안다'. 그러면 다음과 같은 일이 일어난다.

① 자아에 의해 노랑 속 생명력이 진정된다.
② 아스트랄체에 더 이상 살아 있지 않은 노랑이 의식적으로 드러남.
③ 아스트랄적으로 생산된 '파랑' 상은 여전히 무의식에 존재. 죽은 노랑의 '빛에 가려졌기' 때문.
④ 그 효과가 에테르체에 미침
⑤ 눈 속에서 생리학적 과정이 일어남

노랑을 발산하는 사물을 치우면 아스트랄적으로 생산된 '파랑'이 현실화되지만 공간적 실체는 아니다. 그 파랑은 아스트랄체에서 기인한 것으로 그 신체적 효과가 유기체에 남아 있을 뿐이다.

다니엘 판 베멜렌의『루돌프 슈타이너가 첫 번째 괴테아눔 천장에 시도한 새로운 색채 접근』과 슈타이너의『색채론Farbenerkenntnis』(GA 291a) 참고

집단 사람들에게 말한 것과 다른 집단 사람들에게 말한 내용이 크게 다를 수도 있다. 루돌프 슈타이너는 여러 층위의 의식을 가진 사람이었다. 우리는 그를 너무 작게 보곤 한다. 이타 벡만은 리안 콜로 데르부아에게 루돌프 슈타이너가 다음 달에 진행할 모든 강의 준비를 5분 만에 끝낼 수 있었다고 했다. 이런 일화는 그가 어떤 종류의 의식을 지닌 사람인지 짐작하게 해 준다. 의학 강의에서 슈타이너는 내적 체질 관점에서 감각 지각 과정을 설명한다.[29]

눈은 빛과 어둠, 그리고 색채 지각만 담당하는 감각 기관이다. 색채를 지각할 때 빛은 눈으로 들어와 망막 위에 투사된다. 감각 정보는 시신경을 통해 두뇌 시각 피질로 전달된다. 이와 동시에 눈 속 생명 활동에도 변화가 일어난다. 시신경과 나란히 흐르는 혈관과 눈 속 혈액이 자극을 받고, 이로 인해 잔상이 만들어진다. 생명 활동을 주관하는 것은 에테르체다. 외부 감각 자극과 연결된 외부 에테르 힘이 한풀 꺾이는 한편, 내부 에테르 힘은 활발해지면서 차분해진 외부 색채 인상에 새로운 내적 생명

---

29 『의사와 사제의 협동 작업Das Zusammenwirken von Arzten und Seelsorgern』(GA 318) 1924년 9월10일, 3강에서 루돌프 슈타이너는 이렇게 말한다.

"일상생활에서 뭔가를 볼 때 우리는 외부에서 자극을 받고 그 자극을 내부로 받아들입니다. 그 자극은 에테르체까지 들어오고 에테르체는 의식적 경험을 창조합니다. 눈을 예로 들어 봅시다. 뭔가를 볼 때 외부 자극이 자아에서 일어나고, 그것이 아스트랄체를 관통했다가 다시 에테르체를 관통합니다. 이제 에테르체는 사방에서 밀고 들어오면서, 어떤 면에서 보자면 신체 조직을 밀어내면서, 그 의식적 경험 전체를 전달합니다. 의식적 경험은 그 밀어내는 과정에서 일어납니다. 물질육체도 이에 맞서 밀어냅니다. 이 밀어냄, 즉 물질육체의 반발이 우리 눈 속에서 일어나는 실제 체험입니다. 에테르체와 눈의 맥락막, 망막 사이에서 끊임없이 상호 관계가 일어납니다. 에테르체가 맥락막과 망막에서 하는 일이 시각 경험으로 일어나며, 이는 다른 모든 감각도 마찬가지입니다."

을 부여한다. 외부 감각 자극에 대한 에테르체 반응을 '에테르 반사'라고 부른다. 이는 신체적 감각 인상이 에테르에 비친 상이다.

위에서 설명한 일련의 과정은 물질육체와 에테르체의 생명 과정 속에서 일어난다. 하지만 아스트랄체 활동이 없으면 감각 자극에 대한 어떤 의식적 경험도 존재할 수 없다. 따라서 또 다른 반작용, 혹은 반사가 아스트랄체에서 일어나야 한다. 이를 '아스트랄 반사'라고 부른다. 색채 지각 과정에서 아스트랄체는 항상 실제 신체로 들어온 감각 인상과 반대로 움직인다[30]는 아스트랄 반사 법칙에 따라 상대 색(7장 참고)을 만들어 낸다.

아스트랄체 일부는 하위 인간 및 신진대사 과정과 혈액의 에테르적 활동과 이어져 있다. 이 부분이 분리하고 농축하고 방사하는 내부 아스트랄체다. 이것은 분비, 영양, 성장, 온기, 호흡, 재생산, 유지라는 일곱 가지 생명 과정을 촉진한다. 혈액 내 신진대사와 연결된 내부 아스트랄체는 눈에서 내적 보색을 만드는 역할도 한다. 또한 내부 아스트랄체는 표상을 다시 에테르체로 반사할 수 있다. 색상환에서 어두운 분홍과 밝은 분홍, 밝은 보라와 어두운 보라 영역으로 들어가면 둘 사이에 슈타이너가 '복숭아꽃색'이라고 부른 색이 있다. 이는 우리가 아직 지각하지 못하는 색이다. 물에 사는 물고기처럼 우리는 복숭아꽃색 속에 살고 그것의 일부이기 때문이다. 이 다섯 색깔이 들어갈 때 일곱 가지 깨어 있는 낮 색채로 이루어진 무지개가 온전해진다. 이 색들은 에테르화된 지구에서 생겨난다. 먼 미래에는 인간 의식이 이 색들을 경험하게 될 것이다.

---

30 D. van Bemmelen 『첫 번째 괴테아눔 천장의 색채에 대한 루돌프 슈타이너의 새로운 시도』

아스트랄체의 다른 부분은 상위 인간, 즉 감각 기관, 신경계, 두뇌와 연결되며, 의식적인 내면 영혼 생활을 담당한다. 진화와 발생학을 보면 아스트랄체의 이 측면이 조금씩 육화해 온 과정을 추적할 수 있다. 바로 동물계에서 척추가 처음 생겨나는 물고기 단계다. 인간 배아 발달에서 신경관은 수정 후 21일 무렵에 형성된다. 이는 내부가 외부로 뒤집히는 과정으로, 내면 영혼 생활의 신체적 근거가 되는 내면 공간이 창조된다. 또 다른 뒤집힘은 허파의 발달로, 올챙이가 개구리가 되는 과정에서 그 원형적인 상을 만날 수 있다. 장갑의 안팎이 뒤집어지듯 외부가 내부가 된다. 아스트랄체 활동을 되짚어볼 수 있는 또 다른 사례는 눈의 망막과 신장이다. 아스트랄계와 물질계 사이에는 항상 반전 관계가 존재한다. 정신적 아스트랄 요소는 안팎이 뒤집힌 장갑처럼 신체에 비친다. 마찬가지로 신체적 상황은 아스트랄에 반사된다. 루돌프 슈타이너는 청감각을 예로 들었다. 귀가 특정 음조를 신체적으로 지각하면 아스트랄체는 내면에서 나머지 음계를 생산한다.(『색채론』에서 발터 요한네스 슈타인과 나눈 대화 참고) 첫 번째 발도르프 교사들에게는 관 모양의 뼈가 뒤집히면서 다음 생에 두개골이 된다고 이야기했다.(『교육학의 기초가 되는 인간에 대한 보편적인 앎』 10강)

슈타이너가 『발도르프 특수 교육학 강의』에서 제안한 '나는 신 안에 있고, 신은 내 안에 있다(점과 주변)' 명상에는 아스트랄체 내부에서 일어나는 반전이 담겨 있다. 반전이란 내부가 외부가 되고, 외부가 내부가 되며, 점이 주변이 되는 것을 말한다.

반사, 굴절(에테르체와 하위 아스트랄체), 반전(상위 아스트랄체)의 전체 과정은 인간 유기체의 무의식 영역에서 일어난다. 일반적인 상황에서는 이런 과정이 진행 중임을 인식하지 못한다. 우리가 눈 속에서 보색을 만드는 것을 깨닫지 못하는 것과 같은 이치다.

마지막으로 신체로 들어온 외부 감각 인상을 통제하는 것은 자아다. 이는 생후 첫 7년 발달이 적절하게 이루어진 결과로 자아가 구조적 물질 육체 속에 튼튼히 뿌리내렸을 때만 가능하다. 이를테면 색채 지각에서 자아가 감각 기관 속에 제대로 자리 잡지 못하면 실제 색 대신 보색을 볼 수 있다. 3세 이전 유아는 물체색이 아닌 보색을 지각한다. 이런 현상은 자아가 구체적인 3차원 물체 세계와 연결 고리를 잃어버린 채 2차원 세계에 사는 정신병 환자들에게서도 일어난다. 이들은 강렬한 빨강을 보면 진정되고, 초록을 보면 흥분한다.

고유운동감각에서 일어나는 반사

난독증은 의학적 질병은 아니다. 글자의 위아래나 좌우를 뒤집어 인식하는 것이 난독증 증상 중 하나다. 주로 고유운동감각과 균형감각 처리 과정과 상관있다. 읽기에서 글자 형태를 어떻게 지각하는지 알려면 먼저 눈이 빛과 어둠, 색채만 지각하는 감각 기관이라는 사실을 기억해야한다. 빛과 색채에 한해서만 눈이 해당 감각 기관이라 말해야 한다. 망막에는 시각 정보를 가장 잘 지각할 수 있는 달걀 모양 노란 점(황반)이 있다. 우리는 팔 길이만큼 떨어진 곳에 있는 손톱 크기 영역 정도만 명확하게 볼 수 있다. 더 많은 시각 정보를 얻으려면 안구가 세부사항들 사이를 쉴 새 없이 이리저리 뛰어다녀야 한다. 이를 위해 눈에는 여섯 개의 작은 근육이 있고, 눈의 움직임을 감지하고 근육들의 협응을 돕기 위한 아주 작은 감각 기관들이 있다. 눈 근육 속에 있는 이 감각 기관은 고유운동감각과 균형감각에 속한다. 형태를 지각하게 해 주는 것은 고유운동감각의 역할이다. 우리는 자기 신체 움직임을 감지함으로서 외부 형태를 지각한다. 태어난 지 얼마 안 된 아기도 색과 빛은 지각할 수 있지만 형태는 아직 구분하지 못한다. 이 때는 의식이 아직 2차원적 생명력과 긴밀하게 연결되어 있다. 3차원 공간 속 방향감과 신체 협응 능력의 발달이 형태 지각을 위한 근본 토대다.

정신과학 관점에서 고유운동감각을 통한 움직임 감지 과정을 이해하려면 초감각적 구성체에 이 움직임들이 비친다는 점을, 다시 말해 에테르체와 외부, 내부 아스트랄체에서 반사, 굴절, 반전된다는 점을 고려해야 한다. 오이리트미 수업에서 학생들은 이렇게 반사된 움직임을 내적으로 의식하고 그것을 동작 속에 통합하는 법을 배운다. 근육과 관절을 움직이고 공간 속에서 자세를 바꾸는 신체 움직임이 여러 층위의 초감각적 구성체에서 반사, 굴절, 반전된다. 오이리트미 공연에서 이에 대한 상을 가질 수 있다. 오이리트미 공연은 소리, 색깔, 움직임의 다중적 감각 경험이며, 의상 위에 걸친 얇은 너울로 인해 반사된 움직임들이 시각화된다.

반사 과정에 대한 오드리 맥앨런의 설명

오드리 맥앨런은 『도움수업』에서 말하는 초감각적 구성체에서 일어나는 반사 과정에 대한 온전한 상을 얻고 싶으면 거울과 숟가락을 가지고 실험해 보라고 제안했다.(『학습 장애』 중 '반사 과정') 그래서 필자는 혼자서, 동료들과, 또 학생들과 이 실험을 해 보았다. 여러 해 동안 다양하게 실험을 해 본 것이 이 복잡한 과정을 시각화하고 표상을 만드는데 큰 도움이 되었다.

눈앞에 빨간색 원이 있을 때 빛과 색채를 위한 감각 기관인 눈은 빨간색을 지각한다. 하지만 원이라는 형태를 지각하게 해 주는 것은 고유운동감각이다.(『교육학의 기초가 되는 인간에 대한 보편적인 앎』 8강, 『1학년부터 8학년까지의 발도르프 교육 방법론적 고찰』 1강) 눈이 빠르게 형태 주위로 움직인다. 눈의 미세한 근육 속 감각 수용체가 눈의 움직임을 기록한다. 이 정보는 우리에게 형태에 대한 인상을 전달한다. 고유운동감각의 초감각적 구성체 안에서는 무슨 일이 일어날까? 이를 상으로 떠올리기 위해 문자 ALM[31]을 이용해서 눈 움직임이 문자 형태를 따라가고 그것이 내면에서 반사되는 과정을 하나씩 짚어 보자.

에테르체에서 일어나는 반사

먼저 신체적 눈이 문자를 따라 움직이고 고유운동감각을 통해 그것을 지각한다. 에테르체는 이 움직임을 반사한다. 에테르 요소는 식물의 잎이나 물의 표면 같은 평면성이 특징이다. 이 2차원적 공간이 신체적인 것을 평면적으로 반사한다. 신체 움직임이 에테르체라는 초감각적 거울에 비친다. 이때 반사상이 생길 수 있는 가능성은 두 가지다. 호수에 비친 나무처럼 위아래가 뒤집힌 상일 수도 있고, 수직축을 중심으로 좌우가 바뀐 상일 수도 있다. 우리는 자기 얼굴을 보고 싶을 때 이 두 번째 평면 반사를 이용한다.

---

31 오드리 맥앨런의 과거 공책을 보면 자기 이름의 첫 글자인 AEM을 사용했다. 발터 홀짜펠은 FORT라는 단어를 이용했다.

루돌프 슈타이너는 인간의 에테르체가 두 부분으로 나누어져 있다고 했다.(『인간과 요소 세계의 관련성』) 에테르체에는 왼쪽과 오른쪽이 있다. 오드리 맥앨런의 연구에 따르면 에테르체 왼편은 2중적 인간상과 상관있다. 따라서 왼쪽 에테르체는 2중적 반영, 즉 머리와 몸통이 위아래로 뒤집어진 상을 만든다. 인간의 오른쪽은 3중적 인간의 상징이다. 에테르체의 오른편은 왼편과 반대로 3중적 구조를 가진다. 신체적으로는 허파 구조 속에 각인되어 있다. 왼쪽 허파는 폐엽이 두 개인 반면, 오른쪽은 세 개다. 따라서 에테르체 오른편에서 일어나는 반사는 3중적이다. 먼저 왼쪽에서 오른쪽으로, 이어서 머리가 몸통으로 위아래가 바뀐다. 에테르체는 1.왼쪽에서 2.오른쪽으로, 다시 3.아래쪽의 3단계로 반사상을 만든다.

[그림9-3]

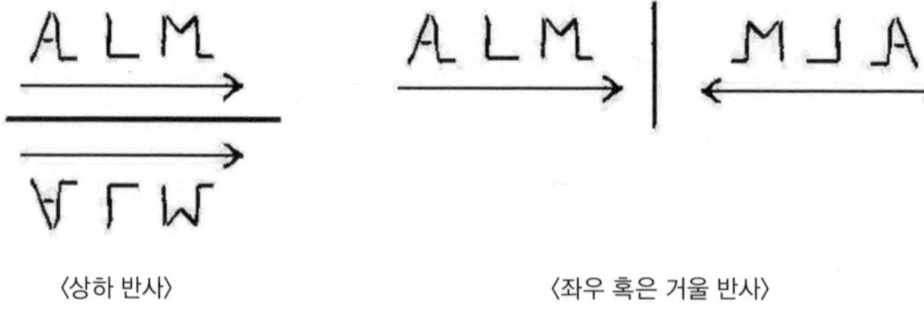

〈상하 반사〉 〈좌우 혹은 거울 반사〉

평면 반사(에테르적 반사)에서 일어날 수 있는 네 가지 가능성을 ALM이라는 문자 조합으로 표현해 보자. 발터 홀차펠은 『아이의 운명. 발달의 방향Kinderschicksale. Entwicklungsrichtungen』에서 FORT라는 문자 조합으로 비슷한 시도를 했다. 이를 통해 그는 이갈이 무렵 일어나는 에테르체의 탄생과 문자의 다양한 반사상을 구별하는 능력이 어떤 관계인지 보여 주었다. 순수한 에테르체의 상인 젖니는 대개 아름답고 조화로운 대칭 구조로 배열되어 있다. 비뚤어지거나 잘못 나기 일쑤인 영구치는 6,7세 무렵부터 육화를 시작하는 개별 아스트랄 요소의 상이다.

[그림9-4]

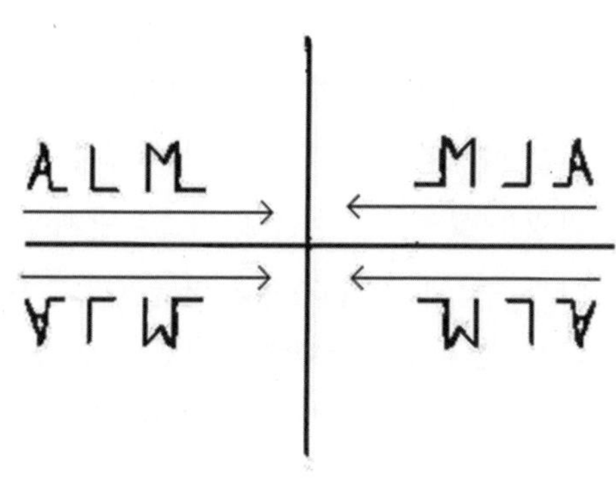

〈에테르체에서 일어나는 평면 반사〉

아이가 성장 과정에서 공간 속 방향을 인식해 나가는 몇 가지 단계가 있다. 아주 어린 아이는 그림책의 위아래를 구분하지 못한다. 직립하는 법을 배우고 걷기 시작한 이후에야 위아래가 거꾸로 된 그림책을 똑바로 놓을 수 있다. 이는 수평 중심선에 대한 거울 반사다. 마찬가지로 유치원 아이들은 자기 이름을 거울에 비친 것처럼 뒤집어 써 놓고도 무엇이 잘못되었는지 알아차리지 못하는 경우가 많다. 이는 수직 중심선 거울 반사로, 이 단계를 거칠 때 두뇌 좌우 반구 발달과 대칭 움직임 발달이 함께 진행된다. 이와 같은 발달 단계들을 거치면서 신체 움직임 양식이 에테르체에 각인되고, 에테르적 과정 속에 통합된다. 이갈이 시기에 에테르체가 물질육체에서 자유로워지면 그동안 각인되었던 움직임 양식은 반사 체계를 위한 토대가 된다. 이 내적 반사 체계는 쓰기와 읽기에서 글자 형태를 인식하는데 대단히 중요하다.

아스트랄체에서 일어나는 반사와 굴절

지금까지 생명 활동을 관장하는 에테르체의 2차원 요소에서 일어나는 반사 과정을 살펴보았다. 이제부터는 감각 인상이 영혼 내부로 들어가는 과정을 따라갈 것이다. 그러기 위해서는 먼저 아스트랄체 안에서 일어나는 과정을 살펴보아야 한다. 아스트랄체에서는 신진대사 과정과 연결된 내부 아스트랄체, 감각 기관과 연결된 외부 아스트랄체를 구분할 수 있어야 한다. 내부 아스트랄체에는 신체 움직임의 반사상 혹은 굴절상이 생긴다. 오드리 맥앨런은 이 측면을 '볼록 반사'라고 불렀다. 물결이 일렁이는 호수에 햇빛이 비쳐 눈부시게 빛나는 장면을 떠올려 보자. 잔물결이 호수 표면을 굴곡지게 만든다. 물결 주변에서 빛이 반사되면서 반짝반짝 빛난다. 수면 아래에서 빛줄기는 굴절되면서 물속 깊이 비쳐든다. 굴절은 색을 쪼개고 구부리고 변화시켜서 더 찬란하게 만든다. 이것이 신진대사 체계 속 아스트랄체 활동의 상이다. 감각 기관을 통해 들어온 감각 인상은 에테르체와 강하게 연결된 내부 아스트랄체(볼록)에서 반사되고 굴절된다. 내부 아스트랄 반사와 굴절은 이지러진 거울처럼 볼록 거울에 비친 상처럼 휘어진 반사상을 만든다. 하지만 에테르체

[그림9-5]

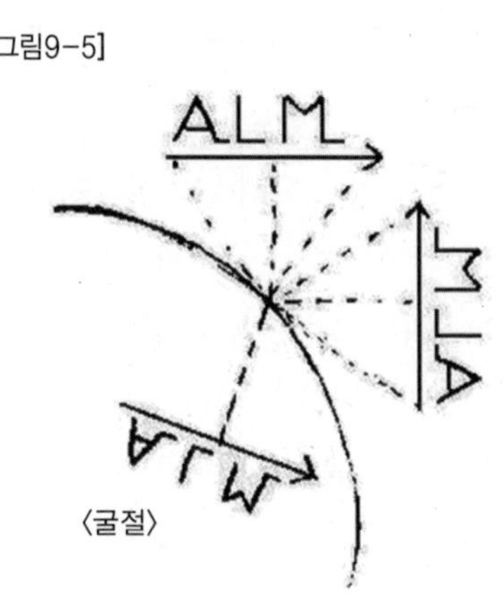

〈볼록거울에서 일어나는 반사〉

에 평면 반사된 상과 큰 차이는 없다. 둘이 비슷한 것은 당연하다. 아스트랄체의 이 측면은 에테르체 내부 과정과 연결되었기 때문이다. 숟가락 뒤쪽에 비친 상을 보라.

시각에서 내부 아스트랄체는 보색을 만드는 역할을 한다. 더 복잡해지기는 해도 전체 과정을 다 보기 위해서는 하위 아스트랄체가 상위 아스트랄체와 공명한다는 사실도 함께 고려해야 한다. 공명하지 않는다면 우리는 아무 것도 기억할 수 없을 것이다.

아스트랄체에서 일어나는 반전

감각과 연결된 아스트랄체의 두 번째 측면은 항상 신체 움직임에 대한 반대 움직임 즉, 반전을 만든다. 신체로 들어온 감각 인상에 대해서도 마찬가지다. 글자를 쓰거나 단어를 읽을 때 고유운동감각에서 아스트랄체는 신체가 움직인 반대 방향으로 움직인다. 신경계 및 감각과 연결된 아스트랄체는 늘 이 방식으로 작용한다.

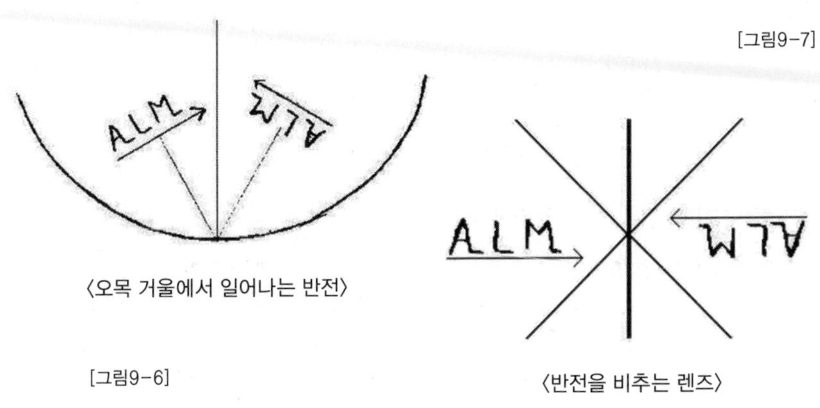

[그림9-7]

〈오목 거울에서 일어나는 반전〉

[그림9-6]

〈반전을 비추는 렌즈〉

이를 시각적으로 떠올리고 싶다면 앞서 예로 든 문자 조합 ALM을 종이에 쓴 다음 모든 움직임을 반전시켜 보라. 3장 '직각 삼각형 연습'의 설명을 참고한다.

물질육체와 자아의 연결

이 복잡한 과정을 거치면서 원상原象은 반사, 굴절, 반전 등 가능한 모든 형태로 반사된다. 반사 체계 속에서 단어나 문자 형태는 완전히 한 바퀴 회전한다. 반사, 굴절, 반전 과정은 인간 유기체의 무의식 영역에서 일어난다. 의식을 가진 자아는 맨 처음 신체 감각에서 경험한 상인 종이 위 형상과 연결되어야 한다. 그러면 자아는 외부 인상을 수용하고 재구성해서 자기 것으로 만들고, 그 상을 에테르체의 기억 속에 새겨 넣는다. 자아는 구조적 물질육체 속에 안정적으로 자리 잡았을 때만 무의식 영역에 속한 구성체에 방해받지 않고 외부 감각 인상과 올바르게 연결될 수 있다. 자아가 물질육체 속에 자리 잡는 것은 생후 첫 7년 동안 신경 체계와 운동 체계 그리고 감각이 제대로 발달했을 때 가능하다.

생후 첫 7년의 발달이 온전하지 못해 자아가 물질육체 속에 제대로 자리 잡지 못하면 읽기와 쓰기에서 문제가 발생할 수 있다. 에테르체나 아스트랄체에서 일어나는 반사상이 의식 위로 불쑥불쑥 튀어 오르는 탓에 혼란스러워지기 때문이다. 이 경우 아이는 눈으로 글자 따라가기, 문자 형태의 시각적 분별, 단어 분석을 올바로 하지 못해 문자 형태와 배열 인식, 단어 인식에서 어려움을 겪는다. 시각 체계에서 발생하는 문제다. 청각 체계 역시 고유운동감각과 균형감각 체계가 제대로 발달해야 올바로 기능할 수 있다. 내이는 우리를 중력과 연결해 주며 직립할 수 있는 능력, 3차원 공간을 경험하고 인식할 수 있는 능력을 준다. 칼 쾨니히가 『첫 3년』에서 설명하듯 언어감각과 사고감각을 위한 신체 기관은 고유운동감각과 생명감각의 신경 조직 안에 있다. 이 감각이 제대로 발달하지 못하면 단어를 소리 단위로 분석하는 청각적 식별 능력에도 문제가 생길 수 있다.

지금 우리가 살피는 주제가 고유운동감각의 반사 과정임을 다시 한 번 강조한다. 이 과정을 통해 우리는 사물의 형태를 인식하고, 읽기와 쓰기에서 문자, 단어, 문장을 지각한다. 색채 지각은 전혀 다른 과정이다. 순수한 색채 지각은 2차원적 경험이다. 색채가 본래 속한 진정한 요소는 대기다. 색채별 특성에서 우리는 원근의 개념을 만난다. 이는 아스트랄체와 에테르체의 상호 작용이다. 형태 지각에서는 자아와 물질육체의 관계를 만난다. 그렇기 때문에 슈타이너는 아이들이 선 원근을 배우기 훨씬 이전에 색채 원근을 가르쳐야 한다고 했다. 선 원근은 7학년(12-13세) 과정에서 배운다. 슈타이너는 색채 원근법 그림을 연습하는 것이 읽기 학습에 도움이 된다고 말했다.(『정신과학을 통한 교육 방법론적 예술의 갱신』) 슈타이너는 아이들이 14세까지 읽기를 배우지 않을 때 교육이 더 건강해진다고 생각했다. 그는 발도르프학교의 교육 내용이 이상과 현실적 요구 사이에서 타협한 상태라고 말했다.

각인

유아기의 움직임 양식을 주의 깊게 관찰해 본 사람은 그 시기의 신체 움직임 양식이었던 것이 에테르체에 습관적 행동 양식으로 각인된다는 말을 이해할 것이다.(『현재의 정신적 삶과 교육』 참고) 현대 과학에서 '유아기의 움직임 양식 통합'이라 부르는 과정을 인지학 관점에서 보면 신체 습관을 에테르체의 리드미컬한 과정 속에 수용하는 것이라 말할 수 있다. 배밀이와 기기 단계의 사지 움직임, 신경학적 원시 반사와 관계있는 움직임 양식, 편측 움직임(같은 쪽 손발이 함께 나가는 움직임), 교차 움직임(좌우 손발이 교차로 나가는 움직임), 대칭 움직임 양식 모두가 물질육체에서 에테르체로 각인되는 과정에서 중요한 역할을 한다. 이런 과정을 거쳐 모든 종류의 반사상이 에테르체 체계 속에 각인된다. 특정 상황에는 에테르적 움직임 양식으로 작용하던 움직임 양식들이 다시 물질육체 차원으로 올라올 수 있다. 사고를 당하거나 어떤 약물을 복용했을 때도 이런 현상이 일어날 수 있다. 각인 과정은 생후 첫 7년 동안 구조적 물질육체, 신경계, 운동 체계가 제대로 발달하는 것이 왜 중요한지를 보여 준다. 그것이 학습 능력의 토대이기 때문이다.

『난독증이라는 선물The Gift of Dyslexia』에서 로날드 데이비스Ronald Davis는 기호나 상징을 만나면 어찌할 바를 몰랐던 자기 경험담을 이야기한다. 아이들이 이 2차원 영역에서 방향 찾기란 쉬운 일이 아니다. 데이비스는 아이들이 3차원적 상으로 사고하며, 그것이 2차원에 표현된 상징을 잘 이해하지 못한다고 말한다. "저는 교정된 난독증입니다." 그는 직접 개발한 방법으로 아이들에게 감각 지각을 의식적으로 조작하는 방법을 가르쳤다. 내적 시각화를 통해 마음의 눈을 의식적으로 두개골 뒤 한 점에 고정한다. 데이비스는 아이들에게 찰흙으로 글자 형태를 만들고 소리가 아닌 알파벳 이름과 형태를 연결하게 했다. 필자는 이 방법을 비영어권 학생에게는 추천하지 않는다. 로날드 데이비스의 치료 방식은 깨어있는 낮-의식을 이용해서 감각 지각을 조작한다. 우리는 이 방법이 어떤 기제로 효과를 보이는지, 혹시 발달 자체를 돕는 것이 아니라 결손 보상 기법을 가르치는 것은 아닌지 생각해 보아야 한다. 이와 달리 도움수업에서는 초감각적 자아가 자리 잡아야 하는 인간 유기체의 무의식 영역을 고려한다. 그렇기 때문에 수업의 결과가 이후 발달 단계에서 다른 차원으로 변형될 수 있다. 35세부터 42세까지 의식혼이 얼마나 발달할 수 있는가는 어렸을 때 자아가 물질육체에 얼마나 튼튼히 자리 잡았는가에 달려 있다. 발도르프학교 교사인 우리는 이를 중요하게 고려해야 한다.

따라서 감각 지각 과정의 구조가 안정적으로 형성되어야 한다. 그래야 제대로 기억할 수 있다. 구조화되지 않은 감각 지각은 아무런 기억 표상을 만들지 못하기 때문이다. 감각 지각의 처리 과정을 구조화하면 기억력 문제를 해결할 수 있다. 대부분 기억하는 능력 자체에는 큰 문제가 없기 때문이다. 본질적으로 기억이 어려운 것은 체질과 관련한 의학적 문제이거나 특수 교육의 대상이다. 정신과학 용어로 말하자면 자아가 신체 구조와 연결되고, 자아 경험을 에테르체의 리드미컬한 과정 속에 각인시켜야 한다. 그곳에 기억이 담기기 때문이다.

로날드 데이비스는 글자가 회전한 형태로 지각에 떠오르는 난독증 상태를 자기 경험에 비추어 완벽하게 묘사하고 있다. 또 이른바 '촉발 단어trigger words'로 인한 스트레스 상태도 이야기한다. 특정 단어를 만날 때 그 의미를 내면에서 표상으로 떠올리지 못하는 아이들이 있다. 이런 단어들은 내적 압박과 스트레스를 야기하기 때문에 제대로 읽을 수가 없는 것이다. 이런 묘사에서 우리는 아스트랄체가 감각 지각 과정을 방해하고 있으며, 제대로 자리 잡지 못한 자아의 힘이 그 상황을 통제하지 못함을 알아볼 수 있다. 아스트랄체에서 일어난 반사상이나 반전상이 무의식에 머물지 않고 영혼의 의식 영역으로 튀어 오르는 것이다. 아스트랄체가 주도권을 잡으면서 자아는 올바른 신체 감각 인상을 파악할 수 없게 된다. 로날드 데이비스의 다음 관찰은 오드리 맥앨런이 『도움수업』과 『학습장애』에서 설명한 바와 완전히 일치한다.

- 물질 공간은 3차원적이다.
- 종이 위 글자는 3차원적인 것을 2차원에 투사한 것이다.
- 눈은 물질적 문자, 단어, 문장 형태를 따라 움직인다.
- 에테르체는 눈의 신체적 움직임을 반사한다.(반사)
- 에테르체 과정과 연결된 하위 아스트랄체가 신체적 움직임을 반사한다.(굴절=볼록 반사된 보완 움직임)
- 상위 아스트랄체는 신체적인 것을 반사한다.(반전=오목 반사, 반대 움직임, 역 운동)
- 자아는 신체적 인상을 통제할 수 있어야 한다. 다시 말해 반사 과정 전체는 무의식에 머물러야 한다.
- 자아는 지각 인상을 외부 에테르체에 기억으로 각인한다.

생후 첫 7년 동안 신경학적 발달과 움직임 발달이 적절하게 이루어지면 자아는 구조적 물질육체 속에 안착한다. 이를 바탕으로 우세성, 공간 방향성, 신체 인식 능력을 확립한다. 원시 반사와 중심선 장벽이 통합되고, 올바른 반사 과정으로 원활한 학습이 가능해진다.

읽기, 쓰기 학습에 가장 크게 관여하는 것은 시각 정보와 청각 정보의 처리 과정이다. 쓰기에서 아이들은 말소리와 종이 위 기호를 연결하는 법을 배운다. 그전에 귀에 들린 단어를 소리로 의식적 분석을 할 수 있고, 단어들이 모여 문장을 만드는 것을 인식할 수 있어야 한다. 그런 다음 청각 정보를 시각 정보와 연결해야 한다.

읽기에서는 시각 정보를 분석하고, 말하기와 연결할 수 있어야 한다. 1학년 담임을 해 본 교사들은 읽기, 쓰기 학습에 여러 단계가 있음을 알 것이다.

『인간에 대한 앎과 수업 형성』에서 루돌프 슈타이너는 시 지각과 청지각 처리 과정의 대조적 특성을 설명한다. 또 신체적 감각 지각이 어떻게 내적 영혼 영역으로 가는 다리가 되는지, 그리고 기억과 어떻게 연결되는지를 청중에게 최대한 표상적으로 설명한다.

시 지각은 눈 속에서, 그리고 망막에서 후두엽으로 연결된 신경계 전체에서 처리된다. 이 체계 전체가 시 지각 기관이다. 호흡 체계만이 인간 영혼의 감정 영역과 신경계에서 오는 외부 자극을 연결할 수 있다. 그리고 감각 지각 내용에 대한 이해는 리듬 체계에서 일어난다. 리듬 체계는 외부 감각 기관과 영혼 내부 심리 영역을 이어 주는 다리다. 신체 차원에서 리듬 체계의 활동은 심장 박동과 호흡 리듬으로 드러난다. 영혼 영역에서는 리드미컬하게 교차하는 공감과 반감의 힘이다. 셋째, 영혼에서 만든 상이 사지 체계의 신진대사 과정 속에 기억 표상으로 각인되어야 한다. 바로 이 부분에서 에테르체가 관여한다.

청각 지각은 중심 장기인 귀뿐만 아니라 흔히 운동 신경이라 부르는 신경을 통해서 이루어진다. 우리는 저음을 다리와 복부에 있는 신경으로, 고음은 신체 상부로 지각한다. 두개골도 소리 전달에서 중요한 역할을 한다. 귀에서 두뇌로 이어지는 청신경은 내이의 균형 체계와도 연결된다. 균형, 움직임, 신체 인식, 소리 지각, 언어 지각, 사고 지각은 모두 서로 깊이 이어져 있다.(www.tomatis.com 참고) 루돌프 슈타이너는 청 지각은 신체에서 머리를 향해 올라가는 흐름인 반면, 시 지각은 머리에서 아래로 내려오는 흐름이라고 설명했다. 고막, 추골(망치뼈), 침골(모루뼈), 등골(등자뼈), 난원창, 달팽이관으로 이루어진 귀는 발바닥, 종아리, 무릎, 허벅지, 창자로 이루어진 다리 구조와 꼭 닮았다.(『인간 유기체의 형태를 만드는 데 있어 정신적 연관성』 1922년 12월 9일) 청각 지각은 인간 신체 아래쪽에서 일어난다. 지각 내용에 대한 이해는 리듬 체계에서 일어난다. 기억은 머리의 신진대사 과정에 각인된다. 모든 청각 경험은 머리의 에테르 과정 속에 각인된다. 이렇듯 시각 기억과 청각 기억은 전혀 다른 과정을 거쳐 일어난다.

귀는 사지와 비슷한데 비해 눈은 두뇌와 구조적으로 유사하다. 눈과 두뇌는 모두 뼈로 둘러싸인 빈 공간 속에 고립된 기관이다. 망막은 정신적 흐름에 의해 두뇌 물질이 눈 뒤쪽으로 밀려나면서 거의 에테르에 가까운 이타적 질료인 유리액으로 채워질 수 있도록 빈 공간을 남겨 놓은 것이라 볼 수 있다.(『인지학–심리학–정신학』)

읽기, 쓰기 학습 과정에서 매우 중요한 시각과 청각의 연결은 신체의 중간 영역인 리듬 체계에서 일어난다. 따라서 학습 지원 활동에서는 호흡과 관련한 활동이 아주 중요하다.

1920년 강의(『인간에 대한 앎과 수업 형성』)에서 루돌프 슈타이너는 일 년 전 『교육학의 기초가 되는 인간에 대한 보편적인 앎』 강의에서 공감력과 반감력이란 용어로 설명한 주제를 새로운 상으로 제시한다. 머리에서 출발해 아래로 작용하는 조형적-건축적 힘(반감)과 상관있는 시각적 요소는 머리에서 출발해 아래로 작용한다. 청각적, 음악-언어적 힘(공감)은 아래에서 위로 작용한다.

슈타이너는 신체를 이렇게 묘사한 뒤 시각 요소와 청각 요소가 고차적 정신 차원에서 어떤 관계인지를 이야기한다. 정신세계에서 소리는 색채다. 오이리트미를 공부한 사람은 이 말을 이해할 것이다. 영혼 세계에서 장조 음역의 소리는 빨강과 노랑이고, 단조 음역의 소리는 색채 스펙트럼에서 반대편에 위치한 파랑과 보라다. 모든 말소리마다 고유한 색채가 있다.(H-노랑, M-남색indigo, T,D-밝은 파랑, V,W-빨강, R-주황 등)

인간이 말을 하면, 개별적 소우주이며 비가시적 색채로 이루어진 내밀한 영혼 세계가 후두에 집중되고, 귀로 들을 수 있는 소리, 단어, 문장으로 현시된다. 말하기에서는 아스트랄체의 초감각적 유색 진동이 청각화되는 것이다. 귀에 들리는 말소리를 지각할 때 청각 요소는 겉으로 드러난 물체적 그릇을 형성하고, 내면에서는 들은 것을 시각화한다. 이처럼 색에서 소리로, 다시 색으로 계속해서 반전된다.

시 지각 처리 과정에서는 정반대 일이 일어난다. 정신세계에서 볼 때 눈에 보이는 사물 이면에 존재하는 창조적 힘은 소리다. 신성한 말씀인 로고스가 눈으로 볼 수 있는 세상을 창조했다. 대기에 나타나는 변화무쌍한 색채 세계 뒤에는 정신세계의 소리가 숨어 있다. 색채는 시각화된 우주적 느낌이다. 마찬가지로 우리의 개인적 감정 영역 역시 내면의 색채로 이루어져 있다.

오드리 맥앨런은 저서『잠』에서 정육면체 구조를 빌려 신체 움직임의 정신적 반전을 설명했다. 우리가 움직임으로 지각하는 것은 정신세계에서 도덕적 가치로 존재한다. 정신세계에서 앞으로 나가는 것은 '아름다움'이라는 도덕적 가치에 해당하는 반면, 인간에게 앞으로 나가는 것은 '용기'에 상응한다. 정신세계에서 '진리'는 위에서 아래로 내려가는 움직임으로 반전되고, 인간 영혼에서는 '절제'다.(자세한 내용은 11장 참고)

우리는 루돌프 슈타이너의 강의를 통해 글자 형태를 지각할 때 고유운동감각이 관여한다는 것을 알고 있다. 시각은 단지 색채만 전해 줄 뿐이다. 반면 소리나 말소리를 낼 때는 움직임이 일어난다. 여기서도 우리는 생후 첫 7년과 도움수업에서 움직임 체계의 올바른 발달이 왜 중요한지를 볼 수 있다. 이 난해한 강의(『인간에 대한 앎과 수업 형성』 3강)에서 우리는 감각 지각에서 반사 과정이 왜 중요한지를, 그리고 외부 지각을 영혼 내면의 빛 과정으로 들여오는 신체적 호흡 과정이 얼마나 중요한지를 깨닫게 된다.

체질적 측면

앞서 설명한 일련의 반사 과정은 구조적 육체인 신경, 근육, 골격에서 일어난다. 이때 체질적 육체도 함께 진동한다. 그 속에 외부 감각 인상을 지각하려는 의지 즉, 경청하고 주목하려는 마음, 외부 세계에 흥미를 느끼면서 귀 기울여 듣고 주의 깊게 관찰하려는 의지가 있다. 체질적 측면에서 자아의 의지는 눈을 이끌어 단어의 형태를 따라가고 색채를 지각하게 만든다. 다른 초감각적 구성체들 역시 체질적 측면에서 움직이려는 의지 충동을 반사한다. 루돌프 슈타이너는 이 과정을 의사들을 위한 강의(『인지학, 심리학, 정신학』과 『특수교육학』 참고)에서 설명한다. 실재 인간은 물론 통합된 존재다. 교육과 의학적 도움은 긴밀하게 연결된다.

도움수업 연습의 특성

마지막으로 오드리 맥앨런이 개발하고 『도움수업』으로 묶어 출간한 연습의 특성을 정리해 보자. 물론 도움수업은 결코 정해진 연습 체계가 아니다. 그보다 하나의 개념이라 할 수 있다. 연습의 원리와 배경을 공부하면 스스로 새로운 연습을 창조할 수 있다. 시대가 바뀌고 새로운 세대가 오면 전혀 다른 도움수업 연습이 필요할 것이기 때문이다. 도움수업 연습은 원형이기 때문에 어린이뿐 아니라 중고등학생 및 성인에게도 똑같이 유효하다.

다음은 독일 교사 우타 슈톨츠 연구의 초록이다.

1. 도움수업 연습은 원형적이다. 그렇기 때문에 이 연습은 모든 아이에게 적용할 수 있다. 특정 집단 아이를 가르치는 특정 집단 교사에게만 해당하거나 특정 기질에게만 유효한 연습이 아니다.
2. 이 연습들은 생후 첫 7년의 신경학적 발달과 움직임 발달의 원형적 법칙에 따라 만들어졌고, 그런 발달에서 거치는 단계들과 일치한다. 신경학적 발달과 움직임 발달은 배움을 가능하게 하는 기본기다.
3. 이 연습의 움직임은 루돌프 슈타이너의 『인지학-심리학-정신학』 중 '인지학'에서 말한 인간과 지구의 움직임 양식과 연결된다.

4. 이 연습에는 뻗기와 들어 올리기, 긴장과 이완 사이에 리듬이 있다. 이 리듬이 자세 체계의 통합과 성숙을 돕는다.(균형감각과 고유운동감각)

5. 리듬 요소를 이용해서 몇 주, 혹은 몇 달 동안 연습을 반복하면, 움직임이 습관적 행동 양식을 저장하는 에테르체 속으로 침투해 활력을 불어넣는다. 에테르체가 생기를 띠고 활발하게 살아난다. 아이가 건강해진다. 도움수업 연습은 신체만 움직이고 행동 양식을 교정하는 연습이 아니다. 살아 있는 반복을 위해 아이에게 동기를 부여하고 스스로 움직이게 하려면 교사의 도움이 필요하다.

6. 루돌프 슈타이너는 1909년 '인지학' 강의에서, 고유운동감각에서 아스트랄체는 물질육체 움직임과 반대 방향으로 움직인다고 했다. 아스트랄체를 활성화하는 움직임에는 나선 또는 무한대라는 원형적 양식이 들어 있다. 이는 연습의 움직임을 역동적이고 리드미컬하게 만든다. 연습에서 쓰이는 또 다른 원형적 요소에 '직선'과 '원 가운데 점'이 있다. 둘 다 자아 조직의 상이다. 육각별과 오각별은 인간 육화의 원형적 상이다.

7. 연습을 리드미컬하게 반복하면 아스트랄체가 물질육체 및 에테르체와 올바르게 연결된다. 가끔 연습의 결과로 깨어 있는 낮-의식이 조금 흐려지기도 하지만, 무의식 영역에 속하는 잠자는 의지는 그만큼 크게 활성화된다. 아이는 자기 신체로 올바르게 육화한다. 때로 아스트랄체의 개별성이나 체질적 문제(객관적 아스트랄체가 아닌 하위 아스트랄체의 문제)가 가시화된다.

8. 움직임 양식 속에 있는 들어 올리기 요소가 자아를 일깨운다. 가능한 한 눈이 팔다리 움직임을 따라가게 하고, 최대한 두 발을 평행으로 놓는다. 리드미컬한 움직임 속에 쉼이 있어야 한다. 그 순간 아스트랄체가 잠잠해지면서 자아가 움직임 양식을 에테르체와 물질육체 속에 각인할 수 있다.

9. 연습마다 최소 연령이 있다.

10장

우세성 검사와 꽃-막대 연습

'우세성 검사'는 원래 신체 우세성을 확인하기 위해 만든 활동이 아니다. 오히려 이 활동은 도움수업 교사들에게 아이가 초감각적 힘의 흐름과 어떤 관계를 갖고 있는지, 반사 과정의 각인이 어떻게 이루어지고 있는지를 보여 준다. 앞 장에서 살펴본 복잡한 일련의 반사 과정에서 자아는 지각, 반영, 굴절, 반전 과정을 주도할 수 있어야 한다. 초감각적 체계의 모든 흐름이, 제대로 육화되고 안정적으로 자리 잡은 자아 조직의 통제 아래 놓여야 한다. 그래서 신체 왼쪽과 오른쪽, 위와 아래, 앞과 뒤에서 자유롭게 움직일 수 있어야 한다. 자아는 움직임과 균형을 조절하는 초감각적 자이로스코프처럼 신체 안에 튼튼히 자리 잡아야 한다. 그러지 못하면 글자 순서나 소리 순서가 회전 혹은 반전되는 현상으로 인해 감각의 처리 과정에 혼란이 일어난다.

우세성 검사 결과를 읽고 해석할 때는 초감각적 흐름에 대한 『인지학-심리학-정신학』 도표를 염두에 두어야 한다. 3장 '직각 삼각형 연습'에서 설명한 내용도 함께 고려한다.

우세성 검사에서는 자아의 흐름에 따라 위에서 아래로 형태를 그리는 것이 이상적이다. 이는 자아가 구조적 물질육체 속에 잘 자리 잡았음을 의미한다.

아래에서 위로 형태를 그리는 것은 아스트랄체 방향으로, 자아가 구조적 물질육체와 움직임 체계를 올바로 이끌고 있지 못함을 의미한다. 다르게 말하면, 아스트랄 흐름의 움직임 방향(아래에서 위)에서 짐작할 수 있듯이 아스트랄체가 밀어 올리는 힘이 너무 강하다고도 할 수 있다. 이처럼 아스트랄체가 너무 강하게 밀어 올리면 움직임 체계에서 과도한 뻗기 동작이 나타날 수 있다. 하지만 아스트랄 조직이 구조적 물질육체를 충분히 관통해서 제대로 잡아당기지 못하는 경우라면 정반대 상황이 나타날 수 있다. 이럴 때 학생은 자아의 힘을 이용해서 자기 신체의 무게를 들어 올리는 것조차 힘들어 한다. 물질육체를 너무 무겁게 여기거나, 움직임 체계에 들어 올리기 동작이 부족하다는 점이 분명히 보일 것이다. 이럴 때 아이는 다리를 바닥에 무겁게 떨어뜨린다. '몸무게 들어 올리기 연습'(『도움수업』 135쪽)에서 이 상태를 확인할 수 있다.

양손, 양발을 사용해서 원을 따라 그릴 때 손발을 함께 움직이지 못하는 경우가 있다. 두 손, 두 발을 분리해서 대칭으로 형태를 따라 그리는 것이다. 이는 중심선에 문제가 있거나 대칭 움직임 단계를 완전히 벗어나지 못했다는 뜻일 수 있다. 3-5세의 발달 단계에 속하는 대칭 움직임은 신체 좌우측이 제대로 협력하지 않는 상태다. 이 움직임 양식은 수직 중심선이 있는 두 번째 형태를 그릴 때 훨씬 더 분명하게 드러난다. 이런 외적 대칭 반사는 영혼 차원에서 일어나는 내적 반사를 방해한다.

학생이 수평 중심선을 사이에 두고 마주보는 형태를 따라 그릴 때 어려움이 있다면 상황은 한층 더 까다롭다. 이 움직임은 머리와 몸통 사이 관계를 보여 준다. 머리와 몸통이 아직 적절한 관계를 이루지 못한 상태로, 영유아 움직임인 배밀이와 기기 단계 혹은 편측성 움직임과 좌우 교차 움직임 단계로 거슬러 올라가야 한다. 수평 중심선 장벽 통합이 문제일 수 있다.

두 번째, 세 번째 그림에서 수직, 수평 중심선을 무시한 채 마주보는 형태를 하나의 원처럼 그리는 아이들도 있다. 이들은 움직임을 멈추지 않고 계속 이어 가면서 끝없이 원을 만드는 경향을 보인다. 이는 감각 지각이 아직 미성숙함을 의미한다. 유치원 아이들은 세상을 단일체로 경험한다. 감각 지각을 한 걸음 떨어져 분석하는 능력은 학교에 들어갈 무렵부터 나타난다.

좌우측 팔다리를 무질서하게 섞어서 사용하는 것은 자아가 아직 신체 조직과 흐름 속에서 제자리를 찾지 못했음을 보여 준다. 이 경우 좌우측 팔다리를 번갈아 사용하기도 한다. 상지와 하지(손과 발) 사용에 차이가 있다면 척추나 골반의 구조적 문제를 생각해 볼 수 있다. 이럴 때 자아가 아스트랄체를 충분히 통제하지 못한다면 내적 오목, 볼록 반사 과정을 방해해 공간과 움직임을 인식하는 내부 자이로스코프에 혼란이 일어난다. 첫 번째 도움수업(평가 수업)에서 얻은 다른 관찰 내용으로 우세성 검사에서 드러난 움직임 양식의 문제를 확인한다.

움직임 체계에서 드러난 이런 문제는 영혼의 감정 영역에도 영향을 줄 수 있다. 구조적 물질육체가 올바르게 기능하지 못하면 영혼 생활의 건강한 토대가 될 수 없다. 구조적 물질육체 속에 튼튼하게 뿌리 내리지 못한 자아는 영혼 생활을 다스리는데 어려움을 겪을 것이다.

관찰 지점

자연스럽고 성숙한 움직임 양식

- 위에서 아래로 가는 움직임– 자아의 통제
- 왼쪽에서 오른쪽으로 가는 움직임– 자아가 안착한 물질육체의 흐름
- 시계 방향으로 그리는 원 – 오른손잡이에게 자연스러운 움직임 방향. 내적 '자이로스코프'가 잘 작동하고 있음을 보여 준다.

질서 없는 움직임 양식

- 좌우 사지를 뒤섞어 사용
- 출발 지점이 매번 다름
- 움직임 방향에 일관성 없음

중심선

- 대칭 움직임 양식
- 중심선에서 손발 바꾸기
- 대칭 형태의 절반을 무시하고 그리지 않음
- 형태 안에서 선이 교차하는 부분 피하기(매우 미성숙한 움직임 양식)

움직임 방향

- 움직임 방향에 일관성 없음(방향이 자주 바뀜)
- 오른쪽에서 왼쪽으로 가는 움직임(에테르체 흐름 방향)
- 아래에서 위로 올라가는 움직임(아스트랄체 흐름)

꽃-막대 연습

꽃-막대 형태를 반듯하게 잘 그렸다면 반사 체계가 잘 작동하는 것이다. 이 그림에서 머리에서 중간 체계를 거쳐 신진대사 체계로 가는 아스트랄체 흐름을 알아볼 수 있다. 오목 반사와 볼록 반사는 외부 감각 인상을 영혼 내부로 수용하는 과정을 보여 준다. 수직선(막대)은 구조적 물질육체 속에 자리 잡고 에테르체의 기억 속에 감각 인상을 각인시키는 자아의 힘을 상징한다.

꽃-막대 형태그리기에서 시각 정보 처리 과정에 대한 상도 얻을 수 있다. 눈은 외부 자극을 수용한다. 이 정보는 시신경을 통해 두뇌 시각 중

추로 전달된다. 왼쪽 눈은 오른쪽 뇌, 오른쪽 눈은 왼쪽 뇌와 연결된다.

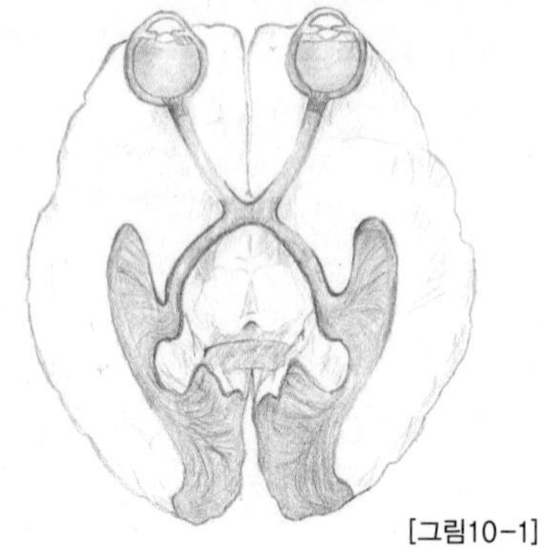

[그림10-1]

눈, 시신경, 일차 시각 피질을 그린 위 그림을 보면 꽃-막대의 원형적 형태가 한눈에 들어온다. 꽃-막대 연습은 학생이 외부 시각 정보를 지각해서 영혼 내부로 받아들이고, 재생할 수 있는지를 보여 준다. 칠판 내

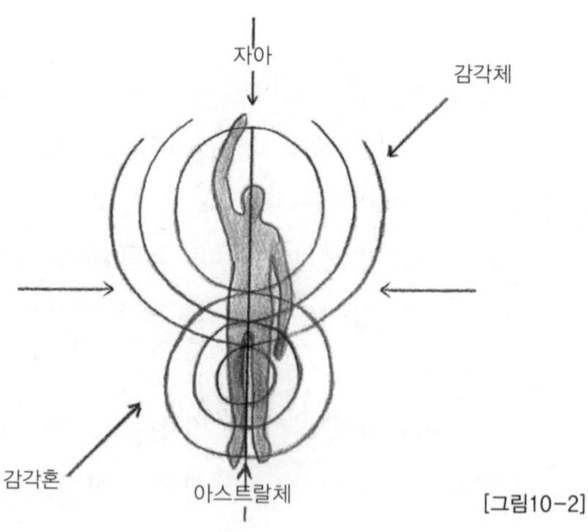

[그림10-2]

용을 공책에 옮겨 적을 때도 거치는 이 과정은, 자아(직선)의 지도 아래 감각체와 감각혼(무한대 형태)이 상호 작용한다.

이 형태를 그릴 때 어려워한다면 구조적 물질육체에 문제가 있음을 의미할 수 있다.(『도움수업』 51-54쪽 사례 참고) 학생의 골격이 반듯한가? 이 관점에서 볼 때 직선은 척추에서 활동하는 자아 힘의 상이다. 무한대는 언제나 나선 운동하는 아스트랄체의 상이다. 골반, 등, 어깨의 틀어짐도 확인한다.

발달상의 문제도 생각해 볼 수 있다. 신경학적 발달과 운동 발달이 지체되었으며, 수직 중심선과 수평 중심선이 아직 남아 있다면 뇌량 기능이 지체되었다는 의미일 수 있다. 꽃-막대 그림을 두개골 단면이라 상상해 보자. 그러면 아스트랄체 흐름이 눈에서 나와 교차하면서 두개골 뒤쪽 후두엽에 이르는 것을 볼 수 있다.

체질적 육체에서 비롯한 문제일 수도 있다. 호흡이 원활하지 않다면 그림 중간 부분에서 직선을 가로지를 때 곡선끼리의 간격이 좁아지는 양상을 보일 수 있다. 신체가 지나치게 경화되었거나 너무 허약하고 물 요소가 많을 수도 있다.(『도움수업』 29-32쪽 '십자 평가' 참고)

그림 아랫부분에 문제가 있다면 기억으로 각인되는 과정에 방해가 있음을 의미할 수 있다. 선이 중심선에 닿지 못하고 중간에 멈춘다면 감각 인상이 에테르체에 제대로 각인되지 않는 것이다. 선이 중심선을 지나 바깥에서 멈춘다면(『도움수업』 53쪽 그림 참고) 외부 감각 인상이 영혼 내부로 거의 수용되지 않아 각인이 이루어지지 않는 경우다. 끝부분이 나선 모양으로 말리면서 중심선에 이르지 못한다면 에테르체와 물질육체가 감각 인상의 각인을 수용하기에 너무 경직되어서 내부 반사 과정이 막힌 상태다.

감각 기관이 감각 세계를 향해 완전히 열리지 않았을 수도 있다. 주변 세상을 향해 충분히 열리지 않은 '얕은 호흡'의 문제로 볼 수도 있다.

꽃-막대 윗부분이 닫혀서 외부로 열린 공간이 없는 그림은 학생의 감각이 '꽉 막힌 상태', 즉 감각 세상을 향해 열려 있지 않은 상태로 읽는다. 이 역시 호흡으로 인한 문제일 수 있다. 루돌프 슈타이너는 감각 기관을 사지와 같은 의지 기관으로 보라고 했다. 감각은 외부 감각 세계 속 진동을 모방한다. 고막만 외부의 소리 자극에 따라 진동하는 것이 아니라, 눈 역시 색채를 지각할 때 빛과 어둠의 상호 작용을 모방한다. 고유운동 감각에서는 외부 움직임을 지각할 때 신체로 모방하면서 그 미세한 움직임을 인식한다. 외부 세계를 향한 이 부분이 막혔다면, 꽃-막대 형태 윗부분이 닫힌 그림을 그릴 것이다.

이 연습은 구리 공 연습에서 움직임으로 드러나는 바와 상응한다. (『도움수업』 122-126쪽) 그림에서 우리는 머리에서 발가락에 이르는 자아의 선과 오목에서 볼록으로 움직이는 아스트랄체를 볼 수 있다. 이는 물질육체를 통과하는 초감각적 흐름이다. 꽃-막대 연습과 구조적 물질육체를 만드는 초감각적 흐름을 설명한 『인지학-심리학-정신학』 도표를 연결하면, 학생의 초감각적 조직의 문제를 보는 눈을 훈련할 수 있다.

십자 평가

십자 평가(『도움수업』 29쪽)는 학생의 아스트랄체가 에테르체와 가까운지 혹은 물질육체와 가까운지를 보여 준다. 아스트랄체는 신경계에 친화성을 가질 수 있다. 이는 물질육체의 구조적 측면에 해당한다.

골격과 근육, 신경 구조는 성 게오르기우스 십자(+) 모양을 하고 있다. 이 십자는 반듯하게 누운 수평선과 수직선의 결합이다.(루돌프 쿠츨리Rudolf Kutzli 『포르멘: 자아를 찾아가는 선그림 12단계』 참고) 이 경우 아스트랄체는 물질적 요소인 신경계와 곧바로 연결되기 때문에 외부 상황에 반사적으로 신속하게 반응할 수 있다. 하지만 자아가 물질육체에 올바로 자리 잡지 못하면 아스트랄체와 물질육체의 연결이 지나치게 강해진다. 이로 인해 근육 경직이 일어나거나, 아스트랄체가 반대 움직임을 물질육체 움직임 속에 밀어 넣는 탓에 ALM을 AML로 읽는 경향이 나타날 수 있다. 제대로 통합되지 못한 수직 중심선으로 눈 움직임이 방해를 받아 문자나 소리 순서를 부분적으로 뒤집기도 한다. 아스트랄체 때문에 움직임 체계 전체에 과도한 뻗기 움직임 경향이 나타난다. 이 문제를 뻗기 움직임과 들어 올리기 움직임의 건강한 균형을 만들어 주는 연습으로 도와줄 수 있다. 이 연습들은 자아가 지나치게 강한 아스트랄체를 통제할 수 있도록 힘을 키워 준다. 『도움수업』의 모든 연습은 자아가 구조적 물질육체에 안착하고 아스트랄체를 통제할 수 있게 돕는다.

성 안드레아 십자(×)는 두 개의 역동적인 대각선으로 이루어진다. 십자 평가에서 이 십자를 그린다면 아스트랄체가 에테르체의 역동적 과정과 친화성을 갖고 있음을 의미한다. 이 경우엔 외부 감각 자극에 반응하는데 약간 시간이 걸릴 것이다. 아스트랄체가 외부 감각 인상과 연결되기 전 에테르체를 통과해야 하기 때문이다. 게다가 자아가 물질육체 속에 안착하지 못했다면 아스트랄체와 에테르 조직의 연결이 지나치게 강해질 수 있다. 그러면 에테르 조직이 지나치게 강한 아스트랄체 때문에 확장된다. 그 결과 학생은 6학년 이후 추상적 사고와 기억력 발달에 어려움을 겪을 수 있다. 외부 감각 인상이 에테르체에 제대로 각인되지 못하기 때문이다. 에테르체는 다습한 체질을 만들어 외부 감각 인상을 씻어낸다. 아스트랄체는 물질적 구조와 연결점을 제대로 찾으려 하지 않는다.

이 경우 균형 회복을 위해서는 먼저 아스트랄체가 물질육체에 육화할 수 있도록 뻗기 움직임을 강화한다. 그런 다음 자아의 육화를 강화해서 뻗기와 들어 올리기가 건강한 균형을 이루게 한다. 구리 공 연습, 막대 굴리기 연습(『도움수업』 137쪽) 공 튀기기 연습(『도움수업』 136쪽)이 이런 균형 회복에 좋다. 직각 삼각형 연습도 필요하다.

십자 형태가 바뀌는 일은 매우 드물다. 유치원 아이들이 그리는 사람 형태에서 이미 이 원형을 볼 수 있다. 네모난 몸통에 직각으로 팔다리를 그리기도 하고 (+ 성 게오르기우스 십자) 대각선으로 팔다리를 뻗은 사람을 그리기도 한다. (× 성 안드레아 십자)

죽음과 새로운 출생 사이에 카말로카(『윤곽으로 본 신비학』 참고)를 거치면서 아스트랄체에 교만과 정념이 들어간다. 교만은 자아를 체험하고 싶은 욕망이고, 정념은 감각 세계를 향한 욕망이다. 생후 첫 7년 발달이 제대로 이루어지지 못해 자아가 인간 신체를 다스릴 수 있도록 물질 구조 속에 안착하지 못하면 아스트랄체와 초감각적 흐름 중 어느 하나와의 연결이 너무 강해진다. 이 불균형 때문에 왼손과 오른손의 자연스러운 움직임이 뒤바뀐다.

정념과 교만은 인간 영혼 속에서 작용한다. 부처는 인간이 질병, 늙음, 죽음으로 고통받는 이유를 사람들에게 가르쳤다. 질병, 늙음, 죽음의 원인은 탄생이다. 탄생의 원인은 욕망이고, 욕망의 뿌리는 쾌快이며, 쾌는 감각 세계로 말미암아 생겨난다. 윤회의 수레바퀴는 이렇게 돌아간다. 이 모든 것이 정념에서 비롯된다. 정념의 짝은 자기 체험의 욕망인 교만으로, 고대 인도 신화 용어로 말하면 마귀인 마라와 그 수하들로 인해 일어난다. 인지학 용어로는 아스트랄체와 혈액에서 활동하는 루시퍼다.

아리만은 에테르체의 무의식 영역에서 활동한다. 아리만의 힘은 에테르체를 수축시킨다.(『인간과 요소 세계의 관련성』 참고) 아리만은 신경계와 지성적 사고에서 활동한다. 물질육체는 건조하고 단단해진다. 이를 염소 발굽이라는 상으로 표현할 수 있다. 이 힘은 영혼 영역에 공포를 불러일으킨다.

교만	정념
+ 성 게오르기우스 십자 아스트랄체가 인간의 좌측 물질적 흐름 속으로 밀고 들어옴	× 성 안드레아 십자 아스트랄체가 인간의 우측 에테르 흐름을 몰아냄
불 자아 약화, 무의식, 물질주의, 물질 속에서 의지를 움직일 수 없음	**갈증** 질료 탐닉(신체 장기가 필요한 욕망), 물에 대한 갈망, 안절부절 못함. 질료에 너무 약하게 관여. 영혼이 '과정' 속에서 익사
꽃잎 두 장짜리 연꽃인 전두엽 형성에 어려움 극단적 경우: 백치, 절망, 물에 대한 공포	꽃잎 16장짜리 연꽃으로 신체 중간체계, 형성하는 활동이 약함. 신비주의, 유치함. 과식, 불에 대한 공포
따뜻함과 건조함 – 끌어당긴다(찔만 판 엠미호펜의 『주춧돌』 참고) 담즙+다혈 차가움과 건조함 – 잡는다/수축한다 우울질	따뜻함과 축축함 – 소모한다 (찔만 판 엠미호펜의 『주춧돌』 참고) 다혈+담즙 차가움과 축축함 – 몰아낸다 점액질
"이를 갈리라" (옮긴이_ 누가 복음 13장 28절	"울리라"(옮긴이_ 누가 복음 13장 28절)

오드리 맥앨런이 그린 도표

울며 이를 가는 것은 자아가 인류의 적인 루시퍼의 힘과 아리만의 힘 사이에서 균형을 이루지 못하는 상태를 말한다. 누가 복음에는 안식일에 행한 치유가 두 번 나온다.(누가 복음 13장 10절, 14장 1절–11절) 우리는 이 구절에서 그리스도가 어떻게 균형을 회복하는지, 인류 적대자들의 활동을 어떻게 치유하는지를 본다. 같은 원형적 상을 오버루페 크리스마스 연극[32] (하우드Harwood 『오버루페 지역의 크리스마스 연극Christmas Plays from Oberufer』에서도 찾을 수 있다. '낙원극'에서 악마는 결혼한 남녀가 남자는 목을 매고 여자는 물에 빠져 죽으리라는 생각에 기뻐 환호한다. '세 왕Three Kings 극' 말미에 로마 백인 대장은 헤로데 왕이 의도하는 바를 알았으면 좋겠다고 하면서, 가장 높은 나무에 목을 매거나 가장 깊은 바다에 몸을 던지기를 소망한다. 그림 형제 동화 '곰가죽'에서 세 딸 중 둘은 각각 목을 매고 물에 빠져 죽는 것으로 최후를 맞는다.

직선과 무한대 연습을 하는 학생의 움직임에서 물질육체를 밀고 들어오는 아스트랄체나 에테르체를 밀어내는 아스트랄체를 관찰할 수 있다.(『도움수업』 147–150쪽) 학생이 네모 크레용을 위아래로 힘껏 밀어 올리거나 끌어당길 때 아스트랄의 미는 힘을 볼 수 있다. 경직된 신체 좌측이 우측 움직임을 압도해서 대칭 또는 반대 움직임을 하는 경우에도 이 힘을 볼 수 있다. 너무 건조한 좌측이 액체 요소의 신체 우측(에테르)을 빨아들이는 것이다. 이런 경우 흔히 근육이 과도하게 긴장한 고긴장성 움

---

32 옮긴이 다뉴브 강 연안의 작은 마을 오버루페 지역의 크리스마스 낙원 연극과 목동극. 16세기에 이주한 독일인들이 중세부터 전해지던 연극을 전수. 1840년 루돌프 슈타이너의 지도교수인 칼 율리우스 슈뢰어Karl Julius Schroer가 수집

직임이 나타난다.

에테르체를 밀어내거나 부풀리는 아스트랄체는 학생의 움직임에 근육 긴장도가 낮을 때, 즉 저긴장성 몸짓에서 볼 수 있다. 이 때는 뻗기 움직임이 부족하다. 오른손 움직임이 좌측을 압도한다. 형태는 둥글고 약하다. 어떤 색채를 선택하는지를 보면서 학생 상태에 대한 내적 상을 만든다.

11장

3차원 공간의 반전_ 정육면제

인간에 대한 인지학적 상을 바탕으로 발도르프 교육과 도움수업을 할 때 우리는 물질적 감각 세계 배후에서 정신의 창조적 힘이 활동하고 있음을 항상 염두에 두어야 한다. 도움수업에서 우리는 학생들의 공간 속 방향 찾기와 신체 인식 능력이 올바로 자리 잡도록 돕는다. 한마디로 자아가 물질육체로 육화하는 것을 돕는 것이다. 감각 세계 이면에는 창조적 정신세계가 숨어 있다. 인간은 외부 세계(대상)와 자기 영혼의 내면세계(주체) 사이에 장벽이 있다고 느낀다. 아이는 처음 '나'라고 말하는 순간부터 두 세계의 분리를 경험한다. 인간의 사고는 주체의 내면 정신과 객관적 외부 세상을 연결하는 다리를 만들 수 있다.(『자유의 철학』)

우리는 외부 세상에서 시각적 색채로 경험하는 것(대우주)을 우리 영혼 속 느낌(소우주)과 연결할 수 있다. 내면 요소와 외면 요소 사이에는 깊은 연관성이 있다. 외부 세상에 존재하는 색채의 객관적 감각 인상('우주적 느낌'의 창조력이 현시된)은 개별적, 호불호로 이루어진 주관적 느낌 영역과 연결된다. 이에 관해서는 7장 '색채의 특질'에서 살펴보았다. 루돌프 슈타이너는 우리가 색채로 지각한 것 이면에 정신적 소리의 창조적 세계가 숨어 있다고 했다.(『인간에 대한 앎과 수업 형성』) 정신 존재들은 우리가 색깔로 만나는 시각 경험의 장막 뒤에서 소리 움직임을 창조한다. 우리가 색채로 지각하는 것은 정신세계에서 오는 창조적 소리의 반전이며, 이것은 우리의 개별적, 내적, 정신적 영혼 세계에서 느낌으로 다시 한번 반전된다. 이것이 시각 정보가 들어오는 길이다.

청각 영역에서 우리가 소리, 언어, 사고 개념으로 지각하는 것은 각각 천사, 대천사, 아르카이가 우리 귀에 전해 주는 것이다.(『인지학-심리학-정신학』) 정신세계에서 이 소리들은 색채의 정신적 움직임으로 창조된다. 우리가 지각한 소리는 정신세계 내 색채의 반전이다. 개별적 인간 영혼 안에는 느낌, 사고, 행위를 위한 의도가 살고, 눈에 보이지 않는 감정의 색채로 존재한다. 감정을 표현하고 싶을 때면 내면 색채가 위로 올라오고, 후두에 가로막혀 쌓인다. 그리고 그곳에서 색채는 소리와 단어로 반전된다. 다른 사람이 말하는 것을 들을 때도 비슷한 일이 일어난다. 우리는 소리를 지각하고, 귀로 들은 말을 내면에서 시각화한다. '말馬'이라는 단어를 들으면 내면에 말의 상이 떠오른다. 이런 식으로 청각에서 시각으로, 또 그 반대로 반전이 일어난다. 이는 대단히 중요한 현상으로, 난독증 문제를 풀기 위해 더 많이 연구해야 할 영역이다.

오이리트미 공연에서 청중은 소리로 지각되는 세계 이면에 감추어진 것을 시각적으로 경험한다. 음악과 시, 산문 형태의 이야기를 듣는 한편, 눈으로는 무대 위 사람들이 색깔 있는 조명 아래 여러 색깔의 가벼운 의상을 겹쳐 입고 소리의 특질과 분위기를 움직임으로 표현하는 것을 본다. 오이리트미 예술에서 청각 요소는 시각 요소가 된다.

공간 정향, 혹은 공간 속 방향 찾기 측면에서 외부 3차원 세계는 하양-초록색 빛에 의해 창조되었다고 말할 수 있다. 이 빛은 우리가 사는 3차원적 외부 세계에 대한 루시퍼적 환영을 창조한다. 이것이 시각을 통한 색채 지각이며, 이를 통해 우리는 색채 원근법적 상을 얻는다. 고유운동감각을 통해서는 형태와 선 원근법적 상을 지각한다. 우리 인간만이 직립 자세 덕에 공간의 3차원성을 인지한다. 동물이나 기어 다니는 아기는 2차원 평면 속에 산다. 아기는 두 발로 서고 걷기를 배운 뒤에야 세 번째 차원을 탐색할 수 있다. 두 눈이 한 점에 초점을 맞출 수 있을 때 인간의 의식은 원근법에 이를 수 있다. 아이가 '나'라고 말하는 시기가 바로 왼쪽 눈과 오른쪽 눈이 협응하기 시작하는 2세 반 무렵이다. 인간의 의식은 3차원 공간의 일부다. 인간의 내면 영혼 생활과 3차원인 외부 물질세계는 서로 이어져 있다. 대부분의 동물은 눈의 위치 때문에 왼쪽과 오른쪽 시야를 하나의 상으로 통합하지 못하며, 원근(3차원)을 경험하지 못한다.

정신적으로 볼 때 공간 속 방향은 도덕성의 움직임에 의해 창조된다. 일상 언어에서 도덕적 가치가 공간적 방향과 연결되는 예를 어렵지 않게 찾을 수 있다. 'straightforward(똑바로 앞으로/정직한)', 'upright(수직의/강직한)', 'right(오른쪽/올바른)', 'sinister(사악한/라틴어로 왼쪽)' 등. 'fail(실패하다)'에서 동사는 'fall떨어지다'과 의미도, 철자도 비슷하다. 독일어로도 각각 'fallen', 'fehlen', 네델란드어로는 'vallen', 'falen'이다. 이 단어들은 실낙원(천국에서 추락)과 분명 무관하지 않아 보인다. 독일어 'aufrecht'와 네델란드어 'oprecht'는 '수직'이라는 의미와 함께 '정직함, 청렴함'을 의미한다. 프랑스 사람들은 'droit(오른쪽, 수직의)'를 이용해 'etre droit(반듯한)'라고 말한다. 언어는 달라도 공간 인식과 관련한 단어로 내적 영혼분위기를 표현하는 경향은 동일하다.(독일 도움수업 교사인 우타 슈톨츠는 이 주제에 많은 관심을 갖고 연구했다)

역사를 보면 인류는 3차원 공간을 계속 발견하고 탐사해 왔다. 고대에는 현재 우리에게 익숙한 깨어 있는 낮-의식 사고가 아직 발달하지 않았다. 당시 사람들은 꿈꾸는 의식 상태였다. 탐험의 시대(15-17세기)에 들어서면서 수평선에 시선을 집중할 수 있는 능력이 발달했다. 예술에서는 선 원근법을 이해하기 시작했다. 자아의 깨어 있는 낮 의식이 도래하면서 물리적이고 구체적인 외부 감각 세계를 훨씬 먼 거리에서 지각할 수 있는 힘이 생겨났다. 회화 예술에서 사람들은 암청cobalt blue으로 하늘을 칠하기 시작했다. 그전까지 그림의 배경은 황금색이었다. 자연 과학과 물질주의가 인류의 감정 영역을 지배하기 시작했다. 인간 골격이 점점 길어지는 동시에 그만큼 무거워졌다. 자아는 그 무거운 신체를 중력에서 들어 올리기 위해 구조적 물질육체와 더 강하게 연결하는 법을 터득했고, 그와 함께 영혼은 의식 상태의 변화를 겪었다.

공간적 차원 역시 세계 진화 과정과 함께 조금씩 발달했다. 지구가 온기로만 이루어져 있던 시절에는 공간적 차원이 전혀 존재하지 않았다. 온기를 몇 차원이라고 할 수 있을까? 굳이 표현하자면 점이라고 해야 할 것이다. 온기는 정신과 물질 사이의 중간 다리다. 온기 다음 빛이 탄생하면서 최초의 차원이 모습을 드러낸다. 빛은 직선이다. 적어도 직선처럼 보인다. 빛은 직선으로 움직이는 것처럼 보인다. 진화의 세 번째 단계에 들어서면서 물이라는 요소와 두 번째 차원이 존재하게 되었다. 이것이 우리가 물의 표면, 잎의 표면에서 만나는 2차원 평면이다. 점점 농축, 응결되는 진화 과정을 거친 뒤에야 비로소 흙(물질) 요소가 3차원 공간으로 나타난다.(에른스트 마티 『네 가지 에테르』)

움직임과 도덕적 덕목

앞서 말했듯 공간 속 여러 방향으로의 움직임은 정신적 차원에서 도덕적 요소와 연결된다. 정면을 향해 나아갈 때 우리 내면에서 미래로 나아가는 '용기'가 요구되는 것을 생각해 보면 이 말을 이해할 수 있다. 몸을 뒤로 젖히고 주변 세상의 아름다움을 감상할 때 우리 마음은 '기쁨'으로 가득 찬다. 하늘을 올려다 볼 때 우리 영혼에서는 '믿음'이 솟아난다. 이는 우리 아스트랄체에 존재하는 도덕적 힘으로, 아래에서 위로 올라오는 흐름이다. 과거에서 오는 것, 이미 창조된 것, 지금 우리 주변의 살아 있는 세계를 창조하는 것은 '지혜'로 가득 차 있다. 이 지혜는 오른쪽에서 왼쪽으로 움직이는 에테르체 흐름이다. 왼쪽에서 오른쪽으로 움직이는 것은 물질육체의 흐름이다. 모든 인간이 동일한 신체 구조를 공유한다. 여기에는 '올바름'의 미덕이 있다. 자아는 우리에게 '절제, 중용'을 가르친다. 이것이 인간이 경험하는 공간 방향과 관련한 6가지 덕목이다.(11장 참고) 오드리 맥앨런이 그린 정육면체 그림(『도움수업』 154쪽)에서 인간을 구성하는 초감각적 흐름과 6가지 덕목의 관계를 볼 수 있다.

세상 속 초감각적 흐름과 도덕적 가치의 관계를 이해하기 위해서는 인류의 초기 단계에 관한 루돌프 슈타이너의 강의 『골고다 신비에 이르는 필수 준비 단계』, 『그리스도와 정신세계. 성배 탐색과 관련하여』를 보면 좋다.

레무리아 말기에 우리가 실낙원이라고 알고 있는 사건이 일어난 뒤 인간은 감각 인상으로 인해 극심한 고통에 빠졌다. 아름다운 사물에서는 감당하기 어려울 만큼 큰 욕망을, 그렇지 않은 사물에 대해서는 어마어마한 혐오나 증오를 느꼈기 때문이다. 인간 영혼은 이런 감각 인상의 희생양이 되었다. 이는 루시퍼적 존재가 개입한 결과였다. 루시퍼 존재들은 세상의 진화를 옛 달기 단계에 잡아 두기를 원했다. 옛 달기에는 2차원 세계만 존재했다. 구체적 형태를 가진 물질은 아직 발달하지 않았다. 루돌프 슈타이너의 묘사에 따르면 옛 달은 시금치 수프와 비슷한 질료로 이루어진 행성이었다.(『윤곽으로 본 신비학』)

지구기에 들어서 레무리아기가 끝난 뒤에도 인간과 동물은 아직 수평적 평면 상태를 벗어나지 못하고 있었다. 그리스도 존재가 인류를 구원하러 오기에 이른다. 인간 영혼(아담의 영혼)의 일부는 고차적 신들 덕분에 타락 이전 상태를 유지하고 있었다. 그리스도 존재는 이 순수한 영혼 요소와 스스로를 연결해서 인간을 수직 자세로 일으켜 세웠다. 수직 자세에서 인간은 더 이상 감각 인상에 일방적으로 당하는 존재가 아니라, 어느 정도 거리를 두고 외부와 내부, 객체와 주체를 구분하는 법을 배울 수 있게 되었다.

인간은 레무리아에서 아틀란티스로 이주해야 했고, 새로운 위험이 대두했다. 루시퍼와 아리만 존재들의 영향으로 감각, 심장, 혈액 리듬, 허파 같은 인간 장기의 기능에 이상이 생긴 것이다. 인간 영혼에 동물적 욕망과 탐욕의 힘이 가득 차 버렸기 때문이다. 감각 기관은 감각 인상에 아주 취약해졌고, 인상이 들어오면 참을 수 없는 고통을 느꼈다. 이로 인해 인간은 저급한 본능의 힘에서 오는 끔찍한 소리만 내지를 뿐이었다. 그리스도 존재는 인류를 두 번째로 구원하기 위해 순수한 영혼 요소와 연결해 인간이 모음을 발음할 수 있게 해 주었다. 그때부터 인간은 노래를 부르고 말소리를 낼 수 있게 되었다.(『골고다 신비에 이르는 필수 준비 단계』)

아틀란티스기가 진행되면서 사고하고 느끼고 의지 행위를 하는 인간의 영혼력은 서로 단절되고 조화를 잃어버릴 위험에 처했다. 그리스도 존재는 세 번째로 인류 진화에 개입해 순수한 인간 영혼 요소를 빌려 인류가 자음을 사용할 수 있게 했다. 이 새로운 능력 덕분에 인간은 외부 사물을 묘사할 수 있게 되었다.

인류 진화사를 이처럼 개괄해 보면 지극히 높은 정신적 힘인 그리스도 존재의 자아가 순수한 영혼의 힘인 아트만, 부디, 마나스(정신인간, 생명정신, 정신자아)와 연결되면서 인류에게 직립하고, 언어를 말하고, 내면 감정을 표현하며 외부 사물에 이름을 부여할 수 있는 힘을 선사했음을 알 수 있다. 가장 높은 정신적, 영혼적 힘이 인간의 물질육체(감각), 에테르체(생명 활동), 아스트랄체(사고, 감성, 의지)를 구원했다. 이 강의를 읽으면 세상을 지은 정신적 흐름이 감각의 총합인 물질육체에 대해서는 '희망'이라는 덕목과, 에테르체에 대해서는 '사랑'이라는 덕목, 아스트랄체에 대해서는 '평화'라는 덕목과 연결됨을 이해할 수 있다. 공생애 3년 동안 나사렛 예수의 몸으로 육화하고, 지구라는 행성의 정신적 조직과 연결되었던 그리스도는 바로 세상의 자아다. 그는 '진리'다. 그의 감각혼은 '아름다움'이고, 그의 감각체는 '선함'이다.

골고다 신비가 일어날 때까지 살아 있는 인간으로 인간의 몸을 입고 지구에 살 때, 그리스도는 인류에게 사고하는 힘을 선사했다. 철학이 등장한 것은 바로 그리스-로마 시대의 일이었다. 복음서 저자들은 그리스도의 탄생을 여러 방식으로 묘사한다. 누가 복음에서는 그리스도를 죄를 모르는, 그렇기에 전적으로 순결하며 사랑으로 가득 찬 인류의 순수한 영혼이라고 말한다. 하지만 마태 복음은 동방에서 온 현자들이 그리스도의 탄생을 예견했다고 말한다. 그들은 μαγοζ(역주: 마기 혹은 마구스. '마법사'를 의미하는 그리스어)였다. '마구스'는 바빌로니아(칼데아), 메데스, 페르시아 등의 지역에서 현자, 학자, 사제, 의사, 점성술사, 견령자, 꿈 해몽자를 부르던 말이다. 스승인 자라투스트라가 재육화하기를 기다리던 페르시아 신비 성지 입문자들이기도 했다. 루돌프 슈타이너는 자라투스트라의 자아가 여러 번 육화를 거치면서 한 인간 자아가 가질 수 있는 최상의 힘을 키웠지만, 그 자아 역시 루시퍼와 아리만의 개입으로 인한 결과에서 자유롭지 않았다고 말한다.

누가 복음에는 자라투스트라의 영혼과 자아의 개인적 요소가 순수하고 순결한 영혼력과 연결되는 순간이 나온다. 바로 예수가 12살 때 성전에 가는 장면이다. 예루살렘의 사제와 서기관들은 이 소년을 보고 놀란다. 그들은 토라와 유대법, 경전의 명료하고 칼 같은 지적 토론에 익숙한 사람들이었다. 그런데 처음으로 지극한 사랑이 녹아 있는 위대한 지혜를 경험한 것이다. 이는 완전히 새로운 체험이었다. 이후 요단강에서 세례를 받을 때 지극히 높은 태양 정신이 여러 차원에서 복잡하게 준비된 나사렛 예수의 몸으로 육화한다. 이것이 바로 성배의 상이다. 성배는 사람들을 먹이고 치유할 수 있는 그릇이다. 그 안에 지극히 높은 성령에게서 오는 힘을 담고 있기 때문이다.

돌 무렵의 아이가 두 발로 서고 걷기를 배우고, 이어서 말하고 사고하기를 배우는 것을 볼 때, 우리는 그리스도의 전前 지상적 행위의 결과를 만나고 있는 것이다. 3세까지 아이가 직립하고 걷고 말하고 사고하기를 터득하게 하는 힘은 고차 자아와 영혼의 힘이다. 아이가 '나'라고 말하는 순간 낮은 차원의 개인적 자아의 자의식이 깨어난다. 이제 고차적 힘들은 무의식 영역으로 물러난다. 이들은 생명감각, 균형감각, 고유운동감각의 초감각적 조직에서 활동한다.(『인지학–심리학–정신학』)

루돌프 슈타이너가 인지학적 그리스도론으로 우리에게 설명하는 것은 모든 인간이 지닌 세계 원형이다. 『지상의 지식과 하늘의 앎』에서 그는 저차 자아, 아스트랄체, 에테르체, 물질육체가 인간 신체의 영양 섭취와 성장 활동을 관통하고 있음을 보여 준다. 출생 전에 이 힘은 태아를 감싼 융모막(저차 자아), 요막(아스트랄체), 양막(에테르체), 난황낭(물질육체) 등의 배외막에서 활동한다.

고차 자아와 아트만, 부디, 마나스로 구성된 순수한 영혼은 파괴의 힘으로 작용한다. 출생 후 고차 자아는 신경–감각계에서 직접 활동한다. 고차 자아는 객관적 아스트랄 조직 속으로 흘러들어가 산소와 함께 곧바로 허파로 들어간다. 에테르체에도 작용하는데, 에테르체는 산소를 통해 혈액 속 탄산의 형태로 파괴의 힘을 만난다.

인간의 초감각적 구성체들의 작용에 대한 이 복잡한 상에서 오드리 맥앨런이 말한 구조적 요소와 체질적 요소를 알아볼 수 있다. '정육면체 도표'는 성배의 상, 즉 초감각적 구성체의 고차적 측면과 저차적 측면이 인간 안에서 활동하는 양식의 원형이다. 『인간에 대한 앎과 수업 형성』에서 슈타이너는 교사들에게 이 점을 설명했다. 감각 인상은 외부 물질적 요소의 직접적 작용이며, 호흡에서 외부 에테르 힘은 공기와 함께 허파로 들어온다. 혈액 순환 리듬은 아스트랄체다.

『인지학–심리학–정신학』을 읽은 뒤 이어서 슈타이너가 인간 영혼에 관한 인지학적 통찰을 전한 1910년 강의를 읽은 독자도 있을 것이다. 그러면 왜 1년 뒤 강의에서는 초감각적 흐름의 도표를 다르게 그렸는지 고개를 갸우뚱했을 것이다. 자아는 1년 전과 동일하게 위에서 아래로 내려온다. 하지만 물질육체의 흐름은 영혼을 담고 아래에서 위로 올라온다. 슈타이너가 에테르적 흐름이라고 부른, 왼쪽에서 오는 흐름은 과거다. 맞은편인 오른쪽에서 오는, 아스트랄 흐름이라 부른 것은 미래다. 몇 년 뒤, 『교육학의 기초가 되는 인간에 대한 보편적인 앎』에서 슈타이너는 동일한 요소를 다른 단어로 지칭한다. 이 강의에서는 과거에서 오는 것을 '반감', 미래에서 오는 것을 '공감'이라고 불렀다. 『교육학의 기초가 되는 인간에 대한 보편적인 앎』 2강에 나오는 도표와 내용은 『인지학-심리학-정신학』 1910년 강의와 상응한다.

[그림11-1]

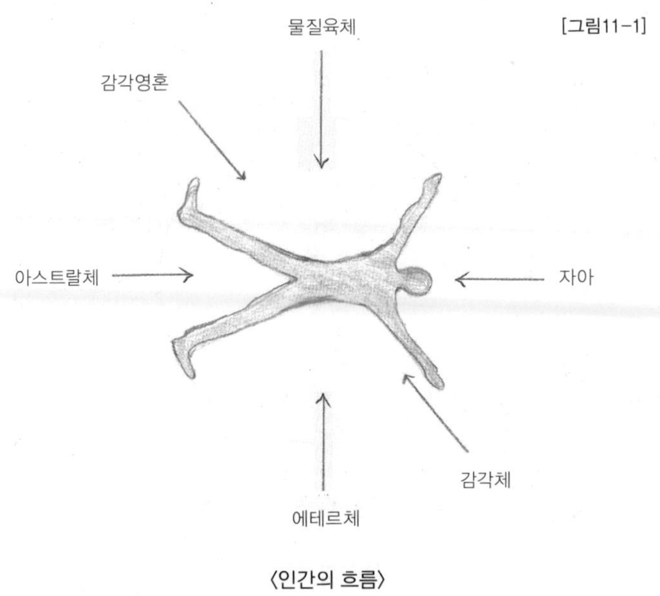

〈인간의 흐름〉

이번에는 반사 과정의 원리로 3차원 공간의 반전인 정육면체를 살펴보자. 공간 차원에서 출발해서 영혼 차원으로, 그리고 바그너 오페라에서 구르네만츠가 성배의 성으로 들어가면서 파르치팔에게 하는 말처럼 '공간이 시간이 되는' 도덕적 덕목의 차원으로 넘어가 보자.

인간의 구조적 물질육체를 빚는 흐름을 설명한 『인지학-심리학-정신학』 도표는 세계 진화 배후에 존재하는 창조적 힘의 반영이다. 북유럽 신화에서 신들은 거인 이미르의 육체로 세상을 만들었다. 낙원에서 추방되기 전까지 세계의 힘과 인간의 힘은, 임신한 엄마와 아이가 살아 있

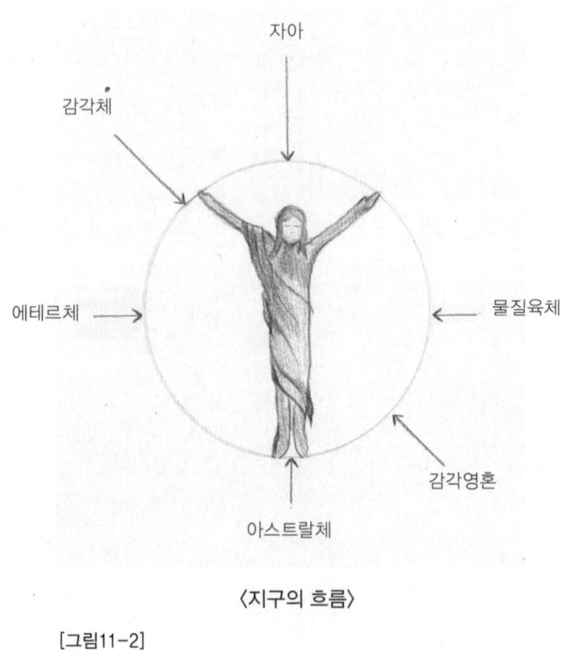

〈지구의 흐름〉

[그림11-2]

는 단일체인 것처럼 한몸이었다. 슈타이너의 도표를 자세히 보면 지구의 몸을 빚은 정신적 흐름을 발견할 수 있다. 과거에는 지도를 만들 때 동쪽을 맨 위에 배치했던 것에 주목하자. 옛날에는 '방향을 찾다orient'와 '동쪽을 향하다'가 동의어였다. 르네상스 이후, 사람들은 지도를 그릴 때 북쪽을 위에 놓기 시작했다. 이는 모두 위에 설명한 의식 변화와 상관있다.

개별 인간을 중심에 놓을 때 우리는 관찰자 시선에서 본 지구의 그림이 된다. 이는 지구를 그리스도의 몸으로 묘사한 중세 지도 제작자들과 같은 관점이다.

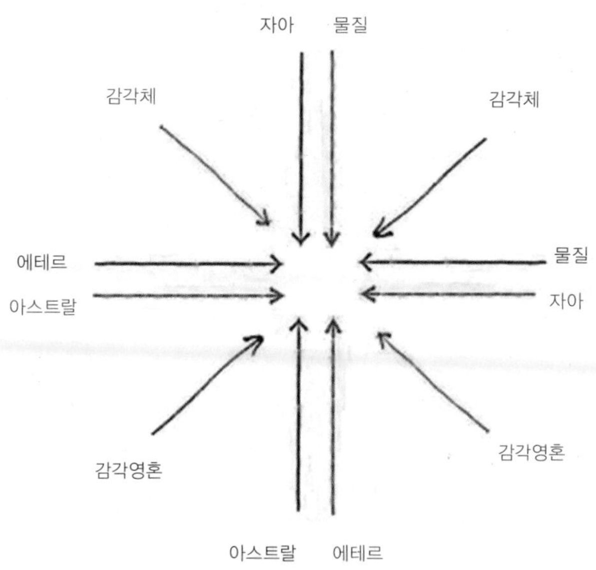

〈지구(파랑)와 인간(빨강)의 흐름〉

[그림11-3]

세계와 인간에 존재하는 흐름을 그린 두 도표를 하나로 합치면 12가지 흐름의 움직임이 한눈에 보이는 지도가 나온다. 도표에서는 흐름들을 선으로 표시했지만, 움직이는 면으로 상상해야 한다. 이 움직임은 공간이 시간이 되는 정신세계에서는 12가지 도덕적 덕목으로 존재한다.

〈인간의 초감각적 흐름: 세계 초감각적 흐름의 투사〉

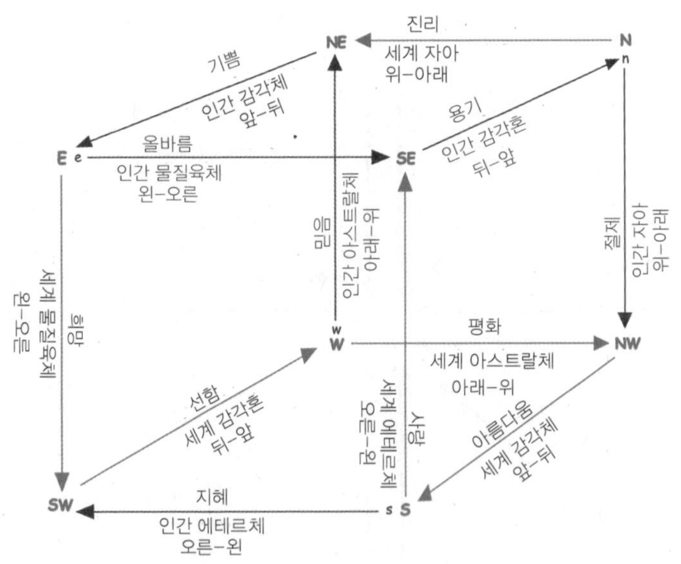

[그림11-4]

3차원적 공간 정위를 2차원 공간에 투사한 그림을 반전하면 아스트랄 도표가 된다. 앞서 언급했듯 여기서 말하는 반전은 내부가 외부로 뒤집어짐을 의미한다. 중심은 주변이 되고, 흐름의 방향은 반대가 된다.

오드리 맥앨런이 『잠』에서 정신적 도덕적 지도로 그린 정육면체는 이런 과정에서 나왔다. 그녀는 도움수업 교사들에게 아이들이 3차원 공간에 육화하는 것을 돕는 일은 신체적 차원에서만 의미 있는 것이 아니라, 아이가 외부 감각 세계의 배후에서 활동하는 정신의 창조력과 연결점을 찾도록 도와주는 일임을 보여 주고자 했다. 우리는 정육면체의 흐름들을 따라가면서 이 '움직임 면'들이 어떤 소용돌이를 만드는지 볼 수 있다. 이 그림은 고정된 상태가 아니라 창조 중인 힘에 대한 상으로 보아야 한다.

정육면체의 12개 선분은 형성력의 영역인 황도 12궁 숫자와 일치한다. 정육면체의 3차원성은 신성한 삼위일체가 신의 사고, 느낌, 의지로 활동하는 무한한 세계로 우리를 이끈다. 요한 계시록에서 묘사하는 정육면체 모양의 새 예루살렘은 모든 진화 단계가 완성된 최종 결과를 상징하며, 인간이 마침내 정신적 경지에 올라 그 열매를 정신세계에 선사할 때를 말한다. 새 예루살렘의 성벽은 길이와 높이와 그 폭이 일치하며, 12개의 성문이 있다. 이것이 성배의 상이다. 그 성배 속에 진화 과정을 거치면서 3차원 공간 속 인간 체험의 결과와 물질세계 속 자아의 정신적 발달이 각인될 것이다. 그때에 이르면 비로소 물질적 공간은 시간이 될 것이다.

루돌프 슈타이너가 『인간과 요소 세계의 관련성』(2강)에서 말한 것처럼, 인간 내면에도 역시 정육면체가 있다. 가슴 영역에 위치한 이 정육면체는 성부 하느님이 아담에게 정신을 불어넣은 내면의 자유 공간이다. 오직 이 영역에서만 우리는 진정한 인간이다. 이 정육면체는 우리 움직임 체계와 공간 정위를 감지하는 내적 자이로스코프 역할을 하며, 큰 정육면체가 우리 내면에서 개별 영혼 세계로 반전된 것이다. 큰 정육면체는 정신적 도덕 덕목으로서의 움직임을 상징한다. 이를 반전시키면 물질적 감각 세계에 자아가 한 점에 집중하는 3차원 공간이 창조된다. 내면의 작은 정육면체는 개인의 내적 영혼 요소로 반전된 상태를 상징한다.

정신과학에 관심 있는 사람들이 모인 곳에서 물질 요소를 두려워하는 경향을 만날 때가 있다. 우리는 지극히 높은 정신 존재들이 중력 같은 물질적 힘과 연결되어 있다는 정신 법칙을 명심해야 한다. 인간은 물질세계에 사는 동안에만 자아 의식을 발달시킬 수 있다. 생후 첫 7년의 발달이 올바르게 이루어져야만 건강한 육화가 가능하다는 사실은 아무리 강조해도 지나치지 않다. 그래야 3차원적 물질세계 내에서의 경험이 개별 인간의 에테르체와 지구 에테르체에 각인될 것이다. 루돌프 슈타이너는 이 중요성을 다음과 같이 설명한다.(『다른 세편의 복음서, 특히 누가 복음과 관련한 요한 복음』)

> "나사렛 예수의 몸으로 그리스도가 들어오면서 그리스도의 개별성은 골격 구조 자체와 그 물리적, 화학적 활동을 지배할 수 있는 힘을 얻었습니다. 그 결과 한때 지구에는, 육신을 가진 존재로서 골격 구조의 정신적 형태가 지구 진화 속에 스며들도록 힘을 발휘할 수 있는 존재가 살게 되었습니다. 그리스도가 골격 법칙에 지배력을 조금씩 획득해 가면서 골격

구조의 신성한 형태를 진화 법칙으로 지구 진화에 통합시킬 수 없었다면, 인류의 모든 체험은 회복 불가능하게 손실되었을 것입니다. 골격 구조를 보존할 수 없었다면 지구 진화는 털끝만큼도 미래로 나아갈 수 없었을 것입니다. 골격 구조의 형태는 물질적 의미에서 죽음을 정복합니다."

이것이 바로 성배의 신비다.

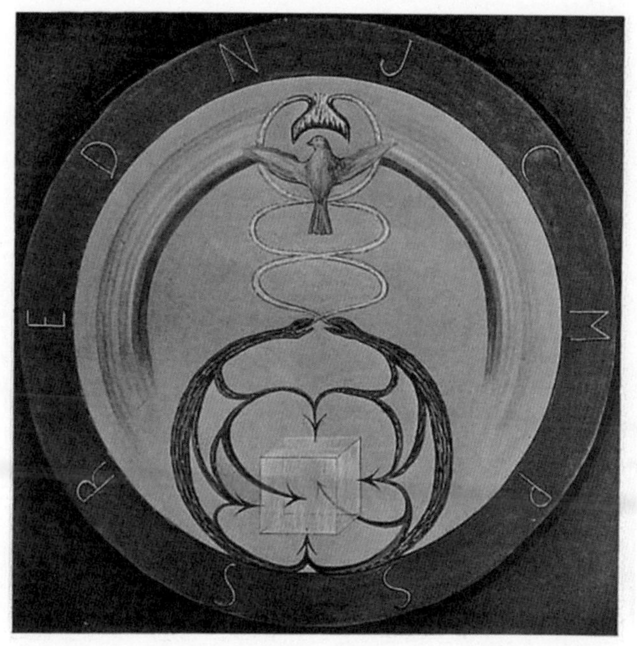

〈7번째 묵시록적 인장〉 [그림11-5]

(다니엘 판 베멜렌의 스케치/
루돌프 슈타이너가 그린 스케치를 C. Rettich가 옮긴 그림을 옮김)

12장

신성한 건축물_ 구조적 물질육체

인간 신체의 물질적 구조는 지구와 인류의 진화 과정 중 단계별로 발달했다. 인간의 신체 발달은 지구라는 행성의 신체 발달과 상응한다. 루돌프 슈타이너에 따르면 플라톤이 묘사한 아틀란티스는 지구 진화 중 물 요소가 아직 안개와 습기 형태로 대기를 가득 채우고 있는 단계였다. 당시 지구 표면은 오늘날처럼 단단하지 않았다. 인간 신체 역시 물질적 골격 구조로까지 농축되지 않았다. 이 시기 동안 감각 기관이 생겨났다. 눈은 태양 빛에 의해 생겨났다. 루돌프 슈타이너는 태양 빛이 짙은 안개로 덮인 지구 대기를 뚫고 들어와 아직 연약한 인간의 구조적 육체를, 말하자면 태워서 시각 기관을 만들었다고 묘사한다.(『현재 작용하는 정신적 힘과 관련한 이집트 신화와 비교 신비』) 눈은 빛의 법칙에 따라 태양 빛이 만든, 일종의 빛의 인장이다. 마찬가지로 귀는 소리에 의해 창조되었다. 이처럼 섬세한 구조적 육체에 여러 감각 기관이 외부에서 새겨 넣어졌다. 골격은 황도 12궁을 거치며 운행하는 태양과 달의 나선 운동으로 형성되었다. 이 움직임이 척추 구조와 척추뼈 속에 각인되었다.

아틀란티스기가 끝날 무렵 대기 중에 있는 안개와 습기는 농축되기 시작한다. 공기 요소와 물 요소가 분리되면서 비가 내리기 시작했다. 이런 상태는 『구약 성서』 속 노아의 방주뿐 아니라 다른 여러 신화에도 등장한다. 인도에는 마누 신화가 있고, 그리스 신화에는 데우칼리온과 아내 피르하의 이야기가 있다. 성서는 방주의 규모가 길이 삼백 큐빗, 너비 오십 큐빗, 높이 삼십 큐빗이었다고 한다.(창세기 6장 15절) 이것이 배를 묘사한 수치라고 보기는 어렵다. 정신과학에 따르면 노아의 방주는 배가 아니다. 이 수치는 대홍수 이후 시대를 위해 준비된 구조적 인간 신체의 비율이다. 300: 50: 30이라는 비율은 두 팔을 머리 위로 뻗은 인간 신체를 담은 커다란 관을 떠올리게 한다.

방주는 3층이었고, 노아는 살아 있는 모든 종류를 암수 한 쌍으로 그 안에 받아들였다고 한다. 이는 구조적 물질육체 속에 육화한 아스트랄체를 말한다.(『신화와 전설. 신비학 기호와 상징들』)

우리는 창세기의 저자가 모세라는 점을 고려해야 한다. 모세는 이집트 신비 성지에서 입문했다. 하느님이 모세에게 지팡이를 땅 위로 던지라 하고 그 지팡이가 뱀이 되었다는 것은 모세가 옛 토성에서 물질육체가 창조될 때 배후에서 활동했던 정신적 힘에 입문한 자라는 상징이다. 성경(출애굽기 2장 10절)에 따르면 파라오의 딸이 나일 강 위를 떠내려 오는 바구니에서 아기 모세를 발견해 키웠다고 한다. 나일 강 위에 떠 있는 바구니 자체가 입문 의식의 원형적 상이다. 바구니는 입문자가 3일간의 입문 의식 동안 누워 있는 석관의 상이라 볼 수 있다. 석관은 결코 단순한 관이 아니다. 석관 뚜껑 안쪽에는 하늘 여신 누트가 두 팔을 위로 쭉 뻗고, 달과 별, 태양이 온 몸을 덮은 그림이 있다.

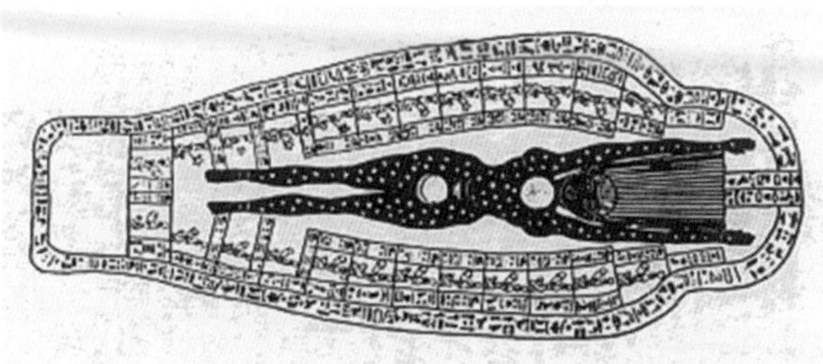

[그림12-1]

이집트 입문자인 모세는 당연히 이집트 신전 건축의 지혜를 알고 있었을 것이다. 로마의 건축가 마르쿠스 비트루비우스 폴리오Marcus Vitruvius Pollio(기원전 90-20년)가 몇 세기 뒤에 말한 것처럼, 이 건축물은 인간 신체 비율에 근거한다.

[그림12-2]

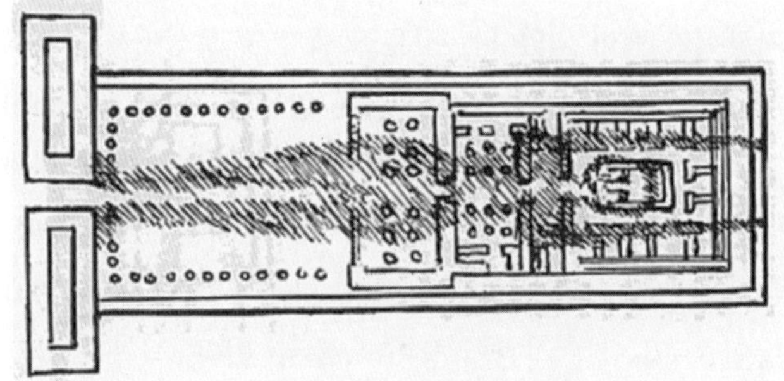

〈인간 형상에 근거한 이집트 신전〉

두 개의 거대한 탑문 사이를 지나 신전으로 들어간다. 첫 번째 마당은 지붕을 덮지 않고 기둥만 줄지어 늘어선 주주식 마당이다. 일반인도 들어올 수 있었고, 희생제나 치유 의식을 위한 공간으로 사용되었다. 신전 중앙부는 지붕이 덮여 있고, 그 지붕을 아름다운 조각과 여러 색깔로 장식한 기둥이 받치고 있다. 세 번째 공간은 내부 건물로, 고위 사제들만 들어올 수 있었다. 신전의 고차 자아인 하느님의 신상이 놓인 곳이다. 인간 두개골처럼 이곳은 어둡고 사방이 막혀 있다. 인간 신체 형상을 신전 도면에 투사해 보면 사지, 가슴, 머리라는 3중적 구조를 분명히 볼 수 있다. 프랑스 학자 R. A. 슈발러 드 루빅Schwaller de Lubicz은 이 주제에 대한 방대한 연구 결과를 『인간 안의 신전Le Temple dans l'homme』으로 출간했다.

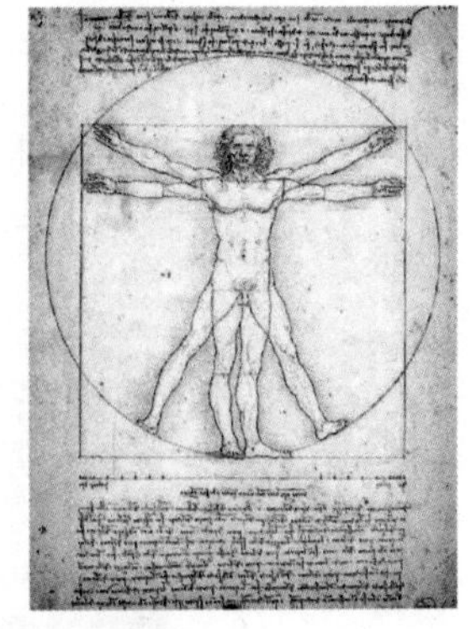

[그림12-3]

사원 건축은 인간 신체 비례에서 유래한 황금비를 따른다. 레오나르도 다빈치는 앞서 언급한 마르쿠스 비트루비우스 폴리오에 영감을 받아 인간 신체 구조 속 황금비의 기하학적 조화를 보여 주는 유명한 '비트루비우스 인간'을 그렸다.

모세는 하느님의 거처인 성막과 언약의 방주를 지을 때 이집트 건축의 신성한 지혜를 취했다. 『구약 성서』 출애굽기에 자세한 묘사가 있다.

나중에 솔로몬 왕이 예루살렘에 성전을 건축할 때도 인간 신체 비율을 토대로 건축했다. 이집트 신전의 입구처럼 예루살렘 성전에도 보아스와 야킴이라는 유명한 두 기둥이 있었다.

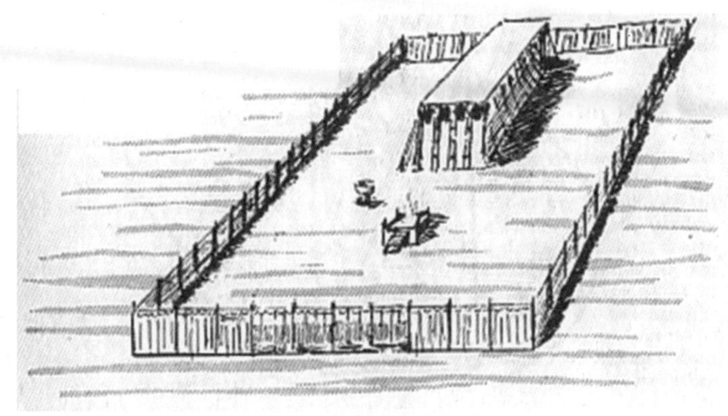

〈성전 마당과 성전〉

[그림12-4]

기독교화되긴 했지만 중세 가톨릭 건축에서도 아주 유사한 원리를 발견할 수 있다. 대표적인 사례가 프랑스 샤르트르 지방의 아름다운 성당이다. 이 성당의 평면도를 루돌프 슈타이너의 『인지학-심리학-정신학』 도표와 비교해 보자. 중세 교회는 보통 동쪽을 바라보지만 샤르트르 성당은 예외다. 이 교회는 한여름에 태양이 떠오르는 방향인 북동쪽을 바라보고 있다. 아마도 켈트족 전통을 따른 결과일 것이다.

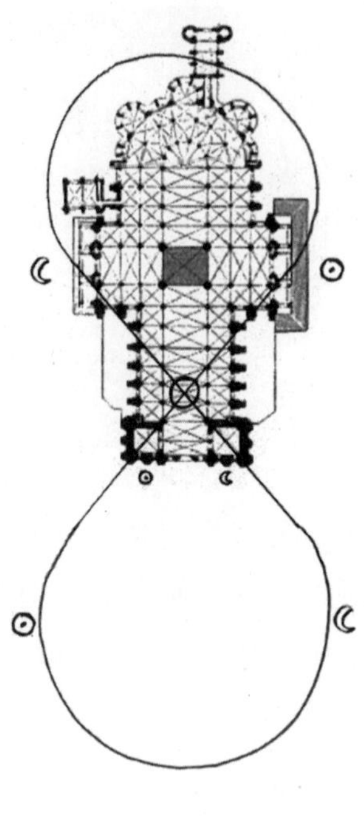

[그림12-5]

동쪽에 자리한 제단을 마주보면 원형적 자아를 만나게 된다. 십자형 교회의 왼쪽이자 북쪽 수랑에 위치한 문은 『구약 성서』를 묘사한 조각으로 장식했다. 남쪽 문에는 최후의 심판을 상징하는 조각이 있다. 왼쪽 장미창에서 두드러지는 색은 파랑이고, 오른쪽 창문의 중심 색조는 빨강이다.(『도움수업』 75쪽 그림 참조) 우리는 여기서 '눈-색 친화성' 원리를 발견할 수 있다.

서쪽에 위치한 주 출입문에는 두 개의 탑이 있다. 보통은 같은 모양의 탑이 대칭으로 서 있지만 샤르트르 성당은 두 탑의 모양이 다르다. 미카엘 탑이라 부르는 왼쪽 탑은 장식이 많고 꼭대기에 태양 상징이 있다.

가브리엘 탑이라 부르는 오른쪽 탑은 훨씬 소박하며 꼭대기에 달 상징이 있다. 북쪽 문에서 가브리엘 탑까지, 남쪽 문에서 미카엘 탑까지 대각선을 그어 『구약 성서』와 『신약 성서』 요소를 연결하면 두 선이 교차하는 지점에 유명한 미로가 있음을 알게 된다. 여기서 우리는 '눈-색 친화성'(6장)과 '반사 과정'(9장)에서 만난 반전의 원리를 다시 한번 만난다.

직선 요소뿐만 아니라 곡선 혹은 원 요소 발달을 중심으로 건축사를 볼 수도 있다. 그리스 신전에서는 용마루 한가운데 중심점이 있는 원을 그릴 수 있다. '나'라고 말할 무렵에야 아이는 가운데 점을 찍은 원을 그릴 수 있다. 그리스 신전에서 정신-영혼 측면을 상징하는 삼각형은 자아를 상징하는 반면 아래쪽 직사각형은 물질육체와 생명육체를 상징한다. 정신과 영혼이 아직 신과 하늘과 연결되었다고 느꼈던 당시 그리스 사람들처럼 큰 원의 윗부분은 건물 밖에 있다.

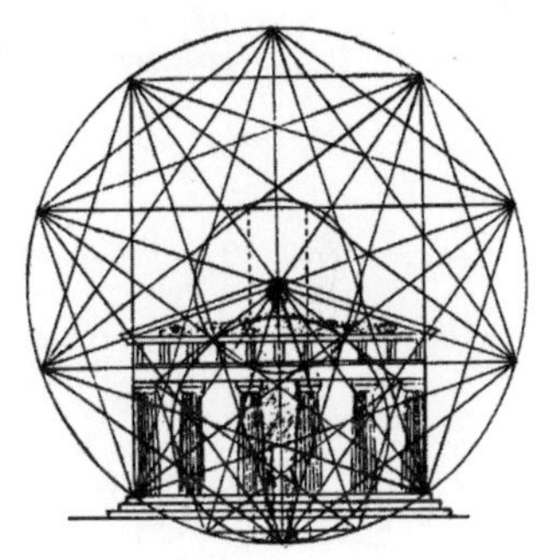

[그림12-6]

로마 시대에 인류는 신체로 한층 깊이 육화했다. 하드리아누스 황제가 세운 판테온의 원은 중심점이 건물 안에 있다. 둥근 지붕 한가운데로 하나의 원기둥이 지나간다. 여기서 거대한 건물의 중심인 자아(점)를 경험할 수 있다.

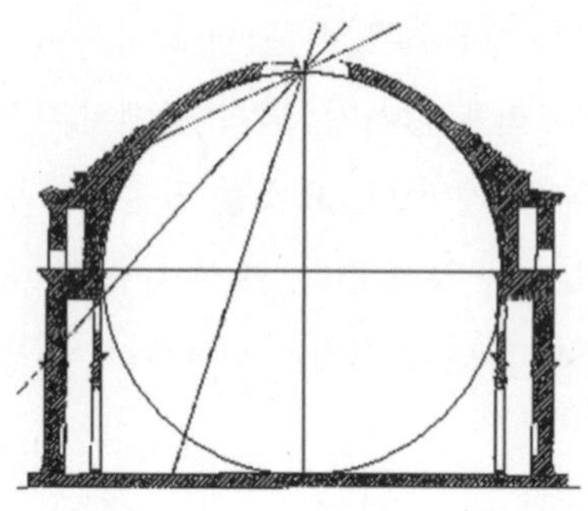

[그림12-7]

원래는 둥근 지붕 안쪽 정간(격자형 천장)이 청동으로 덮여 있고, 지붕 한가운데 뚫린 지름이 9m인 구멍을 통해 들어오는 햇빛이 그 정간에 반사되었다. 건물 자체가 하늘을 올려다보는 거대한 눈동자처럼 보인다. 청동 정간에 반사된 햇빛은 망막에 상이 맺히는 것처럼 바닥에 비쳤다.

[그림12-8]

곡선은 로마 건축의 주요 특징 중 하나다. 로마 사람들은 송수로나 경기장처럼 거대한 건축물을 세울 때 곡선을 이용했다. 나중에 십자군 전쟁이 끝나고 아랍 문화가 들어오면서 로마식 원형 천장은 고딕식 아치 형태로 좁아졌다. 십자군 전사들이 예루살렘에서 본 아랍 건축물의 주요 원리는 뾰족한 아치였다. 고든 스트라칸Gordon Strachan은 저서 『샤르트르: 신성 기하, 신성 공간Chartres: Sacred Geometry, Sacred Space』에서 이 과정을 아름답게 묘사했다. 인간 유기체와 영혼에 미친 아리만적 영향의 건축학적 표현이라고 말해도 무방할 것이다. 루돌프 슈타이너는 아리만의 영향이 에테르체를 압박하고 위축, 경화시키다가 마침내 물질육체까지 이르렀다고 한다. 이처럼 물질육체와 생명육체가 건조해지면서 지적인 사고를 할 수 있는 능력이 싹튼다.(『인간과 요소 세계의 관련성』)

첫 번째 괴테아눔 건물

루돌프 슈타이너는 건축에 직선 원리와 곡선 원리를 결합해 두 개의 둥근 지붕이 일부 겹치면서 무한대 형태를 만드는 첫 번째 괴테아눔(1922년 방화로 소실)을 설계했다. 건물은 동쪽을 바라보고 앉아 있었다. 두 지붕의 비율은 이집트 사람들이 사용했던 12개 매듭이 있는 밧줄을 이용해 피타고라스 정리에 따라 3:4:5로 잡았다. 이는 정육면체 대각선의 비율인 $\sqrt{1} : \sqrt{2} : \sqrt{3}$과 거의 일치한다. 앞서 우리는 피타고라스가 이집트 신비 성지에서 입문했고, 피타고라스 정리의 원천이 각각 물질육체, 에테르체, 아스트랄체를 상징하는 세 신인 오시리스, 이시스, 호루스의 상임을 살펴보았다.[33] 작은 지붕과 큰 지붕의 중심을 연결한 선이 빗변이다. 두 지붕의 반경 혹은 반지름은 3:4의 비율이었다. 이 정도만 봐도 루돌프 슈타이너가 '첫 번째 괴테아눔은 영혼을 위한 집'이라고 한 말의 의미를 이해할 수 있다. 이 비율은 이집트 신전처럼 팔을 머리 위로 쭉 뻗은 인간 신체 비율과 일치한다. 여기서 직각 삼각형 연습을 떠올릴 수 있다.

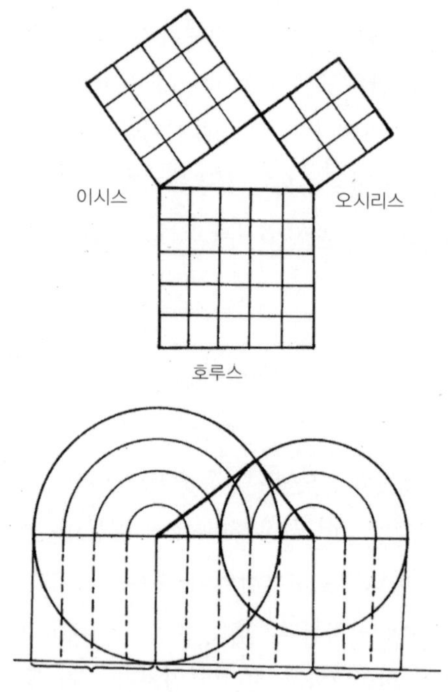

[그림12-9]

33 3장 '4중적(4구성체적) 특성' 참고

첫 번째 괴테아눔의 건축은 1913년에 시작되었다. 루돌프 슈타이너가 1909년 강의에서 이야기한 통찰이 녹아 있을 것이라 짐작할 수 있다. 서쪽 문을 통해 건물에 들어가서 아스트랄체의 흐름을 따라 유색 창문들을 지나면 동쪽에서 오는 자아의 흐름을 만난다. 그곳에 무대가 있고, '인류의 대표자' 조각상이 신을 상징하는 조각상으로 지성소에 놓일 예정이었다. 작은 지붕 아래에는 창문이 없고 사무실과 무대 뒤에 공간이 빙 둘러 있었다. 작은 지붕은 인간 형상의 머리, 큰 지붕은 몸통에 해당한다. 두 원이 교차하는 지점, 연단이 놓인 곳이 심장이며, 몸통의 회전이 가능하도록 흉곽 근육이 교차하는 형상이다.

작은 지붕은 양쪽으로 여섯 개의 기둥이 받치고 있었다. 큰 지붕에는 양쪽에 기둥이 일곱 개씩 있었다. 작은 지붕 기둥에서 시작해서 건물의 중심점을 지나는 직선을 그리면 큰 지붕의 일곱 기둥 사이의 공간에 닿는다.

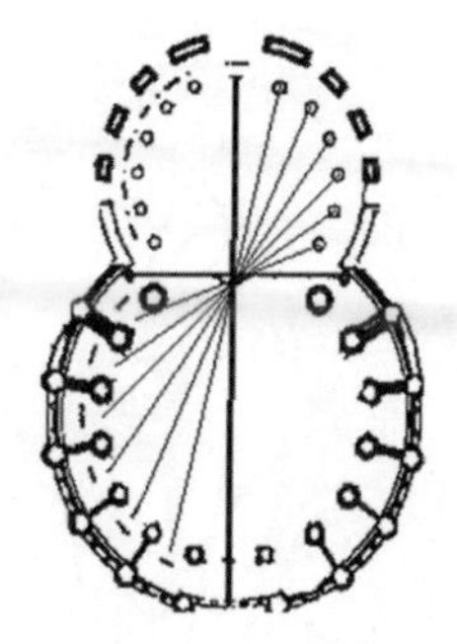
[그림12-10]

기둥들이 신경-감각 체계의 12감각 과정과 신진대사 체계의 7단계 생명 과정 사이의 관계를 보여 주고 있는 것 같다. 신경-감각 체계로 들어온 감각 인상은 신체 중앙부인 리듬 체계로 넘어간다. 이곳에서 인간 영혼은 감각 지각을 느낌과 연결한다. 기억은 신진대사 체계 안의 에테르적 과정에 각인될 때 일어나며, 큰 지붕의 일곱 기둥 사이 여섯 개의 비非물질적 공간이 이를 상징한다. 도움수업 교사는 여기서 '꽃-막대 연습' 형상과 주요 원리를 알아볼 수 있다. 앞에서 '꽃-막대 연습'으로 설명한 모든 내용을 첫 번째 괴테아눔의 건축 원리에서 발견할 수 있다.

첫 번째 괴테아눔의 3:4:5 비율을 인간의 머리 단면도에 투사해 보면 큰 지붕과 작은 지붕이 뇌 앞부분과 소뇌 비율에 상응하는 것을 알 수 있다. 두 원이 교차하는 머리 중심부에 송과선과 뇌하수체가 있다. 여기서 역시 '꽃-막대 연습'의 원리를 볼 수 있다. 외부 감각 인상이 서쪽에 위치한 주 출입문으로 들어와 건물 내부 공간으로 들어가는 과정은 인간 내면에서 감각 인상이 변형되는 과정과 일치한다.

판테온이 하늘을 올려다보는 거대한 눈동자와 유사한 구조인 것처럼, 유색 창문이 있는 큰 지붕 역시 눈의 구조를 닮았다. 입구와 현관에 있는 커다란 붉은 창문은 각막, 수양액, 동공, 홍채, 수정체 등으로 이루어진 눈의 전면부에 해당한다. 눈은 카메라 옵스큐라처럼 외부의 빛을 수용한다. 하지만 그로 인한 영향을 인간 유기체가 파괴해야 한다. 붉은 창은 유일하게 능동적인 색채의 창이다. 큰 지붕 아래 주요 공간 안쪽 창문들은 양쪽으로 각각 초록, 파랑, 파랑-보라, 장밋빛 분홍 순서로 늘어서 있다. 이 수동적 색채들은 외부 감각 세계의 기본 요소인 물, 불, 흙, 공기와 연결된다. 외부 감각 인상의 반향인 것이다. 시각 내부에서 일어나는 과정이 유리창 색의 보색인 유색 그림자로 인해 의식 영역에

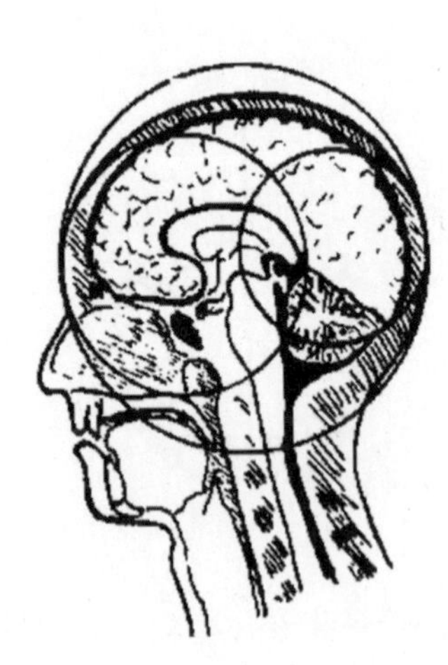

[그림12-11]

떠오른다.

'반사 과정'을 설명한 9장에서, 색채를 지각하는 감각에서는 볼록에서 오목으로 반사가 일어난다고 했다. 첫 번째 괴테아눔에서 아스트랄체의 볼록 측면은 큰 지붕의 유색 유리창과 보색, 그리고 유색 그림자로 가시화된다. 이는 에테르체 안에서 활동하는 아스트랄체다. 감각 지각 및 기억으로 각인되는 것과 관련한 아스트랄체의 외부 측면은 작은 지붕의 천장화에서 발견할 수 있다. 이 그림은 정신 기억을 상징하며, 슈타이너에 따르면 원래 상대 색으로 칠해질 예정이었다. 이는 색채의 내적, 오목 아스트랄 반사다. 브뤼니어Bruinier는 당시의 예술가들이 아직 루돌프 슈타이너의 의도를 따라갈 수 없었다고 말한다. 나중에 화가이자 첫 번째 네덜란드 발도르프 교사인 다니엘 판 베멜렌이 다시 시도했다. 그의 도전은 『첫 번째 괴테아눔 천장에서 본 루돌프 슈타이너의 새로운 색채 접근』이라는 책에 칼라 도판으로 수록되었다. 이 그림은 인류 발달 과정 중 존재했던 여러 문화기를 묘사한다.

루돌프 슈타이너의 '인류의 대표자' 조각상을 첫 번째 괴테아눔 평면도와 비율을 맞춰 투사하면 '구리 공 연습' 마지막 부분 동작이 보인다. 앞서 '구리 공 연습'으로 설명한 모든 내용 역시 이 건물의 건축 구조에서 발견할 수 있다. '구리 공 연습'은 신경학적 발달 단계를 재현하는 연습일 뿐 아니라, 학생에게 인류 문화사에 대한 내적 상을 움직임으로 전해 주는 연습이다. 이것이 루돌프 슈타이너가 주춧돌 명상에서 언급했던 '정신 기억'을 연습하는 것이다.(찔만의 『주춧돌The Foundation Stone』이나 뱀포드Bamford의 『지금 시작하라!Start Now!』 참고)

필자는 1990년대 초에 도움수업 연습에 첫 번째 괴테아눔의 건축 원

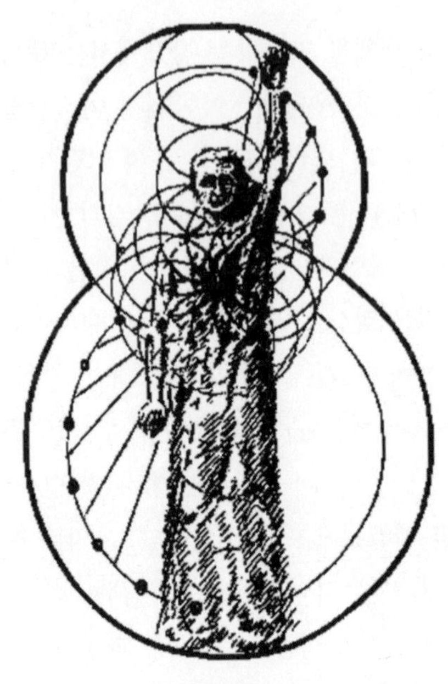
[그림12-12]

리가 숨어 있음을 깨달았다. 당장 오드리 맥앨런에게 전화를 해서 물었다. “오드리, 이 사실을 알고 계셨어요?” 그녀는 이렇게 대답했다. “아, 그래요? 그런 원리가 있는 줄은 몰랐네요, 하지만 당시 학생들과 도움수업을 하던 시기에 첫 번째 괴테아눔 건물을 명상하고 있었어요. 건물 내부를 직접 걸어 다니는 듯 내면에서 상을 떠올릴 수 있었어요. 그게 그런 식으로 연습에 반영될 거라곤 생각도 못 했네요.”

이런 깨달음을 독자들과 공유하면서 필자는 오드리 맥앨런이 발도르프 교육에 준 선물을 귀히 여기는 마음이 깊어지기를, 그리고 도움수업을 실천하는 사람들 내면에 용기, 믿음, 기쁨이 자라기를 희망한다. 오드리 맥앨런이 제안한 도움수업 개념에서 정신적 건축물인 인간과 연결된, 그리고 그 인간에 근거한 통찰과 함께 움직임, 그림, 회화 연습들을 만날 수 있다. 도움수업 개념은 인류에 대한 인지학적 이해에 깊이 뿌리박고 있다.

〈첫 번째 괴테아눔(1922년 방화로소실)〉

덧붙이는 글

『아일랜드 왕의 아들』로 보는 도움수업 개념_구조적 물질육체와 체질적 물질육체 욥 에켄붐

적대적 세력, 루시퍼와 아리만의 침입 오드리 맥앨런

물질육체_ 영혼의 교육자 오드리 맥앨런

인간의 모상_ 지구 오드리 맥앨런

『아일랜드 왕의 아들』로 보는 도움수업 개념 _구조적 물질육체와 체질적 물질육체

욥 에켄붐

신성 건축과 첫 번째 괴테아눔에 관한 12장에서 필자는 도움수업의 탄생 배경에 대한 이해를 깊게 해 주는 몇 가지 상을 예술적으로 전달하고자 노력했다. 12장은 조형-건축 예술 관점에서 바라본 것으로, 반감의 흐름, 시각적 흐름이다. 반면 음악과 말하기 예술은 공감과 청각적 흐름이다. 패드라익 콜럼Padraic Colum이 쓴 아름다운 이야기 『아일랜드 왕의 아들』(『아일랜드 왕자』 푸른나무 2021)은 도움수업 연습의 배후 개념을 예술적으로 전달하고 있다.

처음 읽을 때는 이야기의 복잡한 구조가 한눈에 드러나지 않을 것이다. 크게 세 가지 이야기 줄기가 있다. 첫째는 아일랜드 왕의 아들 이야기, 둘째는 염소 가죽 길리 이야기, 그리고 두 사람의 이야기와 얽혀 진행되는 '유일무이한 이야기'가 있다. 첫 번째 이야기는 인간 육체의 구조적 요소의 모험담이다. 대부분의 동화 주인공들과 달리 아일랜드 왕의 아들은 첫째

아들이다. 따라서 그는 집안의 유전을 물려받았는데(칼 쾨니히 『형제와 자매Bruder und Schwestern』) 부모에게 받은 요소뿐 아니라 옛 토성, 옛 태양, 옛 달 그리고 지구 진화 전체의 유전을 지닌다. 그는 고분고분한 아이가 아니다. 왕과 고문관은 그가 '모든 일을 마음대로 하도록 내버려' 둔다.

"개는 발치에
매는 손목에
용감한 준마는 그가 가려는 곳 어디로든"

동화를 읽을 때는 어떤 동물이 나오는지 주의 깊게 관찰해야 한다. 개, 매, 말 모두 사고의 여러 측면을 상징한다. 아일랜드 왕의 아들은 오드리 맥앨런이 『아이들 그림 읽기』에서 영원한 '정신-자아'라고 부른 것에 해당한다. 따라서 왕의 아들의 이야기는 항상 신경계, 근육, 골격을 가리킨다.

왕의 아들에게는 더못과 도우날이라는 배다른 형제가 두 명 있다. 셋의 아버지는 같지만 아일랜드 왕의 아들의 어머니는 '그에게 길잡이를 해 주기 전'에 죽었다.

두 번째 이야기 줄기는 개인적 체질 요소에 관한 것으로, 염소 가죽 길리가 주인공이다. 이 개인적 '영혼-자아'는 신체 장기의 7가지 과정 속에서 살아가는 3중적 영혼이다.

마법사의 딸, 페델마

이야기가 시작하자마자, 아일랜드 왕의 아들(이름은 한 번도 안 나온다)은 반대 축인 검은 오지의 마법사를 만난다. 처음에는 적이라는 사실을 알아보지 못하지만, 늙은이라 부르는 그 노인은 오른손이 왼손을 상대로 혼자 카드놀이를 하고 있다. 대칭적 움직임 양식은 마법사의 자아와 물질 육체가 느슨하게 연결되어 있는 상이다. 늙은이가 돌무더기 위에 앉아 카드놀이를 하고 있다는 식의 세부 묘사를 놓치지 말아야 한다. 이 사소한 묘사 속에 물질적 요소가 암시된다. 노인은 왕의 아들에게 같이 카드놀이를 하자고 청한다. 마법사는 판돈을 후하게 지불한다. 두 판을 이긴 왕의 아들은, 아니나 다를까 세 번째 판에서 진다. 마법사는 왕의 적이라는 본색을 드러내면서 "나는 그에게 부상을 입혔지, 그리고 네 아버지의 부인인 왕비에게도 부상을 입혔어"라고 말한다. 마법사가 아일랜드 왕의 아들에게 요구한 벌칙은 다음과 같다. 일 년하고도 하루 안에 마법사가 사는 곳을 찾아내 그의 턱수염 세 가닥을 뽑아야 한다. 아니면 아일랜드 왕의 아들은 자신의 목을 내놓아야 한다. 이야기 앞부분에서 아일랜드 왕의 아들은 이런 노래를 불렀다.

> "나는 내 배에 자물쇠를 걸지
> 일 년하고도 하루 동안 … "

그림 형제 동화 '세 가닥 황금 수염을 가진 악마'에도 세 가닥 수염이 등장한다. 루돌프 마이어Rudolf Meyer의 『동화의 지혜』(푸른씨앗 2019)에 따르면 황금 수염 세 가닥은 나이 어린 인간이 사춘기 초입에 맞닥뜨리게 되는 인생의 모든 수수께끼에 대한 해답을 상징한다.

왕과 고문관은 검은 오지의 마법사가 누군지 모른다. 그럼에도 불구하고 왕의 아들이 그를 찾으러 길을 떠나지 않으면 아일랜드에 화가 닥칠까 두려워한다. 왕의 아들이 길을 떠날 때 의붓어머니는 그가 그의 개, 매, 말을 데리고 가는 것을 허락하지 않는다. 개, 매, 말은 모두 인간 사고의 상징적 표상이다. 그러면서 왕자에게 한쪽 다리를 절고 꼬리가 짧은 말을 준다. 그의 사고는 가로막혔다. 아마도 물질주의 때문일 것이다. 이야기 중에 다시 한번 다리를 절고 꼬리가 짧은 말의 상을 만날 것이다.

왕의 아들은 길을 가다 뱀장어와 독수리의 싸움을 목격한다. 뱀장어와 독수리는 황도 12궁 전갈자리의 저차적 측면과 고차적 측면을 가리킨다. 전갈자리는 죽음의 기운을 보내는 11월 태양의 상징이다. 이 별자리의 형성력에 해당하는 소리는 'S'로 물질 속에 가장 깊숙이 침투해 물질을 형성한다.(오드리 맥앨런 『경청하는 귀The Listening Ear』)

왕의 아들은 독수리 라힌을 돕는다. 독수리는 그 대가로 검은 오지의 마법사의 나라로 가는 길을 가르쳐 준다. 전갈자리의 고차적 힘은 코날 왕의 아들이 아리만이 지배하는 물질적 흐름 속으로 들어가도록 돕는다.

독수리 라힌은 왕의 아들에게 먼저 태양을 앞에 두고 길을 가다가 태양을 등지고 걸으라고 한다. 이는 육화하는 자아의 흐름을 마주보면서 동쪽으로 가라는 뜻인 동시에 미래의 방향으로 길을 가라는 뜻이다. 호수에서 왕의 아들은 백조 세 마리를 발견한다. 그중 한 마리는 입에 초록 목도리를 두르고 있다. 초록은 육화하는 자아의 색이다.

세 마리 백조는 마법사의 세 딸이다. 막내딸이 왕의 아들을 돕는다. 그녀의 이름은 페델마다. 두 언니의 이름은 각각 애파와 길빈이다. 늘 그렇듯 여기서도 3중성이 등장한다. 대개 동화에서 3중성은 감각혼, 오성혼, 의식혼이라는 세 영혼 요소와 상관있지만, 여기서 애파는 루시퍼에 물든 감각혼을, 길빈은 아리만에 물든 오성혼을 상징한다. 페델마는 왕의 아들을 돕지만 두 언니는 왕의 아들과 결혼하는 것에만 관심이 있다. 아일랜드 왕의 아들은 밤마다 물기 없는 좁은 물탱크에서 잠을 잔다. 이 물탱크는 석관의 상이고, 이것을 우리는 입문의 상징이라 해석할 수 있다. 마법사는 왕의 아들에게 세 가지 과제를 준다.

페델마의 도움으로 왕의 아들은 세 가지 과제를 수행한다. 그는 발이 하얀 새끼 사슴을 잡아야 한다. 페델마는 그에게 사고의 힘인 '재빠른 신발'을 준다. 두 번째로 그는 새의 깃털을 엮어서 마법사의 벌집을 보호할 울타리를 만들어야 했다. 페델마가 그를 돕는다. 페델마의 푸른 매는 온갖 새를 그에게 모아다 준다. 새는 인간의 느낌 영역이 자리한 리듬 체계, 호흡, 공기 요소다. 마지막 과제는 가장 위험천만한 것으로, 우물 속으로 내려가서 마법사에게 젊음의 반지를 가져다주어야 한다. 이 우물은 신진대사 체계로 인간을 다시 젊어지게 하는 힘이 깃든 곳이다. 가장 큰 난관은 왕의 아들이 페델마를 죽여 그 뼈를 계단 삼아 우물 아래로 내려가야 한다는 것이다. 여기서 우리는 의식혼의 상을 본다. 자아는 구조적 물질육체의 힘, 즉 골격이 제대로 지지해 줄 때만 의식혼에서 깨어날 수 있고, 자의식을 발달시킬 수 있다. 왕의 아들은 젊음의 반지를 찾고 다시 뼈를 거두어 온다. 딱 한 조각만 제자리에 없다. 바로 페델마의 새끼손가락 관절이다. 다섯 손가락 중 바로 새끼손가락이 유전적 힘의 매개자다.(노버트 글라스 Norbert Glas의 『손은 인간을 드러낸다Die Hande offenbaren den Menschen』 참고) 넷째 손가락 근육과 새끼손가락 근육이 이어져 있기 때문에 가장 유연성이 적은 손가락이다. 피아노를 배우거나 타이프라이터나 컴퓨터 자판을 배운 사람은 누구나 이 상태가 무엇을 말하는지 이해할 것이다. 왕의 아들이 신붓감으로 페델마를 찾을 때 부러진 새끼손가락이 힌트가 된다.

애파는 물레에 앉아 있다. 그녀는 입이 작고 매부리코에 사팔눈이다. 이는 루시퍼의 영향이 (감각)영혼을 물들였기 때문이다. 그녀는 왕의 아들에게 도망치라고 조언한다. 물질적 현실에서 탈출해 허상 속으로 도피하라는 것이다. 왕의 아들이 그녀에게 페델마와 결혼하기를 원한다고 말하자 애파는 그를 잡기 위해 산고양이를 보낸다.

길빈은 왜소한 체구에 얼굴은 호두처럼 쪼글쪼글 갈색이다. 그녀는 자기 탑에 세상에서 가장 지혜로운 책들이 있으니 거기서 분명히 마법사의 나라로 가는 길을 찾을 수 있을 거라고 말한다. 왕이 아들이 페델마와 결혼하기를 원한다고 말하자 길빈은 입술을 잔뜩 오므렸다. 턱은 뿔 모양이 되고, 그녀가 이 사이로 휘파람을 불자 방에 있던 모든 물건이 왕의 아들을 공격하기 시작한다. 여기서 오성혼과 에테르체 안에 있는 아리만적 요소를 알아볼 수 있다.

마침내 행복하게 재회한 페델마와 왕의 아들은 작고 여윈 붉은 말을 타고 마법사의 지배를 벗어난다. 붉은 말은 사고 안에 있는 의지 요소다. 뿔의 언덕에 이르렀을 때 산에 사는 작은 현자는 납을 녹여 두 사람에게 반지 두 개를 만들어 준다. 납은 물질 구조의 행성인 토성의 금속이다.

왕의 아들과 페델마는 여행을 하는 동안 서로 이야기를 들려준다. 그러다가 왕의 아들은 피곤이 몰려와 졸기 시작하고, 페델마가 자기 무릎에 머리를 올려놓게 해 주자 왕의 아들은 잠이 들었다. 페델마는 안개 나라 왕에게 납치된다. 그녀는 안개 나라 왕을 구슬려서 아일랜드 왕의 아들이 자신을 찾을 수 있는 방법을 털어놓게 만든다. 페델마의 푸른 매는 한 마디도 놓치지 않고 왕의 아들에게 전해 준다. 그는 빛의 검으로 안개 나라 왕을 무찔러야 한다. 그 빛의 검으로 페델마의 머리카락을 자르면 그녀는 깊은 잠에서 깨어날 수 있다. 왕의 아들은 마법사의 나라로 돌아가려 할 때 페델마가 쓴 쪽지를 발견한다. 그는 죽음의 나라인 그림자의 숲에 들어간다. 그곳에서 그림자 존재들을 느끼고, 그들 중 몇몇의 뒤를 쫓아간다. 그들이 속삭이는 소리가 점점 커지더니 그림자들이 주위를 에워쌌다. 그때 지하에서 외치는 목소리가 들린다. "네 이름을 큰 소리로 외쳐라, 코날 왕의 아들아!" 자기 이름을 큰 소리로 외치자 자의식이 돌아온다. 그림자들은 멈춰 서고 왕의 아들은 계속 길을 갈 수 있게 된다. 그는 아버지의 왕궁으로 돌아온다.

검은 오지의 마법사 나라에서의 모험은 아스트랄계에서의 입문으로 볼 수 있다. 안개 나라와 그림자 숲은 왕의 아들이 아직 입문할 준비가 되지 않은 에테르계라고 봐야 할 것이다.

고양이들의 왕이 코날 왕의 나라를 방문하다

아일랜드 왕의 아들의 이야기가 전개되는 가운데 두 번째 이야기가 시작된다. 염소 가죽 길리의 이야기로, 그는 인간 체질적 측면의 상징이다. 왕의 아들은 안개 나라 왕을 찾아다니는 중이다. 왕의 시종이 왕의 아들에게 들려주는 이야기는 실낙원 사건의 영향을 받은 낮은 아스트랄체를 향한다. 낮은 동물적 본성은 이 하위 아스트랄체에 깃들어 있다. 인간 아스트랄체에는 동물계 전체가 들어 있지만 인간 자아의 활동은 동물적 본성이 영혼 안에서 사고 요소가 될 수 있도록 억제할 수 있어야 한다. 루돌프 슈타이너는 머리에서 아래로 작용하는 반감의 형성력이 인간 신체를 동물과 비슷하게 만들려는 경향이 있고, 인간의 몸통은 그 과정의 영향을 중화하기 위해 일한다고 말한다.(『교육학의 기초가 되는 인간에 대한 보편적인 앎』 12강) 아래에서 위로 올라오며 혈액에서 활동하는 공감의 아스트랄 힘에는 낮은 차원의 의지인 본능, 충동, 욕망이 담겨 있으며, 인간 내면에 뱀, 늑대, 혹은 여우 같은 야만적 행동을 불러일으키려 한다. 배신, 살인, 교묘한 술수는 노래와 음악으로 정복해야 한다.(『인간에 대한 앎에서 나오는 교육과 수업』 2강) 1학년 때는 더없이 사랑스러운 동화 같은 분위기였던 아이들이 2학년이 되면서 갑자기 달라져 교사를 당황하게 만드는 것이 바로 이 아스트랄 특성 때문이다. 고양이들의 왕 이야기 마지막에 요정과 인간 사이에, 그리고 아일랜드 사람들 사이에 전쟁이 찾아온다. 전쟁이 끝날 때 독수리와 고양이는 돌로 변한다. 이 이야기는 염소 가죽 길리가 경험하는 모험의 일부로 요정 로완 나무의 역사를 들려줄 때까지 계속 이어진다.

빛의 검

아일랜드 왕의 아들은 다시 탐색에 나선다. 그는 신들의 형상을 빚고 만드는 고바운 사오르를 찾는다. 어디서 그를 찾았는지는 결코 이야기할 수 없다! '내게 먼저 네 의지, 네 마음 그리고 네 목적을 보여 달라'고 고바운 사오르는 말한다. 왕의 아들은 고바운 사오르의 모루를 며칠 밤 동안 지켜야 한다. 3일 밤 동안 강에서 푸아라는 생물이 올라오고 왕의 아들은 그와 맞서 싸운다. 그러자 고바운 사오르는 빛의 검을 어디서 찾을 수 있는지 그 비밀을 알려준다. 바로 호수 밑 고대 존재의 왕궁이다. 왕의 아들은 한가운데 섬이 있는 호수를 발견한다. 그의 작고 여윈 붉은 말은 검은 섬을 향해 헤엄쳐 간다. 섬은 말의 무릎 높이까지 재로 덮여 있다. 그는 검은 바위에 난 입구로 들어가 백 개의 길을 지나 넓은 홀에 당도한다. 빛의 검은 지붕에 매달린 채 대롱대롱 걸려 있다.

이 장면은 성배 이야기에서 파르치팔이 성배의 성에 당도했을 때와 비교해 볼 수 있다. 호수 한가운데 있는 검은 섬은 뇌수 속에 떠 있는 두뇌의 상이다. 두뇌 중간 부위에 송과선과 뇌하수체가 있다. 빛의 검은 고차 자아의 빛처럼 그곳에서 빛을 발하며 매달려 있다.

왕의 아들은 검을 잡아 내려 사방으로 휘둘러 본다. 여인 12명이 보석으로 장식한 잔을 손에 든 채 잠들어 있는 것이 그의 눈에 들어온다. 그는 잔에 담긴 거품 나는 물을 마신다. 12명의 여인은 그림 형제 동화 '바다 토끼'와 마찬가지로 12개의 뇌신경 혹은 12감각을 상징한다. 왕의 아들의 정신은 오만해진다. 그는 눈이 하나밖에 없는 꿀꺽인들을 만난다. 키클롭스, 폴리페무스 이야기처럼 외눈은 옛 시절의 형안을 의미한다. 빛의 검이 광채를 잃는다. 당나귀가 검에 발굽을 문질렀기 때문이다. 검은 정신의 빛을 잃고 시커멓게 변해 버린다.

고바운 사오르는 검을 다시 빛나게 할 수 있다. 하지만 쉬운 일은 아니다. 그는 왕의 아들에게 유일무이한 이야기와 그 시초 이전에 온 것과 끝난 이후에 온 것을 찾아오라고 한다.

왕의 아들 이야기의 모든 요소는 구조적 육체와 관련된다. 그것이 아리만적 요소를 만난다. 아리만 혹은 메피스토펠레스는 에테르 영역과 유전 요소 속에 현존한다. 영혼에서는 지성 요소에 해당한다. 아리만의 작용으로 에테르체가 오그라든 결과 물질육체는 말라 버렸다. 그 때문에 구조적 물질육체의 신경, 두뇌, 골격은 버석버석 부서지기 쉬운 상태가 되고 근육은 뻣뻣해졌다.

왕의 아들은 유일무이한 이야기를 찾아 비레의 할머니를 찾아간다.

그곳에서 그는 염소 가죽 길리를 만나고, 염소 가죽 길리는 왕자에게 유일무이한 이야기를 들려주고자 한다. 비레의 할머니는 그들이 유일무이한 이야기를 주고받도록 허락하기 전에, 두 사람에게 소뿔의 개수를 세어 오라고 한다. 소뿔은 두 개의 구덩이에 담겨 있다. 왕의 아들은 집의 왼쪽에 있는 구덩이에 있는 소뿔을 세기 시작하고, 길리는 오른쪽 구덩이의 것을 센다.

동화에서 집은 인간 신체의 원형이다. '백설공주'나 '늑대와 일곱 마리 아기 염소'를 생각해 보자. 신체 왼쪽 편은 2중성을 갖는다. 영혼-정신과 생명-육체가 결합하는 구조적 측면이다. 오른편은 사고, 감성, 의지의 3중성을 띤다. 구조적 측면과 체질적 측면이 단일체를 형성한다. 즉 왕의 아들과 길리는 협력해야 한다.

염소 가죽 길리

길리는 12살이 될 때까지 한 번도 요람에서 뒤척여 나오지 않았다고 이야기는 말한다. 12세는 영혼이 구조적 요소와 골격 체계의 무게 속에서 깨어나는 나이다. 6학년에 올라와 기하와 자연 과학을 배울 수 있는 로마인이 되는 나이다. 5학년 때는 그리스인처럼 여전히 근육 체계 속에 살며, 아직 골격의 무게와 깊이 연결되지 않았다.

길리는 긴 이빨 세 노파 손에서 자랐다. 긴 이빨 노파라는 상은 그림 형제 동화 '홀레 할머니'에서 만난 적이 있다. 루돌프 마이어에 따르면 긴 이빨은 뼈를 만드는 과정과 상관있는데, 12살이라는 길리의 나이를 생각해 보면 그 의미를 이해할 수 있다. 홀레 할머니는 에테르계와 요소 존재들 세계의 생명력을 상징한다. 이 이야기에서는 이 상이 3중적으로 등장한다. 이는 내부에서 생명육체에 각인하는 3중적 영혼 요소를 가리킨다.

길리는 처음으로 긴 이빨 세 노파의 집을 떠난다. "그는 펄쩍 뛰어 요람을 가로지르고, 문지방을 넘어 넓이와 높이, 길이와 폭을 가진, 희미하게 빛나는 세상 속으로 나갔다." 이 문장은 12세 아이의 영혼 상태를 기가 막히게 묘사한다.

체질 속에는 이전 생애에서 가지고 온 개별 아스트랄의 힘이 산다. 많은 동화와 신화에서는 개별 아스트랄체의 이런 요소를 동물과의 만남으로 묘사한다. 이 동물들은 개인의 생애에서 도움의 손길로 등장하거나 자아의 통제 아래 놓아야 하는 성격적 특성을 말한다. 이 이야기에서 길리는 교활함의 상징인 족제비를 만난다. 개구리는 에테르 요소(물)의 경계를 뛰어넘어 생명력의 세계로 들어갈 수 있는 능력을 상징한다.(그림 형제 동화 『개구리 왕』) 이 이야기에서 개구리는 강에서 자갈을 끌고 나와 길리와 족제비가 돌로 벽을 쌓을 수 있게 한다. 같은 방식으로 수정 알도 끌고 나오는데, 알고 보니 그것은 마법의 알이었다. 수정 알은 길리의 소원을 이루어 준다. 작고 예쁜 집을 원하자 집이 나타났다. 집은 '백설 공주', '헨젤과 그레텔', '늑대와 일곱 마리 아기 양'에서처럼 신체 구성체 전체에 대한 상이다. 길리의 다음 소원은 자기 모습을 보는 것이었다. 이는 나르시스의 상이다. "눈앞의 벽에 거울이 있었다." 여기서 거울은 두뇌, 구조적 육체에서 영혼에 자의식을 선사하는 요소를 말한다. 『백설 공주』에서 새어머니의 거울을 떠올릴 수도 있다. 새어머니의 자의식은 질투와 이기심이 된다. 족제비는 작은 집 지붕 아래 보금자리를 꾸민다. 삼각형 모양의 집은 정신적 영혼 요소나 두뇌를 상징한다. 저차의 지상적 지성인 여우 로리가 수정 알을 가져간다. 길리는 에테르 세계의 힘의 지혜를 끌어올 능력을 잃는다.

길리는 수정 알을 찾아 나서고, 예언하는 여인을 만난다. 여인의 집에 머물다가 불운의 마을에서 온 촌뜨기를 섬기게 된다. 이 불운의 마을의 촌뜨기는 "몽당 꼬리에 머리가 크고, 절름발이에 얼룩무늬가 있는 말을 타고 다닌다. 그는 물푸레나무 가지를 손에 쥐고 다니며 말에게 회초리질을 하거나 길을 가로막는 개를 후려쳤다." 촌뜨기가 타는 말의 상태와 그가 말과 개를 대하는 태도를 보자. 모두 사고를 상징한다. 길리를 만나기 전까지 예언하는 여인에게는 하인 두 명이 있었다. 길리가 세 번째다. 여기서도 영혼의 3중적 측면이 등장한다. 의식혼은 불운의 마을에서 온 촌뜨기를 성공적으로 물리친다. 그는 루돌프 슈타이너가 우리 문화 속에서 아리만적 요소를 대하는 태도로 조언한 대로 행동한다. 아리만적 방식으로 아리만을 물리치는 것이다. 그러기 위해서는 물질주의적 사고방식을 취해 그 사고 과정을 끝까지 끌고 나가야 한다. 사고 과정을 완수하면 결국엔 정신을 발견하게 될 것이다. 길리는 촌뜨기의 지시를 글자 그대로 충실히 수행한다. 마침내 촌뜨기는 길리를 하인으로 맞은 것을 후회한다. 불운의 마을의 촌뜨기는 돌로 만든 상자에 돈을 넣어 둔다. 길리가 거래를 후회한다고 말하면 그 대가로 목 뒤부터 발뒤꿈치까지 피부를 1인치 넓이로 벗겨내야 한다. 등쪽 피부란 자아-조직을 담는 그릇인 척추 근처를 말한다. 촌뜨기가 지닌 아리만적 특성을 보여 주는 상이다.

길리는 예언하는 여인에게 돌아온다. 여인은 촌뜨기의 이웃이다. 이 묘사에서 에테르체에서 루시퍼와 아리만은 좌-우, 위-아래, 앞-뒤에 자리한 서로의 이웃이라는 루돌프 슈타이너의 설명을 떠올릴 수 있다.(『인간과 요소 세계의 관련성』) 예언하는 여인은 에테르체 속 루시퍼적 요소라 볼 수 있다.

유일무이한 이야기

처음에는 '유일무이한 이야기'가 전체 이야기에 단순히 끼워 넣은 동화처럼 보이지만, 사실은 이야기 전체에서 중요한 요소를 이룬다. '일곱 마리 까마귀'나 '여섯 마리 백조' 같은 다른 동화에서 흔히 본 요소가 눈에 띈다. 남자 형제들과 어린 누이의 모티브다. 일곱이라는 숫자는 언제나 일곱 장기와 일곱 행성과 연결된 일곱 가지 생명 활동을 가리킨다.

여왕은 말한다. "이런 색깔을 보여 줄 딸이 있었으면..." 파랑, 노랑, 하양은 그녀가 딸에게 보여 주고 싶은 색깔이다. 파랑과 노랑은 생후 첫 7년 시기의 공감력과 반감력(조형-건축적 힘과 음악-언어적 힘)을 상징한다. 딸은 오빠들이 백조가 되었다는 죄책감을 안고 있다. 그녀는 그들을 구원하고 싶어 하지만 성공하지 못한다. 비레의 할머니는 길리와 왕의 아들에게 이야기의 나머지 부분을 가져다 달라고 한다.

길리가 할머니에게 이름을 달라고 청하자, 할머니 앞에 서서 염소 가죽을 벗어야 했다. 염소 가죽을 벗은 그의 가슴에는 별이 새겨져 있다. 그가 왕의 아들이라는 상징이다. 할머니는 그에게 이름을 주지 않는다. 먼저 수정 알이 어떻게 되었는지 알아내야 한다. 길리와 아일랜드 왕의 아들은 붉은 왕궁의 마을에서 만나기로 한다. 먼저 두 젊은이는 아무리 먹어도 줄지 않는 빵 덩어리를 잘라 먹고 아무리 마셔도 내용물이 없어지지 않는 병에서 물을 마신다.(에테르 세계에서 온 생명력) 아일랜드 왕의 아들은 검술 연습을 위해 할머니 집에 머문다. 길을 나서는 길리는 할머니가 행운의 의미로 일곱 번 손을 흔들어 주기를 바란다.

길리는 자신의 집을 찾는다. 그곳에는 강도 여섯과 아내가 살고 있다. 여기에서 우리는 더러운 귀신이 자기보다 더 악한 귀신 일곱을 더 데리고 들어갔다는 누가 복음(11장 14절-28절)을 떠올리게 된다. 그들은 집에 들어가 쓸고 닦는다. 길리는 그들의 우두머리가 된다. 그러다가 수정알이 어떻게 되었는지를 알게 된다. 알은 부화했고, 끝없는 이야기의 백조가 나왔다.

길리는 이 이야기를 비레의 할머니에게 들려준다. 그녀는 그에게 플란이라는 이름을 준다.

붉은 왕궁의 마을

이 마을에서 길리(이제는 플란)와 왕의 아들은 강도 모그와 왕의 아들의 배다른 형제인 더뭇과 도우날을 만난다. 고바운 사오르(왕의 아들의 조력자)와 예언하는 여인(길리-플란의 조력자)도 다시 만난다. 그들이 서로를 부르는 이름인 신들의 형상을 빚는 자와 신들의 조정자는 육화의 길에서 사람들을 돕는 고차적 정신 존재로 볼 수 있을 것이다. 라파엘로가 그린 〈시스티나의 성모〉를 떠올려 보자. 이 그림에서 우리는 천상의 어머니 품에 안긴 아이에게 길을 보여 주는 성 바바라와 식스투스 교황을 보고 있는 것이다. 그들은 조형-건축적, 음악-언어적 힘 혹은 반감과 공감을 상징한다.

왕의 아들은 검은 오지의 마법사를 만나고, 그를 설득해서 유일무이한 이야기 앞에 오는 것과 끝난 뒤에 오는 것을 알아낸다. 마법사는 늑대로 변한다. 늑대는 '늑대와 일곱 마리 아기 양'에서도 만나는 아리만적 요소다.

플란(길리)은 포도주의 불꽃 공주를 만나 사랑에 빠진다. 그는 그녀에게 세 가지 선물(달콤한 향기의 장미와 호화찬란의 빗, 진실의 허리띠)

을 준다. 여기에서 우리는 백설 공주가 새어머니에게서 받은 세 가지 선물인 독이 묻은 빗, 코르셋 끈, 독 사과를 떠올릴 수 있다. 새어머니는 리듬체계, 머리, 신진대사 체계를 공격하는 것이다. 이 이야기 속 선물 역시 사고, 느낌, 의지와 상관있다. 하지만 포도주의 불꽃은 길리의 선물을 받을 자격이 없다. 그녀는 질투심이 많고 교만하며 이기적이다. 자매인 젊음의 꽃, 빛의 가슴과 함께 포도주의 불꽃은 정화되지 않은 아스트랄체를 의미한다. 이것이 바로 질병, 고통, 죽음의 원인인 루시퍼의 영향을 받은, 체질적 측면의 낮은 아스트랄체다.

플란은 자신이 사랑하는 처녀가 그에게 자기 심장의 피 일곱 방울을 주면 어머니 쉬나와 그녀의 일곱 형제를 구원할 수 있다는 이야기를 왕의 아들에게서 듣는다.

안개 나라의 왕

이제 다시 빛의 검을 갖게 된 아일랜드 왕의 아들은 안개 나라의 왕을 무찌르고 페델마를 구하기 위해 길을 나선다. 안개 나라의 왕은 구조적 육체 및 그것과 연결된 아스트랄체의 일부(페델마)를 지배할 수 있는 힘을 갖고 있다. (부서진 탑의) 강은 괴테 동화 '초록뱀과 아름다운 백합'에서 접하는 상이다. 강은 감각 세계와 초감각적 세계의 경계다. 안개 나라의 왕의 궁전에는 일곱 개의 문과 마당이 있다. 루돌프 슈타이너가 '주님의 기도'를 피타고라스 정리와 연결해서 그린 도표의 7중성을 생각해 보자.(『정신과학의 근원적 힘. 새로운 정신-인식의 관점에서 본 그리스도 신비주의』) 마당 네 개는 물질육체, 에테르체, 아스트랄체, 자아를 의미한다고 볼 수 있다. 지금은 안개 나라의 왕의 지배를 받고 있는 마지막 세 개의 마당은 정신적 구성체를 말한다. 이 가정이 사실이라면 안개 나라의 왕은 루시퍼와 아리만보다 훨씬 높은 차원의 사악한 존재가 된다. 그렇다면 우리가 여기에서 보는 것이 물질육체에서 활동하는 부정적 힘인 아수라의 상일 것이다. 루돌프 슈타이너에 따르면 아수라는 아르카이에 속하며, 발달 과제를 완수하지 못한 고차 존재들이다. 우리는 지금 의식혼 시대를 살고 있으며, 의식혼의 토대는 물질육체다. 이 존재들은 지구 진화 중 처음으로 인간 영혼 영역에 들어왔다. 아일랜드 왕의 아들은 빛의 검, 즉 고차 자아의 힘을 이용해서 안개 나라의 왕을 물리칠 수 있다. 그러고 나면 그는 페델마를 해방시키고, 두 사람은 모든 이야기가 시작된 곳으로 돌아간다. 고차 자아가 승리하는 것이다.

거인 크롬 두브의 집

플란(길리)의 상황은 아직 여의치 않다. 그는 긴 이빨 세 노파에게로 돌아갔다가 거인 크롬 두브의 포로가 된다. 여기에서 그는 그를 사랑하게 되는 아가씨를 만난다. 소 치는 처녀 모라그다. 얽은 얼굴에 머리털이 텁수룩한 그녀는 요정 로완 나무에서 열매를 얻기 위해 거인과 살고 있다. 그 열매가 그녀를 치유할 수 있기 때문이다. 여기서도 플란은 낮은 아스트랄체 측면인 동물들을 만난다. 위험천만한 소와 고양이들(2×12감각) 외에 여우 로리(저차의 지성)가 다시 등장한다. 모라그에게는 작고 빨간 암탉 한 마리가 있다. 그녀는 암소의 젖을 짠다. 배다른 언니들인 바운과 딜라도 있다. 여기에서도 감각혼과 오성혼은 동생인 의식혼에게 별 관심이 없다. 그들은 예언하는 여인의 집에서 자랐다. 그들은 그곳을 떠나 긴 이빨 세 노파에게 갔다. 센라보르 왕이 다스리는 곳에서 그들은 왕의 아들의 배다른 형제, 더못과 도우날을 만난다. 두 이야기의 줄기는 점점 깊이 얽혀간다.

요정 로완 나무 이야기는 생명 나무의 상이다. 이 나무는 요정들의 세상에서 왔다. 모라그는 고양이들의 목에 빨간 리본을 매어 준다. 리본은 고양이들의 눈을 가려 보지 못하게 한다. 감각 속 혈액의 힘(루시퍼적 열정)은 통제를 받아야 한다. 플란은 요정 로완 나무에서 열매 두 개를 딸 수 있다. 플란과 모라그는 몸을 숨긴다. 크롬 두브는 쇠로 된 못을 들고 둘을 뒤쫓는다. 이는 혈액 속 철분을 상징한다. 그들은 도망친다.

예언하는 여인

플란과 모라그는 예언하는 여인의 집에 당도한다. 아일랜드 왕의 아들과 플란이 형제임이 밝혀진다. 구조적 육체와 체질적 육체는 당연히 완벽하게 어울려야 한다. 모라그는 플란에게 자기 심장의 피 일곱 방울을 건넨다. 일곱 마리 백조는 구원받게 된다.

검은 오지의 마법사의 또 다른 딸인 길빈이 플란에게 구애한다. 그녀는 플란에게 키스를 해서 모라그를 잊게 만든다. 애파도 다시 나타난다. 모라그는 길빈의 힘을 이길 수 있는 세 가지 선물을 갖고 있다. 모두 길빈의 관심을 끄는 기술 장비들이다.(그녀가 아리만적 요소를 상징하는 존재임을 기억하라) 마지막에 작고 빨간 암탉이 플란의 기억을 일깨운다. 그는 체질 육체의 정화된 아스트랄체인 모라그를 알아본다.

아일랜드 왕의 아들은 페델마와, 플란은 모라그와 결혼한다. 애파와 길빈도 자기 짝을 찾는다. 바운과 딜라 역시 더못, 도우날과 각각 결혼한다. 이야기 속에 등장하는 모든 인물이 서로 연결된다. 이것은 동화의 옷을 입은 인간의 이야기다. 루돌프 슈타이너는 이처럼 복잡한 인간의 상을 수업을 위한 개념으로 쓸 수 있도록 우리에게 풀어 전해 준 것이다.

요약

- 아일랜드 왕의 아들은 진화와 정신적 발달 과정을 거치는 인간의 구조적 요소를 상징한다.
- 염소 가죽 길리는 진화와 정신적 발달 과정을 거치는 인간의 체질적 요소를 상징한다.
- 동화에서 새어머니는 보통 자애로운 아버지의 대극이다. 백설 공주나 신데렐라를 생각하면 된다. 유일무이한 이야기는 아일랜드 왕의 아들의 새어머니, 카이팅게른 왕비의 이야기다. 그녀는 길리의 어머니 쉬나다. 유일무이한 이야기는 다름 아닌 어머니 대지의 이야기인 것이다. 인간의 체질적 측면처럼 그녀 역시 타락(실낙원)으로 고통 받고 있다.
- 이 관점에서 볼 때 아일랜드 왕은 성부 하느님 요소라 할 수 있다. 이야기 초반에 그는 이렇게 말한다. "그는 자신에게 적이 있음을 모른다."

부디 아일랜드 왕의 아들 이야기가 바로 인류의 이야기인 것이 명확해지기를!

적대적 세력, 루시퍼와 아리만의 침입

오드리 맥앨런

우리의 두 친구 루시퍼와 아리만에 관해 온갖 다양한 태도와 오해가 있다고 생각합니다. 이들은 항상 의외의 장소에서 등장합니다. '템페스트' 연극에서 만난 적도 있습니다. 극의 끝부분, 칼리반과 두 주정뱅이 선원이 등장하는 장면입니다. 둘은 괴물을 보고 놀리기 시작합니다. 순간 제게 '이 둘은 위장한 우리의 친구들이었구나!' 하는 깨달음이 떠올랐습니다.

이들을 알아보는 것이 중요합니다. 상상도 못한 곳에서 또 한 번 마주친 적이 있습니다. 이들은 전혀 다른 외모와 고귀한 자태를 갖춘 완전히 다른 존재로 변모했습니다. 역사적 배경을 거슬러 올라가야만 알아볼 수 있을 정도였습니다. 그것은 다름 아닌 〈시스티나의 성모〉 그림입니다. 교황 식스토와 성녀 바르바라가 이들이 대단히 높은 차원으로 변형된 모습입니다. 이것을 알아보기 위해서는 두 사람의 일대기와 역사를 알아야 합니다.

하지만 오늘 밤에는 루시퍼, 아리만이 우리가 하는 작업(도움수업)과 더불어 2중적 인간상과 어떤 관계가 있는지에 집중해서 이야기하겠습니다.

사고, 느낌, 의지라는 인간의 3중성은 의식 발달과 상관있습니다. 그리고 루돌프 슈타이너는 머리와 몸통의 2중적 인간에 대해서도 말합니다. 이는 유전된 육체입니다. 또한 영혼의 힘, 즉 인간의 물질육체를 형성하는 힘인 반감과 공감도 있습니다.

『교육학의 기초가 되는 인간에 대한 보편적인 앎』에서 슈타이너는 반감은 우리가 정신세계에서 가지고 온 힘이라고 말합니다. 반감은 우선 형성력 속에서 일을 시작하고 그 결과 우리는 사고를 할 수 있게 됩니다. 그 힘이 개념적 사고로 변형됩니다. 우리에게는 공감의 흐름도 있습니다. 공감은 미래에서 오는 힘이며, 의지 활동의 근본입니다. 이 두 힘의 상호 관계에서 느낌이 자라납니다. 7세부터 14세까지 아이들 교육의 중심은 바로 이 느낌 영역입니다.

공감과 반감의 힘은 '눈-색 친화성'과 분명한 관계가 있습니다. 왼쪽 눈은 파랑과 친화성을 갖습니다. 파랑은 주변으로 퍼져 나가면서 우리를 뒤로 물러나게 하는 색입니다. 이것은 과거에서 오는 반감의 힘입니다. 공감의 힘은 빨강으로 드러납니다. 빨강은 오른쪽 눈과 연결됩니다. 이 색은 우리에게 다가옵니다. 중심 혹은 구심점이 있는 색입니다. 우리의 의지력은 빨강 속에서 활동합니다. 우리는 오른쪽 눈으로 움직임을 지각하고, 왼쪽 눈으로 상을 지각합니다. 이것이 두 눈의 기능입니다.

『삼위일체의 비밀: 인간과 시간의 흐름 속 정신세계와의 관계』에서 슈타이너는 우리가 탄생하기 전 태양과 달이 하나로 합쳐진다고 이야기합니다. 우리는 그 중심을 통과해서 육화 속으로 뛰어듭니다. 우리 신체에서 이에 대한 상을 간직한 부분은 눈의 동공입니다. 그런 다음 태양과 달은 다시 분리되면서 두 눈이 형성됩니다. '눈-색 친화성'은 태양과 달에서 나왔으며, 왼쪽은 반감의 힘, 오른쪽은 공감의 힘과 연결됩니다. 사람 그림에서 파랑 겉옷에 빨강 바지처럼 빨강, 파랑이 등장하면 아이의 영혼이 물질육체라는 '집' 속에서 활동하고 있음을 알 수 있습니다.

이제 루시퍼와 아리만이라는 두 존재가 이 힘들과 어떻게 관계 맺으며 활동하는지 살펴봅시다. 성부 하느님은 두 존재를 까마득히 먼 과거에 창조했습니다. 그들은 진화된 존재이며, 인간이 스스로 자유를 발견할 수 있도록 진화의 흐름 속에 들어오는 것을 허락받았습니다.

반감의 힘을 부당하게 쓰면, 다시 말해 그 힘을 지나치게 써서 객관적 요소가 과도해지면 지혜로운 사고는 지능적 사고가 됩니다. 공감의 힘을 부당하게 쓰면 그 힘이 의지 속으로 너무 깊이 들어와서 우리를 지구 속으로 너무 깊이 밀어 넣습니다. 우리를 무겁게 내리누릅니다. 우리는 지능이 '차가워'질 수 있고, 무거움이 우리를 '어둠'의 영역으로 이끌 수 있음을 압니다.

육화할 때 우리는 빛 속으로, 빛으로 가득한 세상 속으로 들어옵니다. 또한 우리는 그 빛이 빈 공간을 준다는 것을 알고 있습니다. 빛은 우리 눈이 루시퍼로 인해 어두워졌기 때문에 생겨났습니다. 하지만 외적, 감각적 빛 이면에는 정신적 빛이 있습니다. 성당과 교회, 그리고 괴테아눔 창문을 색유리로 장식한 것은 바로 이 때문입니다. 스테인드글라스는 백색광을 차단해서 색이 있는 빛이 들어오게 합니다. 정신세계의 아스트랄적 빛, 행성의 일곱 가지 빛입니다. 우리에게는 두 빛, 정신세계의 일곱 가지 빛과 루시퍼의 선물인 낮-의식을 일깨우는 백색광이 있습니다. 우리는 그 둘 사이의 빈 공간 속에서 자유로운 존재입니다. 바로 그 텅 빈 공간, 감각 세계 속에서 우리는 슈타이너가 『윤곽으로 본 신비학』에서 성격화한 유혹을 만납니다.

그 유혹은 두 가지 방법으로 영혼을 사로잡습니다. 내적으로 루시퍼는 우리 마음속에 '교만'을 일깨울 수 있습니다. 외적으로는 '정념', 감각을 향한 '열정'을 일으킵니다. 우리는 루시퍼의 유혹을 받아 공간 세상 혹은 깨어 있는 낮-의식을 획득했다는 사실로 인해 공감의 힘에 사로잡힙니다. 그로 인해 우리는 지적 사고 과정 속에 들어갈 수 있으며, 차갑고 냉정해 집니다. 혹은 정념으로 인해 공감의 힘에 사로잡힐 수도 있습니다. 이것은 우리를 무거움과 어둠으로 끌어들입니다. 우리는 '아리만에 사로잡힌' 아이들에 대해 이야기할 때 이 두 측면을 기억해야 합니다. 아리만적인 것을 루시퍼적 상황의 다른 측면으로 혼동하기 쉽기 때문입니다.

감각의 외부적 세계, 신체적 눈이 열리는 것의 외부적 측면은 '뻗기' 인간과 상관있습니다. 아이가 경화되고 주변 세상과 소원해지며, 자기 감정 영역과 전혀 접촉하지 못한다는 것은 이 종류의 눈 열림, 즉 루시퍼적 유혹의 내적 측면인 교만이 영혼에서 일어남을 의미합니다. 이는 모두 영혼 영역, 즉 아스트랄 요소에서 일어나는 일입니다.

이제 아리만이 들어올 차례입니다. 아리만은 자기 힘을 이용해서 교만과 정념을 우리 의식에서 에테르체로 밀어냅니다. 그곳이 그의 활동 영역입니다. 아리만이 에테르계에서 활동하며 교만과 정념을 억누르기 때문에 우리는 교만한 상태임을 깨닫지 못하고 감각 속으로 빠져들고 있음을 알아차리지 못합니다. 아리만은 에테르체의 습관과 물질육체의 유기체적 기능 사이에 존재하는 본능적 영역으로 그것을 밀어 넣습니다. 이 밀어 넣음을 두 번째 층위로 볼 수 있습니다.

이것을 우리 의식 아래에 머물게 하는 힘이 과연 무엇일까요? 그것은 '불안', 아리만적 불안입니다. 불안이 영혼 속에서 활동하기 때문에 우리는 영혼 속 루시퍼의 영향을 알아차리지 못합니다. 아리만적 불안은 루시퍼적 유혹을 무의식 영역에 머물게 합니다. 불안의 반대축은 사랑입니다. 성경은 우리에게 '온전한 사랑은 불안을 내쫓나니'(요한1서 4장 18절)라고 이야기합니다.

증오의 반대 축은 욕망입니다. 사랑과 불안 역시 한 쌍의 양극입니다. 증오와 욕망은, 말하자면 눈 속에서 활동하는 것과 같은 순수한 공감과 반감의 저급한 측면이라고 할 수 있습니다. 눈은 순수합니다. 다시 말해 자기애가 없는 상태입니다. 눈은 감각계가 호불호의 균형을 이룬 상태로 우리 안에 들어오게 합니다. 양극의 한쪽인 신경-감각계에 속한 반감력과 생명 과정에 속한 공감력이 눈 속에서는 완벽한 균형을 이루고 있기 때문입니다. 이처럼 눈 속에는 루시퍼와 아리만이 완벽한 균형을 이루고 있기 때문에 사랑이 눈 밖으로 흘러나올 수 있습니다. 사랑과 공포가 한 쌍의 양극인 이유입니다. 루시퍼적 유혹을 우리 의식 아래에 잡아두는 것은 아리만적 요소입니다. 아리만은 바로 이 에테르체와 물질육체 영역으로 들어와 영혼 속에서 활동하기 시작합니다. 그는 우리에게 권력을 선사합니다. 반감의 요소 속에서 아리만은 우리에게 힘(권력)을 선사합니다. 반면 정념이 자리한 공감 요소 속에서 아리만은 루시퍼가 들어와 우리에게 영광을 선사하도록 길을 내어 줍니다.

초감각적 흐름(『인지학-심리학-정신학』)과 관련해서 신체 왼편을 보면 육화 과정에 너무 깊이 들어오면서 신체를 경직시키기 시작합니다. 아스트랄체가 너무 강하게 압박합니다. 그 결과 물질육체는 물기를 잃고 버석버석해집니다.

반면 신체 오른편을 보면 아리만이 루시퍼를 들여보낸 탓에 자기 몸 속으로 들어가지 못합니다. 그러면 영혼은 빨려 나가게 됩니다. 아스트랄 요소가 빨려 나가면 수분이 과도해집니다. 신체 속 액체와 관련한 모든 과정이 활발해지면서 영혼은 그 속에서 익사하게 됩니다. 신체 오른편에서는 익사, 왼편에서는 불에 타는 상황이 벌어집니다. 크리스마스 연극에서는 '여자는 물에 빠져 죽을 것이다 -뽀골뽀골- 그리고 남자는 스스로 목을 맬 것이다'라고 말합니다.

이 힘들이 너무 강하게 활동하면 자아는 두 힘의 균형을 유지하지 못합니다. 시계 방향, 반시계 방향 움직임이 과도하게 자극을 받았을 때 반대 방향으로 움직이거나 틀어지는 현상을 보이는 것은 바로 이 때문입니다. '우세성 검사'에서 이런 현상을 보셨을 것입니다. 문제의 출발점은 왼쪽 다리입니다. 전래 동요 중에 이런 노래가 있습니다.

> 거위야, 거위야, 숫거위야
> 어기적어기적 어디를 가니?
> 위층으로, 아래층으로
> 마님의 방으로.
> 거기서 나는 노인을 만났지
> 기도를 하지 않는 노인을
> 나는 그의 왼쪽 다리를 잡고
> 계단 아래로 던져 버렸다네.

새 중에서 거위는 무거운 신진대사 체계를 상징합니다. 따라서 이

동요는 아리만적 요소의 극복, 루시퍼와 아리만이 연결된 과정의 극복에 관한 노래입니다.

물질육체, 즉 구조적 육체는 옛 토성기의 유산입니다. 옛 토성은 전체가 온기였습니다. 루돌프 슈타이너는 온기를 '강렬한 움직임'으로 성격화했습니다. 우리는 어린 아이가 움직이기 위해 태어났다는 말이 무슨 뜻인지 압니다. 마리아 몬테소리도 같은 이야기를 했습니다. 하지만 이를테면 TV 앞에 앉아 있으면 감각 인상을 통해, 정확히 말하면 감각 인상에 다가오는 전자기적 빛으로 인해 온기가 억눌립니다. 지나치게 많은 빛이 온기를 몰아내기 때문에 옛 토성기에서 온 귀한 온기가 차가워집니다. 이는 빛의 과잉입니다. 그리고 에테르체에서 활동하는 아리만은 성부 하느님의 힘을 장악하려 합니다. 성부 하느님의 선물은 바로 물질, 즉 물질세계입니다. 성부 하느님은 에테르계와 물질계의 주인입니다. 아리만은 그 영역에서 그분의 소유인 인간을 훔쳐 내어 땅에 묶인 존재로 만들고자 합니다.

지금까지 한 이야기를 정리해 보겠습니다.

오늘 아침 여러분께 바다의 흐름, 해류에 대해 이야기한 것을 기억하실 것입니다. 아버지는 제게 배의 방향을 인도하고 이끄는 흐름은 바로 심해의 해류라고 가르쳐 주셨습니다.(오전 강의에서 오드리 맥앨런은 선장이었던 아버지와의 일화를 이야기했다) 가장 깊은 곳을 흐르는 흐름과 우리 자신을 연결하는 것, 그것이 중요합니다. 심해의 해류, 즉, 우주의 일곱 가지 색깔뿐 아니라 정신이 깃들어 있는 지구의 다섯 가지 색깔로 빛을 발하는 존재와 우리 자신을 연결할 때 우리는 비로소 어둠 속에서 빛을 발하며 '말씀'의 12가지 색깔의 빛을 만드는 온기를 갖게 됩니다. 로고스라고도 하는 이 말씀이 바로 인지학과 우리의 발도르프 교육 운동이 한몸을 이루어야 하는 가장 깊은 흐름이며, 결코 사라지지 않을 말씀의 12가지 색깔의 빛입니다. 말씀을 품을 때 우리는 세기말의 시대를 살아갈 자신감을 얻을 수 있습니다.

(1988년 9월 네덜란드 헤이그 강의: 녹음과 속기 자료)

물질육체_ 영혼의 교육자

오드리 맥앨런

루돌프 슈타이너는 물질육체를 '감각의 총합'이라고 했습니다. 이를 통해 그는 우리의 관심이 물질육체의 아주 특정한 한 측면을 향하게 합니다. 인지학적 인간상에서 우리가 보통 충분한 관심을 기울이지 않는 측면입니다.

물질육체를 생각할 때 우리는 뭔가 잘못된 것, 우리를 불편하게 만드는 것, 때로는 그보다 더 나쁜 것과 연결시키곤 합니다. 이는 물질육체의 '과정적 측면'입니다. 슈타이너가 말하는 것은 지구 진화의 태초인 옛 토성기에서 시작된 원형적 구조적 요소입니다. 옛 토성기에 감각의 기초가 놓였고, 이후 여러 행성기를 지나 현재 지구기에 이르러 뼈, 근육, 신경으로 변형된 모든 것이 시작되었습니다. 이것이 우리 신체의 '구조적 측면'입니다.

옛 토성기가 끝날 무렵 이 '구조'는, 내적으로는 '냄새'로 현시되고 외적으로는 우주 속 '자아성'을 상징할 수 있도록 형태를 갖춘 구조로 인식되고 드러날 수 있을 정도로 잘 정돈됩니다. 다시 말해 그 구조는 신들의 창조 의도인 미래의 자아가 담길 '그릇'으로 만들어 졌습니다.

이 진화는 온기에서 시작합니다. 태초의 원형적 온기는 오늘날 혈액 속에 간직되어 있습니다. 혈액[34]이 바로 물질육체의 두 측면을 연결해 주는 고리입니다. 한 측면인 체질적 과정은 물질을 변형하는 활동으로, 자아는 의식을 얻기 위해 그 활동에 자신을 '각인'시킵니다. 또 다른 측면인 구조적 육체는 그 자아를 담는 그릇으로, 자아가 공간 속에서 스스로를 인식하고 내면에서 신체 구조를 상으로 떠올릴 수 있게 해 줍니다.(『감각 세계와 정신세계』) 구조적 측면은 9세 무렵 자신이 자아를 가진 존재임을 알아보는 동시에 세상과 분리된 존재임을 깨닫는 위기의 경험을 건강하게 받아들일 수 있게 하는 토대입니다.

현대 학문 용어로 표현하자면 공간 정위(공간 속 방향 감각)와 신체 구조의 내적 표상(즉, 평형감각과 고유수용감각)은 자세 체계의 통합과 함께 '심리적 근본 토대, 즉, 의식의 핵심이자 '자아'와 '비 자아', 주체와 객체 사이에 생기는 상호 작용의 중심축인 신체 지도와 외부 공간을 분별할 줄 아는 힘'을 이룹니다.(1963년 F.S. 로스차일드Rothschild) 인간 발달에서 이 생리적-심리적 측면이 아동기 발달 첫 번째 단계의 정점이라고 말할 수 있습니다. 리듬 체계가 교육과 학습에 쓰일 수 있을 정도로 충분히 발달하면 영혼 발달이 중심에 놓이는 두 번째 단계가 첫 번째 7년의 발달을 이어받습니다.

초등학교 1학년과 2학년은 첫 7년 발달을 마무리, 강화하는 기간이

---

34 F.S. 로스차일드Rothschild의 연구. Julio de Quiros MD, phD와 Orlando Schrager, MD 공저『학습 장애의 신경심리학적 토대Neuropsychological Fundamentals of Learning Difficulties』 Novato, CA, Academic Therapy Publications, 1979에 인용. Mary Ellen Willby가 편집한『학습 장애Learning Difficulties』에도 인용

라고 볼 수 있습니다. 이 시기에 아이들은 신체 협응 능력을 완성합니다. 신체 협응이 얼마나 잘 이루어지느냐에 따라 이후 리드미컬한 움직임이 가능해집니다. 학교 입학 무렵 태어나는 개별적 에테르체에는 이제 영혼의 공감력이 반감력과 함께 첫 7년 동안 물질육체를 훈련하고 교육한 결과로 탄생한 능력들이 담깁니다. 학교에 입학할 때 아이들이 갖추어야 할 능력들을 신경-심리학 용어로 다음과 같이 정리할 수 있습니다.

- 도구나 사물 사용의 토대가 되는 목적의식적 평형 상태 유지, 신체 도식, 자세 체계(균형감각과 고유운동감각) 통합
- 신체 좌우측 분리: 왼손과 오른손을 분별하고 좌향좌와 우향우를 할 수 있음(오이리트미에 필요)
- 유창하게 말할 수 있음
- 창조성의 발달 가능성
- 고급 단계 학습을 위한 능력(훌리오 데 퀴로스Julio de Quiros 『학습 장애의 신경심리학적 토대』 2장, 소제목 12, 27쪽)

이 항목들이 충분히 성숙한 상태에서, 그리고 적어도 6세 반은 지난 뒤에 학교에 입학하는 것이 중요합니다. 위에서 말한 모든 항목이 충분히 무르익으려면 많은 시간이 필요합니다.

한쪽에는 구조적 측면의 발달이 있습니다. 공간 정향과 신체 도식이 여기에 속합니다. 다른 한쪽에는 체질적 측면의 발달이 있습니다. 호흡과 심장 박동이 균형을 이루기 시작하고, 소화 과정을 담당하는 주체가 머리에서 위장으로 이동합니다. 의학은 두 번째 과정을 살피고 연구합니다. 우

리는 구조적 발달에 대해 무엇을 배울 수 있을까요?

슈타이너는 아이가 처음 두 발로 서는 순간은 특별히 언급했지만 그 이전 과정에 대해서는 교사들에게 많은 이야기를 하지 않았습니다. 하지만 우리에게는 작업 치료사와 신경 심리학 전문의 혹은 학습 장애 어린이들을 위해 일생을 헌신한 의사들의 방대한 연구 결과가 있습니다. 앞선 강의 과정 중에 얘기한 것처럼 현대식 출산 관행에서 신경학적 회로가 막혀 학습 장애가 생기기도 합니다. 여기서 우리는 정상적인, 그리고 개별적인 육화 과정을 방해하는 세계 카르마의 단면을 만날 수 있습니다.

다들 잘 아시듯이 두 발로 선 뒤에 움직임과 말하기가 이어집니다. 서기-움직임-말하기라는 연속 사건은 체질적 과정으로 연결되며, 체질에서는 그 사람이 태어난 의도에 따라 물질육체를 형성하고, 아스트랄체와 에테르체에 작용하는 자아의 활동이 드러납니다. 우리는 이런 자아의 현시에서 정신을 알아보는 법을 배웁니다. 구조적 측면에서 중요한 것은 원형적 요소, 즉 모든 사람이 공통으로 지니는 요소입니다. 우리 모두는 동일한 개수의 뼈, 동일한 골격 구조와 근육을 갖고 있습니다. 이는 우리 행성계가 진화하는 세월 동안 신들이 작업한 결과입니다. 의학에서는 원형적 요소를 만나기 어렵습니다. 의사와 특수 교사 영역은 한쪽으로 과도하게 치우친 상태이기 때문입니다. 일반 범주에 속하는 아이와 성인은 개인적 체질이 큰 머리건 작은 머리건, 우주적이건 지상적이건 상관없이 근본적으로 동일한 발달 과정을 거칩니다.

오늘날에는 이 발달 과정에 한층 주의를 기울여야 합니다. 발달이 온전히 마무리되었을 때만 자아 인식을 위해 꼭 필요한 심리적 요건인 공간 정향과 신체 도식 능력이 생기기 때문입니다. 공간 속 방향 인식과 자기 신체에 대한 내적 표상을 어떻게 얻을 수 있을까요? 스스로 몸을 일으켜 두 발로 선 아이는 왼쪽과 오른쪽, 위와 아래, 앞쪽과 뒤쪽으로 자유롭게 움직일 수 있습니다. 이 공간적 면들에는 3중적 인간의 표식이 새겨져 있습니다. 슈타이너는 이를 사고의 면, 느낌의 면, 의지의 면이라고 불렀습니다.(『우주와의 관계 속 인간 1: 인간 안에 있는 대우주와 소우주의 상응』)

왼쪽-오른쪽처럼 양면성이 존재하고 그 둘이 만나는 순간, 한 점에 모인 자아가 활동을 시작합니다. 물질육체는 자아를 위한 그릇입니다. 『인간에 대한 앎과 수업 형성』 2강에서 보듯이 물질육체는 움직임을 통해 에테르체 속으로 들어갑니다. 고유운동감각을 통해 신체 도식은 에테르체에 각인됩니다. 이 각인 과정이 얼마나 잘 이루어졌느냐는 9세 위기에서 아주 중요한 의미를 갖습니다. 각인 과정이 원형적 각인과 일치하는 것이 이상적 상황입니다. 원형적 각인은 개별 존재가 죽음과 새로운 출생 사이에서 가져온 것이며, 개별 존재는 아스트랄체의 객관적 요소를 통해 원형적 각인을 내부에서 에테르체에 삽입합니다. 두 각인 활동 중 어느 하나가 약하거나 둘이 서로 일치하지 않을 때 문제가 발생합니다.

학습 장애 아동들은 바로 이 영역, 공간 정향과 신체 도식의 각인에 어려움이 있으며, 발달상의 공백을 메우기 위해서는 일대일 도움이 필요합니다. 이같이 이후에는 저절로 간극이 메워지지 않기 때문입니다.[35] 이 경우에는 신체 내부에 지닌 움직임 법칙으로 영혼을 교육합니다. 현대인

---

35 오드리 맥앨런이 발도르프학교에서 학습에 어려움을 겪는 아이들을 1985년부터 87년까지 수업하고 쓴 연구 보고서(Margaret Wilkenson Trust Archive, The Secretary, Rudolf Steiner House, 35 Park Rod. London, NW16-XT, U.K., Rudolf Steiner College, 연구분과 9200 Fair Oaks Blvd. Fair Oaks, CA, 95628, USA)

의 삶에서 영혼은 너무 강하게 그리고 한쪽으로 치우친 채 움직임 체계 속으로 들어갑니다. '수직선과 무한대 연속 그림' 같은 연습에서 우리는 신체 구조에 내재된 움직임 법칙이 어떻게 영혼을 장악하고 훈련하는지 볼 수 있습니다. 모든 수공예, 공예 활동, 악기 연습도 같은 역할을 합니다. 『도움수업』의 모든 연습은 슈타이너가 "아스트랄체 흐름은 물질육체, 에테르체 흐름과 반대로 움직이고, 아스트랄체는 낮 동안 물질육체를 나선으로 움직이며 통과한다."(『인지학-심리학-정신학』)고 정리한 움직임 법칙을 이용해 공간 속 방향을 찾는 능력과 신체 지도를 강화합니다. 제가 연구한 바에 따르면 아스트랄체의 나선 운동은 시계 방향입니다.

공간 정향과 신체 지도는 치유 교육에서 잘 알려진 개념입니다. 이미 이를 위해 수많은 움직임 활동이 고안되었습니다. 우리도 인지학 고유의 내용으로 치유 교육에 기여할 수 있습니다. 슈타이너의 『인지학-심리학-정신학』을 바탕으로 나온 도움수업 연습들은 인간의 초감각적 구성체 움직임과 연결된 지구의 움직임을 고려합니다. 이 객관적 요소를 통해 영혼은 지구와의 원형적 관계성을 회복할 수 있고, 개별성이 지상에 육화하는 과정에 겪는 다양한 좌절과 어려움을 풀어 나갈 수 있습니다.

지구 행성 역시 인간의 상으로 이루어졌음을 깨달아야 합니다. 초기 기독교인들이 이를 의식하고 있었다는 것을 지구를 그리스도의 몸으로 묘사한 중세 지도에서 볼 수 있습니다. 현재 우리 행성의 자아인 그리스도는 지구의 초감각적 구성체에서 활동하고 있습니다.

인간 신체의 구조적 상을 에테르체에 각인하는 것이 중요한 이유는 『서방의 관점으로 본 동방. 루치퍼의 아이들과 그리스도의 형제들』 7장에서 찾을 수 있습니다.

"인류는 에테르체가 어느 정도 다시 물질육체 밖으로 나오는 상태에 들어가고 있습니다. 하지만 과거에 옛 시대 유산으로 지녔던 모든 힘이 자동으로 돌아올 거라 생각해서는 안 됩니다. 다른 일이 전혀 일어나지 않은 채 물질육체를 빠져나오기만 하면 인간의 에테르체는 그저 물질육체를 벗어날 뿐 이전에 소유했던 힘 중 어떤 것도 유지하지 못할 것입니다. 미래에는 에테르체가 인간의 물질육체 밖에서 태어날 것입니다. 인간의 물질육체가 어떤 것을 더해 주지 못한다면 에테르체는 텅 비고 척박해질 것입니다. 다시 말해 인류 진화의 미래에 인간이 에테르체가 물질육체적 본성을 벗어나도록 방치하다가, 마침내 그것을 텅 빈 채로 내보낼 수도 있다는 것입니다."

이것은 무슨 의미일까요? 에테르체는 생명력의 운반자로 물질육체에서 일어나는 모든 일에 활력을 불어넣습니다. 에테르체는 물질육체 안에 완전히 감춰져 있을 때만이 아니라 언제나 항상 물질육체에 생명력을 제공해 주어야 합니다. 에테르체가 다시 부분적으로 물질육체를 벗어난다 해도 여전히 물질육체는 에테르체에서 힘을 공급받을 수 있어야 합니다. 에테르체가 텅 빈 채로 나가면 물질육체에 어떤 작용도 할 수 없게 됩니다. 물질육체에 반응할 힘을 전혀 가지지 못하기 때문입니다.

에테르체는 물질육체를 관통하는 동안 물질육체에서 힘을 비축해야 합니다. 다시 물질육체에 반응할 수 있는 힘을 물질육체 안에서 끌어내야 하는 것입니다. 현 시대 인류의 과제는 오직 물질육체 안에서 활동하면서만 획득할 수 있는 힘을 자기 안에 흡수하는 것입니다. 물질육체 안에서 얻은 것은 진화 과정 내내 이어집니다. 그리고 미래에 인간이 에테르체가 어느 정도 물질육체에서 자유로워진 유기체 속에 육화하게 될 때 인간은 부분적으로 해방된 물질육체를 통해 의식 속에서 일종의 기억을 떠올리게 될 것입니다.

이 각인의 원형을 어디에서 볼 수 있을까요? 바로 복음서에서 부활한 그리스도가 제자들에게 손과 발의 못자국과 옆구리의 창 자국을 보여 주는 부분입니다. 여기서 우리는 지구 진화의 새로운 현상인 에테르체에 각인된 물질을 만납니다.(『다른 세편의 복음서, 특히 누가 복음과 관련한 요한 복음』)

지금은 구조적 물질육체에 관한 모든 것을 샅샅이 파헤치고 있습니다. 현대 과학은 신체에 감추어진 지능을 발견해서 그것을 스포츠, 교육, 상업에 이용하고 있습니다. 우리의 감각 기관은 상상할 수 있는 모든 방식으로 자극을 받고 있습니다. 그 결과 우리 아스트랄체는 균형을 이루기 위한 움직임을 해낼 수가 없게 되었고, 근육 체계는 속속들이 긴장 상태에 빠져 버렸습니다. 이는 영혼 활동을 위해 두뇌에 자극을 전달하는 신경학적 회로가 막히는 결과로 이어집니다.

이를 다시 행성 진화와 연결시켜 봅시다. 옛 토성기가 끝날 때 내적으로는 냄새로 현시되었다고 했습니다. 슈타이너는 후각을 의식혼과 연결합니다.(『인지학-심리학-정신학』 2강) 자아는 35세에서 42세 사이에 바로 이 영혼 구성체(의식혼)에서 깨어납니다. 의식혼을 통해 우리는 정신이 우리가 육화한 신체를 지었으며, 동일한 정신이 세상을 창조했음을 인식할 수 있는 능력을 얻습니다.(『인지학적 기본 원칙』) 우리는 이 비밀을 베니스의 산 마르코 성당 천장과 현관의 모자이크화에서 볼 수 있습니다. 뿐만 아니라 우리는 의식혼의 토대가 물질육체이며, 생후 첫 7년 동안 아이의 물질육체를 교육하는 것이 우리의 책임임을 압니다.

다시 한번 이를 옛 토성기 진화와 연결해 봅시다. 온기로 이루어진 토성에서 아르카이는 그들의 '인간' 육화의 의식 단계를 거쳤고, 그 이후로 그들은 현재 우리의 골격 움직임 체계와 계속 연결되어 있습니다. 잠을 잘 때 우리의 아스트랄체와 자아는 물질육체와 에테르체를 떠나기 때문에 고차적 정신 존재들이 물질육체와 에테르체를 지켜주어야 합니다. 아르카이는 우리가 잠에서 깨면 다시 물질육체 속으로 들어갈 수 있도록 물질육체의 정신적 구조를 보호합니다. 그렇기 때문에 우리는 물질육체의 감각적 측면의 중요성을 알아보아야 합니다. 지금은 미카엘 대천사가 아르카이의 반열에 올랐고, 그로 인해 옛 토성기에 인간의 감각-구조적 신체를 창조한 고차 존재의 의지력과 연결되는 시기이기 때문입니다.

여러분도 아시다시피 옛 달기가 지나는 동안 고차 서열의 특정 존재들이 그 의지력을 진화하는 신들의 의도에서 분리시키려 했습니다. 이 반란은 패배했습니다. 하지만 현재 우리 시대에도 인류 진화를 우주의 원초적 창조주에게서 떼어 놓으려는 시도가 진행되고 있습니다.

우리는 이 문제를 아주 심각하게 여겨야 합니다. 감각 활동은 2중적이기 때문입니다. 낮 동안 우리는 감각을 이용해서 세상을 지각합니다. 반면 밤에는 깨어났을 때 기운을 회복할 수 있도록 신체 형성력을 재생하는 쪽으로 감각이 활동합니다. 미카엘 대천사가 정신의 위계 질서에서 새로운 위치에 오른 뒤로 이 모든 활동은 미카엘 대천사의 주도 아래 일어납니다.

여러분께 루돌프 슈타이너의 강의 『다른 세편의 복음서, 특히 누가 복음과 관련한 요한 복음』 10강을 읽어 보시기를 권합니다. 그리스도와 미카엘 대천사가 얼마나 멋진 관계인가를 볼 수 있습니다. "그리스도는 미카엘 대천사가 아르카이 반열에 오를 이 때를 대비해 무슨 일을 했는가?"라고 질문할 수 있습니다.

> "나사렛 예수의 몸으로 그리스도가 들어오면서 그리스도의 개별성은 골격 구조 자체와 그 물리적, 화학적 활동을 지배할 수 있는 힘을 얻었습니다. 그 결과 한때 지구에는, 육신을 가진 존재로서 골격 구조의 정신적 형태가 지구 진화 속에 스며들도록 힘을 발휘할 수 있는 존재가 살게 되었습니다. 그리스도가 골격 법칙에 지배력을 조금씩 획득해 가면서 골격 구조의 신성한 형태를 진화 법칙으로 지구 진화에 통합시킬 수 없었다면, 인류의 모든 체험은 회복 불가능하게 손실되었을 것입니다. 골격 구조를 보존할 수 없었다면 지구 진화는 털끝만큼도 미래로 나아갈 수 없었을 것입니다. 골격 구조의 형태는 물질적 의미에서 죽음을 정복합니다."

현대를 살아가는 우리는 미카엘 대천사에 대한 공격이 감각 육체를 제대로 이용하지 못하는 상태와 어떻게 연결되는지를 볼 수 있습니다. 균형 체계와 고유 수용성 체계인 자세 체계를 '나'라고 말하기 시작하는 연령의 아이들이 그렇게 쉽게 통합하지 못하고 있다는 사실에서도 이 상태의 단면을 엿볼 수 있습니다. 『인간에 대한 앎과 수업 형성』에서 루돌프 슈타이너는 슈투트가르트 첫 번째 발도르프학교 교사들에게 이렇게 말합니다. "미카엘 대천사가 특히 오늘날 우리가 일하는 바로 그 영역에서 용과 싸우고 있음을 이해한다면 우리는 앞으로 올 인류의 치유를 위해 일하고 있는 것입니다."

그 발달을 위해 인간과 세계를 통합하는 것이 사실상 우리가 지구로 육화하는 이유의 전부입니다. 이를 위해 우리는 지구에 왔습니다. 오직 지구에서만 우리는 미래를 위한 힘을 얻을 수 있기 때문입니다. 『다른 세편의 복음서, 특히 누가 복음과 관련한 요한 복음』에서 한 대목을 인용하겠습니다.

> "골고다의 순간에 말씀(로고스)은 지구와 한몸이 되기 시작했고, 지구의 오라가 달라졌습니다. 이 신비의 심오한 의미를 이해하는 모든 사람은 자신의 물질육체가 물질적 지구와 한몸일 뿐 아니라 심리-정신적 존재가 그리스도와 한몸임을, 어떻게 지구의 정신인 그리스도가 자신의 신체를 통과해 흐르는지를 느낄 것입니다."

여러분도 앞으로 수업을 하고 계속 연구 발전하는 과정에 이 말을 간직하시기 바랍니다.

(1989년 11월, 네덜란드 란트 엔 보쉬에서 열린 도움수업 교사, 치료사, 의사를 위한 강좌의 마지막 강의_녹음, 속기한 것을 강사가 감수한 원고)

인간의 모상_ 지구

오드리 맥앨런

이렇게 많은 발도르프 교사가 한 자리에 모인 것을 볼 수 있어 큰 영광입니다. 전 세계를 다니며 발도르프 가족들을 만나는 것은 정말 기쁜 일입니다. 우리 모두는 발도르프 교육의 일원이기 때문입니다. 저 위 세계에서 우리는 거대한 한 집단입니다. 우리 눈에 보이는 것은 부분뿐이지만 매일 밤 우리 모두는 함께 만납니다. 이 사실을 잊지 마십시오. 잠자는 동안 북반구와 남반구, 서양과 동양 사이에 끊임없는 상호 교류가 일어납니다. 우리 모두는 각자의 내면 활동을 통해, 아이 관찰을 통해, 그리고 루돌프 슈타이너가 우리 시대의 요구에 부응할 수 있도록 정신세계에서 선물로 가져다 준 개념들을 통해 서로에게 영감을 불어넣어 줄 수 있습니다. 제가 남반구에서 만난 교사들과 핀란드에서 만난 교사들 모두 저를 통해 여러분께 따뜻한 인사를 전하고 싶어 할 거라 확신합니다.

먼저 인지학 연구 중에 발도르프 교육에서 그렇게 잘 알려지지 않은 측면에 여러분의 관심을 모아 보고자 합니다. 바로 지구에 담긴 인간의 상입니다. 그중에서도 우리의 움직임 체계와 지구 신체에서 항상 일어나는 움직임 사이의 상호 관계를 살펴볼 것입니다.

인간의 자아는 항상 압박할 대상을 필요로 합니다. 우리가 지구 위에 서 있는 이유는 바로 그것 때문입니다. 그러면 자아의 필요에 따른 압박의 발달 단계를 살펴보겠습니다. 잘 아시는 것처럼 아이가 태어나면 현대 심리학은 이렇게 말합니다. "엄마와 아이는 서로 꼭 붙어 있어야 합니다." 그들은 아이를 품에 안고 젖을 주고 흔들어 주라고 권합니다. 이것은 어떤 행위일까요? 신경 감각 기관 전체를 압박하는 것입니다. 자기 행위를 의식하고 있는 엄마를 통해 아이의 자아 조직 전체가 차츰 깨어납니다. 심리적 문제가 있는 어린이들 중에 영유아기에 부모와 뒹굴며 놀고, 아빠 무릎 위에서 시소를 타고, 등에 업히는 등의 경험이 부족한 경우가 많습니다. 이런 최초의 압박을 통해 자아는 스스로를 경험하기 시작합니다.

엄마 뱃속에서 세상으로 나온 순간 아기는 허기를 느낍니다. 저는 루돌프 슈타이너의 강의에서 우리는 양분을 섭취하기 위해 음식을 먹지 않는다는 말을 읽고 큰 충격을 받았습니다. 음식을 먹는 행위에서 중요한 것은 양분이 아닙니다. 우리가 음식을 먹는 이유는 그것을 분해하고 파괴하기 위해서입니다. 그 분해 행위 속에서 자아는 압박할 대상을 만납니다. 여러분도 잘 아시다시피 피곤할 때 음식을 먹으면 금방 기운이 납니다. 그건 혈당 수치가 높아졌기 때문이 아니라 여러분의 자아가 자극을 받았기 때문입니다 .그렇기 때문에 이제는 '나는 배가 고프다'가 아니라 '내 자아가 압박할 것이 필요해!'라고 말해야 할 겁니다. 저는 이쪽이 더 마음에 듭니다. 이것이 자아가 필요로 하는 두 가지 기본 압박입니다.

우리가 직립으로 일어설 때 또 다른 요소가 등장합니다. 이 역시 인간에게 기본적 요소입니다. 바로 중력에 대항하는 압박, 혹은 압력으로, 이는 우리의 자아의식을 일깨웁니다. 우리는 중력에 대항해서 몸을 수직 자세로 일으켜 세웁니다. 지상에서 동물계와 인간계를 구분하는 차이 중 하나가 바로 이 수직 자세입니다. 일어섬, 혹은 중력에 맞서는 압력은 자아를 일깨우는데 있어 필수적 요소입니다. 중력은 생후 첫 7년 발달에서 가장 중요한 과정 중 하나입니다.

저는 이 맥락에서 '에테르체'와 '형성력'이라는 단어에 대한 표상을 확장시켜 보고자 합니다. 우리는 흔히 이 두 단어가 내용적으로 동일하다고 생각합니다. 그래서 둘을 특별히 구분하지 않고 사용합니다. 그런데 어느 순간 제 마음에 형성력과 에테르체 사이에 분명한 차이가 있을 거란 생각이 떠올랐습니다. 때마침 에른스트 마티의 『네 가지 에테르』가 영어로 번역되었습니다. 에른스트 마티는 알레스하임에서 일했던 의사였습니다. 여러분도 그 책을 꼭 읽어 보시기를 권합니다. 네 가지 에테르의 특성과 작용, 그들이 어떻게 협력해서 일하는지를 명쾌하게 잘 설명한 책입니다.

지구에도 에테르체가 있습니다. 그것은 지구를 감싼 생명의 구입니다. 물방울 형태에서 볼 수 있듯이 구는 곡선으로 이루어졌지만 평평한 면입니다. 외부 자연에서 보는 물방울 형태는 사실 에테르의 원형적 형태 중 하나에 불과합니다. 에테르에는 네 종류가 있고, 각각 특정한 과제가 있지만 유기체 속에서 함께 활동합니다. 그들은 스스로를 복제, 재생산할 수 있는 형상과 과정을 만듭니다. 하지만 에른스트 마티에 따르면 네 가지 에테르 자체로는 나뭇잎이나 동물, 인간을 만들 수 없습니다. 하나의 종이 발달하기 위해서는 에테르 활동에 다른 무언가가 들어와야 합니다. 그것이 바로 형성력(독일어로 Bildekraften)입니다.

마티는 이렇게 말합니다. 에테르를 다스리며 그것이 주변으로 끝없이 확장하는 것을 막는 형성력은 어디에서 올까? 확장하는 것이 에테르의 본성입니다. 에테르는 크고 예쁜 비눗방울처럼 떠다니고 싶어 합니다. 아이들이 비눗방울 놀이를 좋아하는 이유는 둥실둥실 떠오르는 모양, 에테르적 힘이 주변부로 끌려 나가는 모습 때문입니다. 그런 힘들이 어떻게 형성되어 지구에 머물 수 있는 걸까요? 에른스트 마티는 황도 12궁의 힘이 어떻게 각자의 형성력을 보내고, 에테르를 특정한 형태로 모아서 특정한 식물 모양이 나타나게 하고, 동물계가 생겨나게 하는지, 마지막으로 인간이 생겨나게 하는지를 설명합니다. 따라서 형성력은 사실 첫 7년 동안 개별성이 활동하는 영역인 에테르체의 형태를 빚고 조소하는 황도 12궁의 힘인 것입니다.

그리고 마티는 중요한 말을 덧붙입니다. 바로 '13번째' 형성력입니다. 이 형성력은 지구에서 옵니다. 바로 중력 및 그와 관련된 전기력과 자기력입니다. 그 힘이 없다면 우리 인간은 둥실둥실 떠다니는 상태일 것입니다. 우리는 지상에 뿌리를 내릴 수 없었을 것입니다. 자아와 의지의 힘을 일깨우기 위해서는 13번째 형성력인 중력이 반드시 있어야 합니다. 중력에 저항해서 압박하고 수직 자세로 몸을 일으켜 세우지 않는다면 자아와 자아의식은 깨어나지 않을 것입니다.

우리 교사들은 영유아기 발달 과정에서 중력과 제대로 접촉하지 못한 아이들을 만납니다. 무수히 많은 경우가 있지만 평범한 양육 환경에서 중력과 접촉을 잃어버리게 되는 상황 한두 가지만 예를 들겠습니다. 아이가 자기 힘으로 몸을 일으켜 세우려고 애를 쓰고 있으면 주위에서 쏜살같이 보행기를 가져다 줍니다. 간신히 두 발로 서기는 했으나 아직 그 상태를 유지할 수는 없기 때문에 금방이라도 넘어질 듯 몸을 앞으로 기울인 채 손잡이를 움켜잡고 발끝으로 뒤뚱거리며 걸어 다닙니다. 이 자리에 계신 물리 치료사들은 틀림없이 스스로의 의지로 중력을 극복하지 못하고 너무 일찍 직립한 탓에 다리 뒤쪽 근육이 변형된 아이들을 만나 보셨을 겁니다. 그런 아이들은 신체 구조 전체로 직립을 하지 못합니다. 기회가 된다면 아이를 일으켜 세우는 엄마가 아이의 발을 어떻게 놓는지, 아이의 몸짓이 어떤지를 관찰해 보시기 바랍니다. 이로 인해 아이의 자세가 결정됩니다. 얼마 전 미용실에 갔는데 어린 아이를 데리고 온 엄마가 있었습니다. 엄마가 일으켜 세우는 즉시 아이는 발가락을 쭉 뻗었습니다. 그렇게 한동안 발끝으로 서 있다가 한참 뒤에야 발 전체로 땅을 디뎠습니다. 보행기를 많이 탄 아이라는 것을 알 수 있습니다. 그리고 유아용 울타리가 있습니다. 그 안에서 아이는 충분히 기어 다니지 못하고 난간에 몸을 기댄 채 매달려 있게 됩니다. 이것은 진짜로 중력에 저항해서 몸을 일으켜 세운 자세가 아닙니다. 아이가 있는 집마다 볼 수 있는 장난감도 있습니다. 세발자전거 혹은 페달 자동차입니다. 자기 힘으로 걸을 수 있기 전에 세발자전거를 타면 아이의 다리는 중력을 벗어나 걸으면서 중심을 잡을 때의 움직임과 전혀 다른 형태로 움직이게 됩니다.

지금까지 예를 든 것은 현대 가정에서 영유아들이 지구의 중력을 자기 안에 통합시키는 경험을 가로막는 수많은 요소 중 극히 일부에 지나지 않습니다. 이렇게 어린 시절을 보낸 아이들이 학교에 입학합니다. 학습 장애가 있건 없건 대부분의 아이가 균형감각과 고유운동감각에 어려움이 있습니다. 우리는 아이들이 중력과 갖는 관계를 다시 찾도록, 개별 자아가 깨어나서 자아의식을 발달시킬 수 있도록 이들의 신체를 재교육해 주어야 합니다.

이 문제는 갈수록 확산되고 있습니다. 균형-전정 체계나 고유운동-고유수용감각, 자세 체계 개선을 위해 수많은 움직임 활동이 만들어졌습니다. 모든 프로그램이 일정한 도움을 줍니다. 인지학적 지식을 통해 접근하려는 우리는 이런 방해 요소로 인해 영혼이 어느 부분에서 좌절을 느끼고 있는지 주목합니다. 제대로 육화하고 싶은 아이들의 의도가 우리 생활양식으로 인해 거듭 좌절되고 가로막히기 때문에 아이들은 무의식 깊은 곳에서 답답함을 느낍니다. 그들 영혼 깊은 곳에 일종의 분노, 심하면 공포가 있습니다. 움직임이나 자세 개선을 위한 프로그램이 육화 과정 중에 생긴 좌절로 인한 분노와 공포까지는 해소해 주지 못하는 경우가 많습니다. 인지학적 통찰은 바로 이 영역에 도움을 줄 수 있습니다. 특정한 문제에 대한 치유책만이 아니라 상황과 아이 전체를 도와줄 수 있습니다.

도움수업이라 부르는 일련의 활동들이 어떻게 그 일을 할 수 있을까요?

먼저 인간이 여러 층위로 이루어진 존재임을 기억해야 합니다. 물질 육체가 있고 에테르체, 아스트랄체, 그리고 자아가 있습니다. 그런데 지구 역시 초감각적 구성체를 가지고 있습니다. 지구도 에테르체가 있고 아스트랄체가 있습니다. 그리고 골고다 신비가 일어난 이래 지구의 초감각적 구성체들은 그리스도 존재가 거주하고 활동할 수 있는 그릇이 되었습니다. 지구의 이런 힘들 안에 그리스도 동력이 살며 일하고 있는 것입니다.

이런 사실은 중세 지도 제작자들의 영혼 깊은 곳에 살아 있었습니다. 영국에는 13세기 초반에 제작된 지도가 아직 남아 있습니다. 이 지도에는 지구 자체만이 아니라 지구의 역사까지 담겨 있습니다. 북쪽 꼭대기에는 그리스도 상이 있고, 지구 위 육지 전체를 그리스도의 몸으로 묘사합니다. 우리는 이것이 현시대의 실재임을 기억해야 합니다. 그럴 때 지구를 보면서 인간과 지구 안에 동일한 구조와 움직임의 법칙이 작용하고 있음을 깨달을 수 있습니다.

발도르프학교 교사들은 10,11학년에 지도 제작 수업이 있고, 지리 수업 시간에 북쪽에서 남쪽까지 지구의 구조를 배우는 것을 아실 겁니다. 북극은 얼음과 물로 덮여 있고, 북극해 주변으로 육지가 빙 둘러 있습니다. 마치 신생아 머리뼈 중앙의 천문이 한동안 열려 있는 것과 비슷한 형상입니다. 여기가 두개골 구조에 해당합니다.

이번엔 발입니다. 남반구에는 남극 대륙이 있고 그 주위는 거대한 바다입니다. 인간을 이 관점에서 보면 남극은 지구를 딛고 선 발에 해당합니다. 하지만 우리가 지구 에테르체 속에서 노를 저으며 움직이는 것은 바로 다리 주변입니다. 여기 종아리 부분은 물병자리, 발은 물고기자리, 무릎은 염소자리입니다. 슬개골은 느슨합니다. 딱 붙어 있는 것이 아니라 두 뼈의 구조 위에 떠 있습니다. 슈타이너는 바로 이 부분에서 지구 에테르체가 우리의 개인적 에테르체와 상호 관통한다고 말했습니다.

이런 상은 지구 신체 전체에서 볼 수 있습니다. 바다는 모두 남반구 주위에 있는 반면, 북반구에는 육지가 있습니다. 아메리카 대륙에는 북쪽에서 남쪽으로 이어진 산맥이 있고, 히말라야와 알프스 산맥은 동쪽에서 서쪽으로 흐릅니다. 두 선은 십자를 이룹니다. 이것은 우리가 거주하는 지구의 구조 속에도 각인된 인간 구조의 상입니다.

인간의 의식이 발달한 과정 역시 역사적으로 동쪽에서 서쪽에서 움직이는 지구의 움직임과 상응합니다. 동쪽에는 과거의 지혜가 있습니다. 루시퍼가 우리에게 선사한 모든 것이 중국에서 인도로 넘어갔다가 다시 페르시아, 바빌론, 이집트, 그리스를 거쳐 서쪽으로 이동하다가 현대 인간 의식에 이르러 영국을 지나 미국으로 들어갑니다. 이는 깨어남의 과정에 속한 의식의 흐름입니다. 완전히 꿈속에 젖어 있던 시절에서 차츰 자아의식이 깨어납니다. 영유아기에 아이가 잠을 자다가 꿈꾸는 시기를 지나 깨어나는 과정, 의지에서 느낌을 거쳐 사고로 넘어가는 과정과 흡사합니다. 이런 상태가 동쪽에서 서쪽으로 이어지는 문화의 흐름에 반영됩니다.

또 다른 시각에서도 이를 볼 수 있습니다. 지구와 인간, 둘은 서로 완전히 일치합니다. 어째서일까요? 다시 한번 루돌프 슈타이너의 통찰에서 도움을 받아 봅시다. 『인지학–심리학–정신학』에서 그는 이렇게 말합니다. "동쪽을 바라보고 서면 왼쪽은 아시아, 유럽, 북미 등 육지로 이루어진 북반구에 해당합니다. 북반구의 육지를 형성한 힘은 인간의 왼편을 창조하고 형성한 힘과 동일합니다. 이는 우리 물질육체가 오로지 온기 조직이고, 모든 감각이 그 온기 속에 싹으로 심어져 있던 옛 토성기부터 내려온 것입니다. 토성기가 끝날 때 아주 중요한 일이 일어납니다. 미래에 지구가 될 토성의 온기체 전체가 자아를 품을 수 있도록 조직됩니다. 자아를 위한 그릇이자 자아가 담길 곳은 바로 구조적 물질육체인 것입니다. 우리는 여기서 현 시대의 물질육체가 왜 이런 양식으로 존재하는지 볼 수 있습니다.

하지만 신체 오른편, 남반구는 온통 바다입니다. 슈타이너는 에테르체의 힘은 신체 오른편에서 흘러든다고 했습니다. 신체 왼쪽 편 물질육체의 거울상을 지니고 있으며 그 왼편에 스며들어 있는 물 요소입니다. 오른편은 인간 신체 왼편의 무게를 감당해야 하므로 두 배는 강해야 합니다.

우리는 이런 식으로 지구와 연결되어 있습니다. 오늘은 지구와 인간의 상을 여기까지만 이야기하겠습니다. 계속 나가면 너무 복잡해질 것이기 때문입니다. 1909년 베를린에서 한 슈타이너의 강의(『인지학-심리학-정신학』) 네 편을 직접 읽어 보시기를 권합니다.

이제부터는 우리 자신의 움직임과 공기, 물의 흐름을 통해 지구에서 반영되는 움직임의 상호 관계를 살펴보겠습니다. 공기와 물은 물질계에서 아스트랄과 에테르 요소의 상징입니다. 먼저 신체 좌우편 팔다리 움직임을 관찰해 보시기 바랍니다. 모두 자리에서 일어나 주십시오. 『도움수업』의 모든 연습은 자아의 중심에서, 안에서 밖으로 행해져야 하니 관찰자로 서 있으면 안 됩니다. 오른팔의 자연스러운 움직임은 어떻게 일어나나요? 시계 방향으로 움직이게 될 겁니다. 반대편에서는 반시계 방향이 자연스러운 움직임입니다. 이렇듯 팔은 각각 시계 방향과 반시계 방향으로 움직입니다.

적도 아래, 즉 다리는 어떨까요? 몇 발짝 앞으로 걸으면서 다리의 움직임을 관찰해 보시기 바랍니다. 골반이 다리를 어떻게 움직이게 하는지 느껴 보세요. 오른쪽 다리는 어느 쪽으로 움직이나요? 반시계 방향입니다. 오른팔의 움직임 방향과 반대네요, 그렇죠? 왼 다리는 시계 방향으로 움직입니다. 상체와 하체 움직임 체계가 기가 막히게 균형을 이루고 있습니다. 우리의 자아는 이 모든 것이 함께 움직이도록 조절합니다. 다리의 자연스러운 방향과 반대로 움직이면 배가 불쑥 나오게 됩니다.

보시다시피 세상은 정말 복잡합니다. 단순한 것은 아무 것도 없습니다. 슈타이너는 물질육체와 에테르체(둘은 한몸입니다) 그리고 아스트랄체 사이에 아주 특별한 법칙이 있다고 했습니다. 아스트랄체는 항상 물질육체, 에테르체 움직임과 반대로 움직입니다.(『인지학-심리학-정신학』) 물질육체, 에테르체와 아스트랄체의 움직임 사이에는 언제나 균형과 보완이 일어납니다.

요즘 많은 어린 아이에게 어떤 일이 일어나고 있을까요? 아스트랄체가 안으로 너무 단단히 밀려들어 와서 이완 움직임을 할 수 없고, 그래서 균형을 잃은 상태입니다. 밖으로 너무 많이 빨려나가서 균형을 잃은 경우도 있습니다. 물질육체, 에테르체와 아스트랄체 움직임 방향의 법칙은 우리가 움직임을 기반으로 아이들과 하는 모든 활동에서 가장 중요하게 고려해야 할 점입니다.

이제는 여러분께 지구가 우리를 얼마나 잘 보살피고 있는지를 말씀드리겠습니다. 우리는 정말 멋진 별에서 살고 있습니다! 지구 별은 세 번의 행성기를 거치면서 고차 존재들이 창조한 작품입니다. 물질적-구조적 육체 역시 지구의 과거 진화 과정을 통해 창조되었습니다. 우리가 만든 것이 아닙니다! 인간의 물질육체는 신경계, 근육계, 골격계 속에서 활동하는 신들의 작품입니다. 우리가 한 일이 아니라 지극히 높은 존재들의 선물인 것입니다. 그것은 다시 우리에게 의지력과 자아의식의 각성을 선사하는 지구 별의 선물 속에서 반영됩니다.

북반구에는 바람으로 인한, 그리고 지구 자전과 자전축의 움직임으로 생기는 해류가 있습니다. 그것은 시계 방향 흐름인 반면 남반구에서는 반시계 방향입니다.(그림2-11) 우리 몸의 상체와 비교하면 인간의 움직임 방향과 반대입니다. 하지만 지구의 아스트랄 움직임이 이런 식으로 균형을 맞추면서 우리 아스트랄체의 반대 움직임 속으로 들어오는 것을 볼 수 있습니다. 지구가 우리를 지탱해 주고 있기 때문에 신체 상부가 자유로워집니다. 우리는 지구의 아스트랄체가 받쳐 주는 덕에 자유로운 존재가 될 수 있는 것입니다. 이때 우리는 '우리 자신의 일'을 할 수 있습니다.

하지만 여기 허리 아래를 보면, 지구의 북쪽과 남쪽의 움직임이 우리 다리와 같은 방향입니다. 왼쪽 다리는 지구 북반구 흐름과 똑같이 시계 방향, 안쪽으로 움직입니다. 그리고 오른쪽 다리는 지구 남반구 흐름과 동일하게 반시계 방향으로 움직입니다. 우리는 이런 식으로 중력 속으로 끌려듭니다. 이 영역에서 우리는 지구와 동일한 입장입니다. 이것이 육화 과정의 긴장입니다. 여기서 뭔가 잘못되면 우리는, 말하자면 지구 밖으로 밀려날 수 있습니다. 지구에 단단히 발을 딛고 걸을 수 있을 정도로, 그리고 우리 앞에 놓인 삶을 위해 각자의 카르마를 들이쉴 수 있을 정도로 중력 속에 깊이 들어갈 수 없게 됩니다. 이것은 모두 생후 21년 동안 형성력을 통해 우리 안에 각인됩니다. 그렇기 때문에 걸을 때 근육이 제대로 작동하는 것, 신체 구조가 우리 신체를 중력 속에서 우아하게 이동시킬 수 있는 것이 중요합니다. 그러면서도 신체는 지구에서의 과제를 수행할 수 있도록 자유로울 수 있어야합니다.

여러분이 도움수업 연습을 할 때 이 상을 반드시 마음속에 품고 계시기 바랍니다. 모든 도움수업 연습은 항상 신체를 시계 방향과 반시계 방향으로, 또 나선으로 움직이게 하기 때문입니다. 이런 움직임들은 처음에는 아이가 겪는 어려움을 통해, 둘째로는 비질, 걸레 짜기, 먼지 털기, 마루 닦기 등 집안일을 하는 움직임을 통해 알려졌습니다. 이런 동작들을 어떻게 하는지 잘 보면 위에 설명한 흐름과 움직임을 알 수 있습니다. 요즘에는 무릎을 꿇고 바닥을 닦는 사람이 거의 없지만 여러 세대의 사람들이 그렇게 집 청소를 했고 아이들은 그 움직임을 모방했습니다. 이런 움직임, 활동들은 아스트랄체가 신경계 속으로 제대로 통합되어 인간적 지능이 활동할 수 있도록 두뇌를 조직했습니다. 집안일은 지성을 일깨우는 움직임인 것입니다. 요리하는 행위, 악기를 연주하는 행위는 신체에 속한 움직임들의 또 다른 투사입니다. 그리고 우리는 별들의 음악을 만들거나 듣거나 재현합니다.

도움수업의 연습들은 아이들 영혼에 더 깊은 언어로 말을 겁니다. 아이가 탄생 전에 고차의 정신 존재들에게서 배운 근본적인 정신적 사실들, 아이가 잠자는 동안 다시 연결되기를 갈망하는 지혜를 속삭입니다. 그리고 깨어 있는 시간에 이 움직임을 해서 그것이 각인이 되면, 영혼이 잠 속에서 확장할 때 아이의 천사가 오늘날 삶의 양식으로 인해 어긋나 버린 것을 복구하는데 도움을 주는 방향으로 일할 수 있습니다.

저는 이것이 아이들의 어려움에 대한 답을 구하는 우리들에게 인지학이 줄 수 있는 선물이라고 생각합니다.

제가 자주 듣는 질문이 있습니다. 왜 당신은 모든 활동을 모든 아이들과 합니까? 왜 개별 아이들의 필요에 따라 차이를 두지 않는 거지요?

왜냐하면 도움수업은 아이의 전 구성체를 대상으로 이루어지기 때문입니다. 모든 활동은 균형감각의 문제, 고유운동감각의 문제, 자세 체계 통합의 문제와 발달 단계의 문제 모두에 영향을 미칩니다.

수직 중심선과 수평 중심선에 관해 들어보셨을 것입니다. 별 세기 활동(『도움수업』 150-153쪽)을 예로 들어 봅시다. 특히 털실 꼬기, 공 튀

기기, 콩주머니 활동에서는 두 발이 나란히 놓였는지에 주의를 기울여야 합니다. 아이가 짝다리를 짚어 어느 한쪽 다리에 체중을 싣게 놔두어서는 안 됩니다. 아이가 정말로 중심을 잡고 서 있는지 살펴야 합니다. 별 세기는 교차를 통해 중심선 장벽을 없애는 활동입니다. 칠판을 찍으며 숫자를 셉니다. 말하기와 손 움직임이 함께 일어납니다. 계속 시계 방향 나선으로 움직이면서 우리 아스트랄체가 물질-에테르체를 채우는 낮 시간의 모든 나선 움직임을 통합합니다.

도움수업 활동마다 요즘 시대 아이들의 수많은 어려움에 어떻게 도움이 되는지 썼습니다. 하지만 이는 결코 고정된 상이 아닙니다. 직접 수업을 하면서 여러분 스스로, 이를테면 전정 기관에 도움이 되는 활동이 무엇인지 알게 될 것입니다.

지난주 도움수업 콘퍼런스에서 한 분이 민속춤을 소개했습니다. 그 중 '트로이카'라는 아름다운 러시아 춤이 있었습니다. 세 명씩 짝을 지어 서서 각자 팔을 어깨 위에 올리고 빙글빙글 돕니다. 전정 기관에 엄청나게 도움이 되는 움직임입니다! 그런 다음 고리를 만들어 세 명씩 줄지어 들어가고 나갑니다. 목 근육에 정말 좋은 활동이지요! 전정 기관을 분화하는 활동이라고도 말할 수 있을 겁니다.

동료 교사들이 이런 것을 이해하도록 우리가 돕는다면 그들도 주요 수업 시간에 민속춤 추는 것을 주저하지 않을 것입니다. 지리 수업이나 역사 수업에 통합할 수 있는 활동입니다. 우리에게도 중세부터 내려오는 다양한 민속춤들이 있습니다. 이를 통해 리드미컬한 걷기를 연습할 수 있습니다. 이런 활동은 치유 효과가 있습니다. 모든 민속 음악은 지구에서 나왔기 때문입니다. 즉 지질학적 지구의 움직임과 인간 움직임 체계가 상호 연결된 동작들입니다.

우리는 특정 영역에 도움이 되는 활동이 무엇인지 찾아나갈 것입니다. 누군가 새로운 아이디어를 떠올리거나 새로운 활동을 고안하며, 여러분 모두 협력해서 그것이 그 교사와 특정 아이 사이에만 해당하는 활동인지 아니면 원형적인 활동이기 때문에 모든 아이에게 쓸 수 있는지 같이 찾아보시기를 권합니다. 그것이 여러분의 과제입니다. 이런 방식으로 함께할 때 치유 교육 전체가 성장할 수 있습니다. 일단은 도움수업 연습을 최대한 활용해서 그것을 안정적인 출발선으로 삼아 계속 앞으로 나가시기 바랍니다. 아이들에게 수업하는 동시에 여러분 스스로 그 연습을 한다면, 아이들이 여러분을 가르치고 여러분의 눈을 열어 줄 것입니다. 다른 여러 나라에서 이 연습을 시도했던 수많은 교사가 제게 그런 경험담을 전해 주었습니다. 연습을 실제로 하는 것이 가장 좋은 훈련입니다. 그러면 여러분 고유의 창조성이 깨어나면서 이어서 무슨 활동을 해야 할지 알게 될 것입니다.

이제 여러분께서 이 일을 주도적으로 이끌어 주시기를 바라며, 배움에 어려움을 겪는 아이들을 도우려는 여러분의 노력이 순탄하게 성장하기를 기원합니다.

(1990년 9월22일 네덜란드 도르드레흐트 강의/ 녹음하고 속기한 원고)

참고 도서

- 『고향별The Home Planet』 *Acton, Loren* Kevin W.Kelley 편집(Reading, MA: Addison–Wesley 출판사, 1988)
- 『**첫 번째 괴테아눔**Het Eerste Goetheanum』 *van Bemmelen, Daniel*, Zeist, The Netherlands, Uitgeverij Vrij Geestesleven, 1979
- 『**첫 번째 괴테아눔 천장 색채에 대한 루돌프 슈타이너의 새로운 시도** Rudolf Steiner's New Approach to Color on the Ceiling of the First Goetheanum』 *van Bemmelen, Daniel* Spring Valley, NY: St.George 출판사, 1980
- 『**회화에 관해 슈타이너와 나눈 대화**Gespräche mit Rudolf Steiner über Mahlerei』 *Boos-Hamburger, Hilde* Basel, Switzerland, 1961
- 『색Colour』 *Collot d'Herbois, Liane* Driebergen, The Netherlands: Magenta Group, 1985
- 『**미술치료의 빛, 어둠 그리고 색채**Light, Darkness and Colour in Painting Therapy』 *Collot d'Herbois, Liane* Dornach, Switzerland: Verlag am Geotheanum, 1993
- 『**베일 페인팅**Mahlen in Schichten』 *Collot d'Herbois, Liane* Owingen/Überlingen, Germany: Iona Schülungstätte für künstlerische Therapie, 1990 여름
- 『**아일랜드 왕의 아들**The King of Ireland's Son』 *Colum, Padraic* Edinburgh, Floris Book, 2002 (『아일랜드 왕자』 푸른 나무 2021)
- 『**난독증이라는 선물**The Gift of Dyslexia』 *Davis, Ronald* NY: Penguin Putnam, 1997

- 『손은 인간을 드러낸다Die Hände offenbaren den Menschen』 *Glas, Norbert* Sttutgart: J. Ch. Mellinger Verlag, 1994
- 『흰 구름의 길: 티벳에서 불교도의 순례The Way of the White Clouds: a Buddhist Pilgrim in Tibet』 *Govinda, Lama Anagarika* London: Hutchinson, 1968
- 『오버루페 지역의 크리스마스 연극Christmas Plays from Oberufer』 *Harwood, A. C.* London: Rudolf Steiner Press, 1973
- 『정신과학에 근거한 예술치료의 근본Fundamentals of Artistic Therapy Based on Spiritual Science』 *Hauschka-Stavenhagen, Margarethe* Spring Valley, NY: Mercury Press, 1997
- 『예술 치료에 관하여Zur kunstlerischen Therapie』 *Hauschka-Stavenhagen, Margarethe* Spring Valley, NY, Mercury Press, 1997 Boll, 독일, 1971
- 『영혼 돌봄이 필요한 아이들Seelenfleg–bedürftige Kinder2』 *Holtzapfel, Walter* Verlag am Goetheanum, 2003
- 『조금 다른 아이들Children with a Difference』 *Holtzapfel, Walter* E. Grinstead, Sussex, UK: Lanthorn Press, 1995
- 『아이의 운명. 발달의 방향Kinderschicksale. Entwicklungsrichtungen』 *Holtzapfel, Walter* 스위스 도르나흐, 1966
- 『가시적 말씀으로서의 살아 있는 신체The Living Body as Visible Word』 *Husemann, Armin* Finland, Lahti에서 열린 Kolisko Conference 강의, 미출간, 2002년 8월 2일

- 『루돌프 슈타이너와 이타 벡만의 인류를 위한 과제Die Menschheitsaufgabe Rudolf Steiner und Ita Wegman』 *Kirchner-Bockholt, Margarete and Erich* 스위스 도르나흐, 1981
- 『형제와 자매: 아동 심리 연구Brothers and Sisters: A Study in Child Psychology』 *König, Karl* Blauvelt, NY: Garber Communications, 1991
- 『첫 3년Die ersten drei Jahre des Kindes』 *König, Karl* Edinburgh, Floris Books, 2004 (푸른씨앗 출간 예정)
- 『태아 발생학과 세계 진화Embryology and World Evolution』 *König, Karl* Camphill Books, 2000
- 『식물의 형성 언어Die Formensprache der Pflanze』 *Kranich, Ernst Michael* 슈투트가르트, 1970
- 『포르멘-자아를 찾아가는 선그림 12단계Creative Form Drawing』 *Kutzli, Rudolf* 해오름, 2011
- 『인간 혹은 물질Man or Matter』 *Lehrs, Ernst* London: Rudolf Steiner Press, 1985
- 『네 가지 에테르The Four Ethers』 *Marti, Ernst* Roselle, IL: Schaumberg Publications, 1984
- 『도움수업The Extra Lesson』 *McAllen, Audrey* Fair Oaks, CA: Rudolf Steiner College Press, 2004
- 『경청하는 귀The Listening Ear』 *McAllen, Audrey* Stroud, UK: Hawthorn Press, 1989

- 『아이들 그림 읽기Reading Chilren 's Drawings: the Person, House and Tree Motifs』 *McAllen, Audrey* Fair Oaks, CA: Rudolf Steiner College Press, 2004
- 『잠: 교육에서 관찰하지 않은 요소Sleep: An Unobserved Element in Education』 *McAllen, Audrey* Fair Oaks, CA: Rudolf Steiner College Press, 2004
- 『아이들에게 손 글씨 가르치기Teaching Children Handwriting』 *McAllen, Audrey* Fair Oaks, CA: Rudolf Steiner College Press, 2002
- 『동화의 지혜The Wisdom of Fairy Tales』 *Meyer, Rudolf* 푸른씨앗 2020
- 『천천히 시간을 갖고Take Time』 *Nash-Wortham, Mary and Jean Hunt* Stourbridge, UK: Robinswood Press, 1988
- 『색채 치료Farbentherapie』 *Peipers, Felix* Beiträge zur Rudolf Steiner Gesamtausgabe, 97권, 도르나흐, 1987
- 『학습 장애의 신경심리학적 토대Neuropsychological Fundamentals of Learning Difficulties』 *de Quiros, Julio, MD, phD, Orlando Schrager, MD* Novato, CA: Academic Therapy Publications, 1979
- 『리안 콜로 데르부아에 대한 친구와 학생들의 기억Liane Collot d'Herbois Erinnerungen von Freunden und Schülern』 *Rienks-Läser, Rosli in E. Leonora* Hambrecht 독일 도나우, 2003

- 『인간 안의 신전: 신성 건축과 완벽한 인간The Temple in Man: Sacred Architecture and the Perfect Man』 *Schwaller de Lubicz, René A* Rochester, NY: Inner Traditions International, 1981
- 『민감한 혼돈Sensitive Chaos』 *Schwenck, Theodore* 런던, Rudolf Steiner Press, 1996
- 『샤르트르: 신성 기하, 신성 공간Chartres: Sacred Geometry, Sacred Space』 *Strachan, Gordon* Edinburgh: Floris, 2003
- 『흐름 형태: 물의 리드미컬한 힘Flow Forms: The Rhythmic Power of Water』 *Wilkes, John* Edinburgh: Floris, 2003
- 『학습 장애Learning Difficulties』 *Willby, Mary Ellen* Fair Oaks, CA: Rudolf Steiner College Press, 1999
- 『출생 이전의 삶Vorgeburtliche Menschewerdung』 *Wilmar, Frits* 슈투트가르트: J.C. Mellinger Verlag, 1979
- 「감각 지각을 통한 개인성: 실험적이며 치료적 연구Personality through Perception: An Experimental and Clinical Study」 *Witkin, H.A.* Westport, CT: Greenwood Press, 1954
- 『빌렘 찔만 판 엠미호펜, 인지학을 위한 하나의 영감 Willem Zeylmans van Emmichoven: An Inspiration for Anthroposophy』 *Zeylmans van Emmichoven*, Emmanuel 런던, Temple Lodge, 2002
- 『이타 벡만은 누구인가? 다큐멘터리Wer war Ita Wegman? Eine Dokumentation I: 1876–1925』 *Zeylmans van Emmichoven*, Spring Valley, NY: Mercury Press, 1990

- 『느낌에 미치는 색채의 작용De Werking van Kleuren op het Gevoel』 *Zeylmans van Emmichoven, F.W.* Utrecht 1923

- 『주춧돌The Foundation Stone』 *Zeylmans van Emmichoven, F.W.* 런던, Rudolf Steiner Press,

루돌프 슈타이너 책

- 『교육학의 기초가 되는 인간에 대한 보편적인 앎Allgemeine Menschenkund als Grundlage der Padagogik』 GA 293, 밝은누리 2007

- 『인지학-심리학-정신학Anthroposophie-Psychosophie-Pneumatosophie』 GA 115, 1909, 1910, 1911년 베를린

- 『인간에 대한 앎에서 나오는 교육과 수업Erziehu ng und Unterricht aus Menschenerkenntnis』 GA 302a, 1923

- 『정신과학의 관점에서 본 아동 교육Die Erziehung des Kindes vom Gesichtspunkte der Geisteswissenschaft』 GA 34, (씽크스마트-『발도르프 아동교육-발달단계의 특성에 기초한 교육』)

- 『윤곽으로 본 신비학Die Geheimwissenschaft im Umriß』 GA 13

- 『인간과 인류의 정신적 인도: 인류 발달에 관한 정신과학적 연구 결과 Die geistige Fuhrung des Menschen und der Menschheit』 GA 15, 밝은누리 2012

- 『감각 세계와 정신세계Die Welt der Sinne und die Welt des Geistes』 GA 134

- 『운명의 형성과 죽음 이후의 삶Schicksalsbildung und Leben nach dem Tode』 GA 157a
- 『신비학의 근본 토대Grundelemente der Esoterik』 GA 93a
- 『세계 존재와 자아성Weltwesen und Ichheit』 GA 169
- 『신지학: 초감각적 세계 인식과 인간 규정성에 관하여Theosophie. Einfuhrung in ubersinnliche Welterkenntnis und Menschenbestimmung』 GA 9
- 『진실의 힘으로 빚어낸 말들Wahrspruchworte』 GA 40 중에서 『엄마와 아이를 위한 기도Prayers for Parents and Children』
- 『카르마적 관계의 신지학적 관찰Esoterische Betrachtungen karmischer Zusammenhange』 총 6권, GA 236
- 『우주와의 관계 속 인간 1: 인간 안에 있는 대우주와 소우주의 상응 Der Mensch in Zusammenhang mit dem Kosmos 1: Entsprechung zwischen Mikrokosmos und Makrokosmos Der Mensch – Eine Heiroglype des Weltenalls』 GA 201
- 『발도르프학교 교사를 위한 세미나 논의와 교과 과정 강의 SeminarbesprechunErziehungskunst. gen und Lehrplanvortrage』 GA 295, 밝은누리 2011
- 『인간에 대한 앎과 수업 형성Menschenerkenntnis und Unterrichtsgestaltung』 GA 302
- 『발도르프 특수 교육학 강의Heilpadagogischer Kurs』 GA 317, 밝은누리 2008

- 『색채론. 『색채의 본성』으로 확장Farbenerkenntnis. Erganzungen zu dem Band ≪Das Wesen der Farben≫』 GA 291a
- 『중세의 신비 성소: 장미십자회와 현대적 입문 원리. 인류라는 신비 역사의 일부인 부활절 축제Mysterienstatten des Mittelalters: Rosenkreuzertum und modernes Einweihungsprinzip. Das Osterfest als ein Stuck Mysteriengeschichte der Menschheit』 GA 233a
- 『인간과 세계. 자연 속 정신의 영향. 벌의 존재에 관하여Mensch und Welt. Das Wirken des Geistes in der Natur. Uber das Wesen der Bienen』 GA 351, 『꿀벌과 인간』 푸른씨앗 2019_ 괴테아눔 건축 노동자를 대상으로 한 슈타이너의 1923년 10월10일 강의
- 『슈투트가르트 자유 발도르프학교 교사들과 논의 전3권, 1919~1924Konferenzen mit den Lehrern der Freien Waldorfschule in Stuttgart 1919 bis 1924, in 3 Bdn.』 GA 300b 1922년 12월5일 강의
- 『1학년부터 8학년까지의 발도르프 교육 방법론적 고찰 Erziehungskunst, Methodisch–Didaktisches』 GA 294, 밝은누리 2009
- 『입문을 위한 고대와 현대의 방법. 오늘날의 시대에 완전한 의식 변화 속 희곡과 시문학Alte und neue Einweihungsmethoden. Drama und Dichtung im Bewußtseins–Umschwung der Neuzeit』 GA 210
- 『색채의 본질Das Wesen der Farben』 GA 291, 1923년 2월 21일
- 『신비 생리학Eine Okkulte Physiologie』 GA 128

- 『자유의 철학: 현대 세계관의 근본 특징/자연 과학적 방법에 따른영적인 관찰 결과Die Philosophie der Freiheit』 GA 4, 밝은누리 2007
- 『인류의 본질적 존재의 개념에서 나온 교육 예술Die Kunst des Erziehens aus dem Erfassen der Menschenwesenheit』 GA 311
- 『물리학 발달을 향한 정신과학적 힘 1: 첫번째 자연 과학 강의: 빛, 색채, 소리-질량, 전기, 자기Geisteswissenschaftliche Impulse zur Entwickelung der Physik I: Erster naturwissenschaftlicher Kurs: Licht, Farbe, Ton–Masse, Elektrizitat, Magnetismus』 GA 320
- 『요한계시록Die Apokolypse des Johannes』 GA 104
- 『인간과 요소 세계의 관련성Der Zusammenhang des Menschen mit der elementarischen Welt』 GA 158, 1914년 11월 20일 강의
- 『정신과학을 통한 교육 방법론적 예술의 갱신Die Erneuerung der padagogisch-didaktischen Kunst durch Geisteswissenschaft』 GA 301
- 『현재의 정신적 삶과 교육Gegenwartiges Geistesleben und Erziehung』 GA 307
- 『인간 유기체의 형태를 만드는 데 있어 정신적 연관성Geistige Zusammenhange in der Gestaltung des menschlichen Organismus』 GA 218
- 『골고다 신비에 이르는 필수 준비 단계Vorstufen zum Mysterium von Golgatha』 GA 152, 1914년 3월7일

- 『그리스도와 정신세계. 성배 탐색과 관련하여Christus und die geistigen Welt. Von der Suche nach dem heiligen Gral』 GA 149
- 『지상의 지식과 하늘의 앎Erdenwissen und Himmelserkenntnis』 GA 221, 1923년 2월11일
- 『다른 세편의 복음서, 특히 누가 복음과 관련한 요한 복음Das Johannes-Evangelium im Verhaltnis zu den drei anderen Evangelien, besonders zu dem Lukas-Evangelium』 GA 112
- 『현재 작용하는 정신적 힘과 관련한 이집트 신화와 비교 신비 Agyptische Mythen und Mysterien im Verhaltnis zu den wirkenden Geisteskraften der Gegenwart』 GA 106
- 『신화와 전설. 신비학 기호와 상징들Mythen und Sagen. Okkulte Zeichen und Symbole』 GA 101
- 『정신과학의 근원적 힘. 새로운 정신-인식의 관점에서 본 그리스도 신비주의Ursprungsimpulse der Geisteswissenschaft. Christliche Esoterik im Lichte neuer Geist-Erkenntnis』 GA 96
- 『삼위일체의 비밀: 인간과 시간의 흐름 속 정신세계와의 관계Das Geheimnis der Trinitat: Der Mensch und sein Verhaltnis zur Geisteswelt im Wandel der Zeiten』 GA 214, 1922년 8월22일 옥스퍼드 강의
- 『서방의 관점으로 본 동방. 루치퍼의 아이들과 그리스도의 형제들Der Orient im Lichte des Okzidents. Die Kinder des Luzifer und die Bruder Christi』 GA 113
- 『인지학적 기본 원칙Anthroposophische Leitsatze』 GA 26, 1924년 11월 2일